동서양의 전쟁史, 병법, 무술, 기업경영에서 배우는, **戰略** II
― 손자병법을 중심으로

동서양의 전쟁史, 병법, 무술, 기업경영에서 배우는,

戰　略

손자병법을 중심으로

Ⅱ

www.sigmainsight.com

|배경 설명|

　이 책의 저자 김언수는 미국에서의 1년간의 안식년 동안 대학원생들(졸업생 및 재학생)과 연락을 유지하기 위해, 2002년 1월 10일부터 프리첼 커뮤니티에서 손자병법 사이버 강의를 시작했습니다. 이 강의는 최종적으로 같은 해 10월 31일 종료되었습니다. 총 강의 수는 58 강의입니다. 하루에 한 개 내지 두 개의 강의를 읽고 나름대로 생각을 해보는 것이 부담도 되지 않으면서 도움이 되리라 생각합니다. 저자가 안식년을 마치고 2002년 가을학기에 학교로 복귀했을 때 시그마인사이트컴의 제안으로 강의내용을 책으로 퍼내기로 결정하였습니다.

　이 책은 전략의 개념을 이해하기 위하여 손자병법을 중심으로 해석과 설명을 진행하되, 그 외에도 동서양의 전쟁사, 우리나라, 중국, 일본의 병서와 무술서 등을 함께 분석했고, 결국은 현대 경영전략적 시사점과 일상생활에의 적용 가능성을 설명하고 있습니다. 본문 중에서 고딕체로 된 부분은 손자병법의 한자원문과 내용의 직접적인 번역부분입니다. 나머지는 저자의 개인적인 해석과 설명부분입니다. 한자가 익숙하지 않거나 읽기 귀찮은 사람은 한자원문 부분을 건너뛰고 읽어도 흐름에 지장이 전혀 없습니다.

　이 책은 사이버 공간에서 선생과 학생 사이에 오고간 자연스러운 대화를 최대한 그대로 전달하기 위하여 내용상의 편집을 최소화했고, 말투나 내용은 원래 내용을 거의 그대로 담았습니다. 따라서, 각종 비-속어 내지 다소 가벼운 표현들이 들어 있음에 대한 양해를 구합니다. 개인적으로 잘 알고, 친한 사람들 사이의 편안한 대화이므로, 읽으시는 분들도 그러한 상황을 상상하면서 읽으시면 거부감이 덜하리라 믿습니다.

　마지막으로, 이 책의 많은 부분은 학생들과 대화하는 형식으로 글이 쓰여졌고, 실제 학생들이 답하거나 질문하는 부분도 있으므로, 다음 등장인물들을 간략히 소개하는 것이 필요합니다.

| 등장 인물(가나다 순) |

김경은(여): 경영전략 석사과정 재학 중. 편하게 지내는 것을 견디지 못하는 듯 항상 바쁘고 피곤하게 사는 학생. 테크놀로지 변화에 관심이 많아 항상 최첨단 기기들을 보유, 사용하는 학생이기도 함. 키 166cm, 미혼.

김수희(여): 경영전략 석사과정 재학 중. 88꿈나무 수영선수 출신, 요 아래 나오는 송원규가 강의한 경영전략 수업을 듣다가 대학원에 진학하였음. 그러니까, 나의 학생의 학생. (손녀를 가지는 기분이 이럴까?) 키 166cm, 미혼.

남대일(남): 경영전략 석사 졸업. 현재 LG경제연구원에서 근무. 프리첼 커뮤니티를 시작했고 계속 유지하고 있는 웹마스터임. 미혼이나 곧 결혼할 것 같음. 따라서, 키 생략. (키 큰데……)

박상준(남): 경영전략 석사 졸업. 다국적 제약기업 MSD Korea 영업분야에서 근무하다 현재는 법정관리 중인 지방의 한 백화점을 살리기 위하여(?) 부름을 받았음. 키 170cm, 아주 귀엽게 생김. 미혼이나 곧 결혼하고 싶어함.

박진석(남): 경영전략 석사 졸업. 종합금융사와 한국 IBM을 거쳐 컨설팅회사 아더 앤더슨에 있다가, 현재 다른 컨설팅 회사 Mercer에서 인사조직 쪽의 컨설턴트로 재직 중. 기혼.

박찬욱(남): 경영전략 박사과정 재학 중. 현재 포스코경영연구원의 연구원으로 재직 중. 기혼. 아들 하나 딸 하나.

박형근(남): 경영전략 석사 졸업. LG경제연구원에 있다가 이름이 액센츄어로 바뀐 앤더슨 컨설팅에서 인사조직 쪽의 컨설턴트로 재직 중. 기혼.

배보경(여): 조직 및 경영전략 박사 수료. 한국 IBM에서 근무하였고, 현재 이화여대 전문비서과정 주임교수로 재직 중. 기혼. 딸 둘 아들 하나.

소민재(남): 경영전략 석사 졸업. 해군 보급장교 시험에 합격하여 지난 8월 소위로 임관, 현재 경상북도 모처에서 근무 중. 미혼이나 곧 여자친구 지윤이와 결혼할 예정임.[혹시 선수 바뀌면 안 되는데······]

송원규(남): 경영전략 박사 수료. 삼성전자(반도체), 삼성경제연구소에서 근무하였음. ROTC 장교 출신. 서당에서 사서삼경을 배운 특이한 인물. 기혼.

심동철(남): 경영전략 석사 졸업. 정보통신연구원을 거쳐, 현재 미국 Syracuse대학의 행정학 석사 과정에 재학 중. 기혼.

장지원(여): 경영전략 석사과정 재학 중. 지난 1년간 독일에 교환학생으로 다녀 옴. 키 174cm, 미혼. (예, 여학생 맞습니다.)

제상민(남): 경영대학원 석사과정 졸업. 현재 현대모비스 일본지사에 파견 근무 중. 기혼.

최보인(여): 경영대학원 석사과정 졸업. 현재 시티뱅크 인사부장으로 근무 중. 키 163cm, 미혼. 기혼으로 바꿀 의도 충~분히 있음. 011-9954-169X.

최정옥(여): 경영전략 석사과정 졸업. 중국 상해출신의 교포, 삼성생명 기획실에서 근무하다 지금은 삼성생명 휴먼센터 교육파트에서 근무 중. 기혼. 상해에 아들 하나.

최현진(남): 경영전략 석사과정 재학 중. 막 카투사 근무를 마치고 복학하였음. 머리 총명하고 신체 건강하고 잘 생긴 남학생. 키 184cm, 미혼.

한수진(여): 경영전략 박사과정 재학 중. 학교에 오기 전 컨설팅 회사에서 조직분야를 주로 다루었음. 막 결혼한 신혼.

| 감사의 말씀 |

우선, 이 책이 나올 수 있도록 제안하고, 기획하고, 출판해 주신, 시그마인사이트컴 김혜련 사장님 이하 직원분들에게 감사를 드린다. 그 분들이 아니었으면 이 책은 없었다.

그러나, 고려대학교 경영대학이 아니었으면 안식년도 없었고, 안식년이 없었다면 이 글을 쓸 기회가 없었고, 고대 경영대 이름이 뒤에 없었으면 나와 나의 글에 관심을 보여주었을 사람도 없다. 따라서 이 책도 없었다.

그러나, 나의 학생들이 없었다면, 프리첼 커뮤니티도 없고, 그들이 없었다면, 내가 안식년 동안 사이버 강의를 시작하지도 않았을 것이다. 따라서 이 책도 없었다.

그러나, 나의 아내가 없었다면, 또한 나의 아내가 뉴욕에 있지 않았다면, 안식년 동안 거길 안 갔을 테고, 책방도 맨하탄 반스 앤 노블을 안 들렀을 테고, 그렇다면 손자병법 책을 만나지 않았을 테고, 또한 아내가 나에게 물리적인 시간과 정신적인 여유를 안 주었다면 이 책도 없었다.

그러나, 나의 부모님이 안 계셨다면, 나는 이 세상에 없었고, 내가 이 세상에 없었다면 당연히 이 책도 없었다.

그러나, 위의 모든 사람들을 허락해 주신 나의 하나님, 그 분이 없었다면 이 책은 물론 아무 것도 없었다.

| 차례 |

제2권

배경설명 __ 4
등장인물(가나다 순) __ 6
감사의 말씀 __ 9

제7편　군쟁편(軍爭篇, Maneuvering) __ 13
　　　　　기동력에 대하여

제8편　구변편(九變篇, Variation of Tactics) __ 61
　　　　　상황에 따른 전술의 변형에 대하여

제9편　행군편(行軍篇, On the March) __ 83
　　　　　행군과 병력의 이동에 대하여

제10편　지형편(地形篇, Terrain) __ 115
　　　　　지형 및 외부환경에 대하여

제11편　구지편(九地篇, The Nine Varieties of Ground) __ 155
　　　　　9가지 지형에 대하여

제12편　화공편(火攻篇, Attack by Fire) __ 235
　　　　　화공법

제13편　용간편(用間篇, Employment of Secret Agents) __ 261
　　　　　간첩의 활용에 대하여

끝내면서 __ 287
참고문헌 __ 301

제1권

시작하면서

제1편 시계편 (始計篇, Laying Plans)
전쟁의 승패와 전략수립의 전반적인 원칙

제2편 작전편 (作戰篇, Waging War)
작전 수행

제3편 모공편 (謀攻篇, Attack by Stratagem)
책략을 써서 공략하라

제4편 군형편 (軍形篇, Disposition of Military Strength)
전력의 배치에 대하여

제5편 병세편 (兵勢篇, Use of Energy)
병력의 활용에 대하여

제6편 허실편 (虛實篇, Weakness and Strength)
강점과 약점의 분석 및 활용에 대하여

7 기동력에 대하여
軍爭篇(Maneuvering)

[Sun Zi Bing Fa #34]
2002/8/1, New York

어제는 학교에 안 왔고, 오늘은 어느덧 7월도 가고 8월의 첫째 날이다. 정말 시간 잘 간다.

처음 시작할 때(지난 1월 10일이었다)는 시간이 많이 남아 있었으므로 천천히 조금씩 하다보면 어느덧 끝나 있을 것으로 생각했었는데 여러 가지 예측하지 못한 많은 일들이 일어나면서 지연이 되었고, 지금 이 시점에서 안식년도 정확하게 1개월이 남았다.

반드시 정해진 기간 안에 끝낼 필요는 없지만, 뒤돌아보면 이 강의과정은 그야말로 muddling through*(수희하고 현진이 무슨 말인지 알지? 지금 공부하고 있다며?)의 전형이었다. 애초에 어떤 grand design(전략적인 디자인이지) 없이 시작을 했고 진행 과정에서 옆으로 새는 경우도 많았고…… 뭐, 오히려 그런 것이 이 강의의 강점일 수도 있다. 읽는 사람들이 나름대로 큰 그림을 그리면서 길을 잃지 않고 따라와 주기만 했다면…… 그러나, 그렇게 따라오게 하는 것이 나의 'job'이었다는 것을 생각할 때, 더 체계적으로 할 수도 있었는데 하는 생각이 든다.

이렇게 된 것은 내가 애초에 책을 쓴다거나 하는 의도로 시작을 한 것이 아니라(back of my mind에 그런 생각이 희미하게는 있었지만), 오랫동안 너희들과 떨어져 있기 때문에 계속 연결되는 통로를 찾기 위해 매일매일 대화

---

* muddling through: '머들링 쓰루'란 의사결정 과정이 흔히들 생각하는 것처럼 목표와 그 달성방법을 사전에 합리적으로 정한 후 움직이는 것이 아니라, 목표가 없거나 희미한 상태에서 상황이 전개됨에 따라 목표와 그 달성방법들이 마치 진흙탕을 기어가듯이 조금씩 결정되어 가는 의사결정방식을 말함.

를 나누듯이 교통할 수 있는 주제를 찾고 있었기 때문이겠지. 아쉬운 것은 애초에 내가 예상했던 것만큼의 뜨거운(?) 반응을 얻을 수 없었다는 점. 요즘 가만히 생각해 보면, 너희들이 이 프리챌을 통해 원하는 것은 서로의 가벼운 소식을 주고받는 것이지 여기에서까지 '공부'를 하는 것은 원치 않는 것 같다는 생각이 든다. 아니면, 내용 자체가 썩 흥미를 끌지 못하거나. 나는 혼자서 나름대로 재미를 느끼면서 하고 있는데…….

하여튼, 이제 손자병법에서 남아 있는 내용은 7편부터 13편까지 일곱 편이고, 내가 한국으로 돌아가기까지 남은 기간은 4주다. 그렇다면 한 주일에 2편 정도씩 커버를 하면 되긴 되겠다. 관련 자료들의 인용과 설명은 이미 상당히 많이 해놨고, 남은 것은 구체적인 각론 부분들이기 때문에, 예전과 같은 관련자료 언급은 훨씬 적을 것 같다.

한번 최대한으로 해 보고, 그렇지만 재미로 시작한 일이 짐이 되게 하고 싶지는 않으니까, 적당히 해 보다가 안 되면 한국에 돌아가서도 계속 진행해 보도록 하지, 뭐. 그런데 일단 학기가 시작되면 여기 매달려 있기가 쉽지는 않을 거다.

자, 이번에는 제7편 군쟁편(軍爭篇) 차례다. 영어로는 '머뉴버(maneuver)'로 표현되는 기동작전, 기동력 정도가 가장 적절한 해석이 될 것 같다. 6편까지는 머리 속에서 계획을 짜는 내용들이 많았다면, 이제부터는 실제로 군대를 움직이기 시작하는 것 같은 느낌이 강하다. 남은 것들을 살펴보면 8편에서는 상황에 맞게 전술을 변형시키는 내용, 9편에서는 행진 내지 행군, 즉 군대를 움직여 나가는 내용, 10편과 11편은 군대를 움직여 나갈 때 고려해야 할 지형 내지 포지셔닝과 관련된 것…… 뭐, 이런 식으로 나간다. 그러다가, 12편은 화공(불을 써서 공격하는 것), 마지막, 13편은 이 모든 전략과 전술적인 움직임에 효과를 더해 주는 정보와 첩보의 중요성을 강조하는 '스파이' 운용방법으로 끝이 난다.

참, 오늘의 강의를 시작하기 전에, 오늘 내가 학교에 오면서 지하철에서 읽은 것 잠깐. 중국 삼국지에 나오는 건데 다들 잘 알고 있을 테고, 그 내용 자체가 신기한 것은 아니다. 다만, 그걸 읽으면서 몇 가지 안 되는 전략의 원칙들을 누가, 어떻게 사용하며, 또 상대가 누구이냐에 따라 결과가 달라질 수 있다는 사실을 생각하게 됐고, 그래서 전략이 어렵다는 것을 다시 한 번 깨닫게 된 뭐 그런 얘기다.

얘기인즉슨, 삼국시대 우리의 스타인 제갈공명과, 나중에 그가 죽은 후 위나라 조조를 도와 삼국을 통일하는 데 큰 역할을 하는 사마의(사마중달이라고도 했지 아마?)가 부딪히는 얘기다.

위나라 국경 지대에서 전략적으로 아주 중요한 통로를 촉나라가 차지하고 있었다. 무슨 일로 인해서인지 장군들과 군대 대부분을 남쪽으로 보내고 제갈공명 혼자서 1만 명의 병력으로 그 요새를 지키게 되었다.
이때 위나라의 장군 사마의가 2만 명의 병력(제갈량의 병력보다 2배)을 이끌고 공명을 공격하러 온 것이지. 촉나라 요새로부터 약 30킬로미터 지점에 위나라 군대가 도달했을 때, 사마의는 척후병을 보내 상황을 정찰하게 한다. 척후병(scout)이 돌아와서 보고하기를 성 안에 있는 제갈량의 군대는 manpower가 영 부족하다는 내용이었다.
그러는 동안, 제갈공명도 위나라 군대가 진격해오고 있다는 사실을 알고는 남쪽으로 내려 보낸 장군 중의 하나를 도로 불러들이려고 해 봤지만 이미 너무 멀리 나가 있어서 다시 돌아와서 도와줄 시간이 없었던 것이지.
자, 이제, 촉나라의 부하장군들과 관리들은 두려움으로 하얗게 질려서 뭘 어떻게 해야 할지 노심초사하고 있었다. 그러나, 우리의 스타 제갈공명은 역시 흔들리지 않는 '쿨'한 태도를 유지하면서 다음과 같은 명령을 내렸다.

"병사들한테 명해서 깃발을 모두 내리고, 전쟁 때 쓰는 북 같은 것도 모두 치우고, 되도록이면 나가지 말고 성안에 머물도록 하라"고. 그리고는, 한술 더 떠서 성문을 모두 열고 길거리는 깨끗하게 청소해 놓도록 명령하였다.

이제 가까이 온 사마의가 가만히 보니 이건 너무 쉽거든. 그리고, 제갈공명의 명성을 익히 잘 알고 있는 터라, 뭔가 꼼수가 있다고 생각을 하게 됐지. 이렇게 '휑'하니 열려 있는 성을 좋다고 들어가다가는 분명히 매복조가 공격을 할 것이라고. 그래서, 일단은 병력을 이끌고 북쪽의 산악지대로 후퇴를 하였다고 한다.

그 다음날 아침 제갈공명은 참모들과 함께 식사를 하면서, "껄껄껄, 사마의는 내가 분명히 거짓으로 약한 척 한다고 생각을 하고, 매복부대를 두려워해서 후퇴를 한 것이야······"라고 즐거워하고 있었대나?

이걸 읽고 보니 다 좋은데, 몇 가지 의문점이 생기게 된다. 만약 상대방 위나라 장군이 병법은 모르는 열라 무식한 사람이었다면 결과는 어떻게 되었을까? 만약에 사마의가 약간의 병력을 먼저 성 안으로 보내 보았다면 어떻게 되었을까? 그리고, 사마의가 좀 더 첩보를 모았더라면 어떻게 되었을까? 그리고, 촉나라의 장군이 제갈공명이 아닌 다른 사람인데 같은 전략을 구사했더라면 어떻게 되었을까?

이런 경우에는 내가 혼자만 똑똑하다고 일이 해결되는 것이 아니고 상대방이 누구냐에 따라 승패가 갈리게 되는 것이다. 전략 연구에서 부족하다면 부족한 것이 게임이론적인 연구들, 즉 상대방이 누구이며 내가 어떤 액션을 취하는 것으로 끝나지 않고 경쟁자가 그 다음에 어떤 반응을 보이며 거기에 나는 또 어떻게 대응을 하는지······ 이렇게 longitudinal한 경쟁전략의 구사를 연구하는 경우가 별로 없는 것 같다.

오케이, 이 정도 하고, 손자병법으로.

제7편 군쟁편(軍爭篇). 지난번처럼 원문 전체를 재빨리 해석하고, 구체적인 내용들을 보는 형식으로 진행하자.

> 凡用兵之法, 將受命於君, 合軍聚衆, 交和而舍, 莫難於軍爭. 軍爭之難者, 以迂爲直, 以患爲利. 故迂其途, 而誘之以利, 後人發, 先人至, 此知迂直之計者也. 故軍爭爲利, 軍爭爲危.

보통, 전쟁에서 장군은 왕(황제)으로부터 명령을 받는다. 군대를 규합하고 사람들을 동원하는 것에서부터 군대를 전투에 내보낼 수 있게 준비시키는 것에 이르는 과정에서, 아군에게 유리한 위치를 미리 차지하기 위해 기동성을 살려 움직이는 기술보다 더 어려운 것은 없다. 기동성을 관리하는 것이 어렵다는 것의 핵심에는 굽은 길을 가장 곧은길로 만드는 것과 불리함을 유리함으로 바꾸는 것이 있다. 따라서, 적에게 미끼를 던져 유인하여 똑바로 움직이지 못하게 하고 속도를 떨어뜨림으로써, 우리는 적보다 늦게 출발하더라도 오히려 전장에 먼저 도착할 수 있다. 이렇게 할 수 있는 장수는 책략에 능함을 보여주는 사람이다. 고로, 유리한 위치를 점하려는 기동작전에는 이점과 위험이 공히 내재되어 있다.

[critical mass를 달성하라]

> 擧軍而爭利, 則不及; 委軍而爭利, 則輜重捐.
> 是故卷甲而趨, 日夜不處, 倍道兼行, 百里而爭利, 則擒三將軍, 勁者先, 疲者後, 其法十一而至; 五十里而爭利, 則蹶上將軍, 其法半至; 三十里而爭利, 則三分之二至. 是故軍無輜重則亡, 無糧食則亡, 無委積則亡.
> 故不知諸侯之謀者, 不能豫交; 不知山林, 險阻, 沮澤之形者, 不能行

軍; 不用鄕導者, 不能得地利.

유리한 위치를 선점하는 데 모든 보급품을 다 끌고 군대를 움직이는 경우 그 장소에 너무 늦게 도착하게 된다. 그렇다고 캠프와 보급품을 다 버리고 움직이면 그 장소에는 빨리 도착할지 모르지만 모든 물자와 비품을 잃게 된다.

그 내용을 보면, 군대가 유리한 지점을 얻기 위해 모든 군장을 챙기고 빠른 스피드로 밤낮을 쉬지 않고 움직여 100리(10리, 우리의 100리)를 간다면, 전체 군대의 상급 지휘관을 모두 잃게 된다. 강한 부대는 먼저 도착하고 약한 부대는 낙오되어 원래 의도한 지점에는 전체 군대의 10분의 1정도만이 당도하게 된다. 50리를 몰아쳐서 행군하게 되면 최선봉장을 잃게 되고, 이 방법을 쓸 때는 약 1/2만이 도착하게 된다. 30리를 몰아쳐서 행군하게 되면 2/3만이 도착한다. 즉, 충분한 군수품 없이 움직일 때 군대는 패하게 되고, 양식이 없으므로 살아남을 수가 없고, 군수물자의 공급 없이 오래 버티지 못한다.

행진하는 주변의 상황에 익숙하지 못한 군대는 그 동네의 제후와 제휴관계를 맺어서는 안 된다. 산악과 숲의 상태를 모르고, 위험한 협곡의 상태를 모르고, 습지와 늪지대의 상태를 모르는 자는 군사를 이끌고 행진해서는 안 된다. 그 지역을 잘 아는 가이드를 대동하지 않고는 지형의 이점을 살릴 수가 없다.

[상대방을 기만하라]

故兵以詐立, 以利動, 以分合爲變者也. 故其疾如風, 其徐如林, 侵掠如火, 不動如山, 難知如陰, 動如雷震. 掠鄕分衆, 廓地分守, 懸權而動. 先知迂直之計者勝, 此軍爭之法也.

(시작할 때도 말했지만) 전쟁은 근본적으로 기만(속임수)에 바탕을 두고 있다. 유리할 때만 움직이고, 상황에 맞게 군대를 한데 모으거나 분산시켜야 한다. 교전에 들어가면 바람

과 같이 빨리 움직이고, 서서히 행군할 때는 숲과 같은 위용을 보여야 하며, 상대방을 습격하거나 노략질을 할 때는 불과 같은 강렬한 기세로 해야 하고, 움직이지 않고 있을 때는 산과 같은 굳건함을, 숨어 있을 때는 구름 뒤에 무엇이 있는지 알 수 없는 것과 같은 불가해한 상태로, 일단 움직일 때는 천둥과 같은 기세로 움직여야 한다. 시골 지역을 약탈할 때는 부대를 나누고, 성곽 지역을 장악할 때, 전략적인 포인트는 방어해야 한다. 움직이기 전에 상황을 잘 살펴라. 이러한 지략을 아는 자는 이길 것이며, 이것이 바로 기동작전의 묘란 것이다.

[효과적인 커뮤니케이션 시스템을 구축하라](중국 원문에는 없는 부분)

전투 중에는 서로의 목소리를 들을 수 없으므로 징과 북이 사용된다. 또한, 전투 중에는 부대가 서로를 명확하게 볼 수 없으므로 깃발을 사용한다. 따라서, 야간 전투에는 보통 북과 징을 사용하고, 주간 전투에는 깃발을 사용한다. 이런 도구들은 군대의 액션을 통일하기 위해 필요한 것들이다. 이렇게 군대가 하나로 통합되면 용감한 자라고 해서 혼자 전진할 수 없고, 겁 많은 자라고 해서 혼자 후퇴할 수 없다. 이것이 대규모 군대를 움직이는 기술의 핵심이다.

[정신적 우위를 이용하고 상황에 맞게 대처하라]

> 故三軍可奪氣, 將軍可奪心. 是故朝氣銳, 晝氣惰, 暮氣歸. 故善用兵者, 避其銳氣, 擊其惰歸, 此治氣者也.
> 以治待亂, 以靜待譁, 此治心者也. 以近待遠, 以佚待勞, 以飽待飢, 此治力者也.
> 無邀正正之旗, 勿擊堂堂之陣, 此治變者也.

모든 군대가 기운을 잃고 장군도 마음의 중심을 잃을 수 있다. 즉, 전투 초기에는 군사들의 정신이 날카롭게 살아 있지만, 시간이 지나면서 그 날카로움이 무디어지고, 나중에는 아예 없어진다. 따라서, 현명한 장수는 적의 기세와 정신이 날카로울 때는 피하고, 그 날카로움이 사라졌을 때 공격한다. 이것이 무드(mood)를 중요하게 이용할 줄 아는 기술이다.

적이 질서정연할 때는 혼란스러워지기를 기다려야 한다; 적이 조용하고 차분할 때는 떠들썩해질 때를 기다린다. 이것이 냉정함과 침착성을 유지하는(마음을 다스리는) 묘이다. 전장과 가까이 있을 때는 적이 멀리서부터 오기를 기다리고; 휴식을 충분히 취했다면 피곤하고 지친 적을 기다려야 한다; 배불리 먹은 군사를 거느리고 있을 때 굶주린 적을 기다린다. 이것이 힘을 아끼고 이용하는 기술이다.

깃발이 완벽한 질서를 이루고 있는 적은 공격하지 않는다. 진영이 잘 짜여져 있는 적도 공격하지 않는다. 이것이 상황을 평가하는 기술이다.

> 故用兵之法, 高陵勿向, 背丘勿逆, 佯北勿從, 銳卒勿攻, 餌兵勿食, 歸師勿遏, 圍師必闕, 窮寇勿迫, 此用兵之法也.

이제, 뛰어난 장수는 적이 높은 곳을 점하고 있을 때 위를 보고(uphill) 공격하는 시도를 하지 않으며(무사시의 교훈), 적이 언덕을 등지고 진을 칠 때 정면 공격을 하지 않는다(불편하더라도 뒤로 돌아가야지. 앞에서 말한 굽은 길을 곧게 하는 기술). 적이 일부러 후퇴하는 척 할 때 추격하지 않으며, 적 군사들의 기세가 날카로울 때 공격하지 않는다. 적이 던진 미끼는 삼키지 않으며, 고향으로 돌아가는 적을 가로막지 않는다(앞에서 이미 예가 나왔었다). 적을 포위할 때는 빠져나갈 구멍을 남겨 놓는다. 궁지에 몰려 필사적인 적을 너무 압박하지 않는다. 이것이 군대를 운용하는 기술이다.

이상인데, 다음은 내용 중에서 몇 가지 중요하다고 생각되는 것들을 짚어 보기로 하자. 이제 7편쯤 되니까 앞에서의 내용이 반복되는 것들도 서서히 나오고 있지?

굽은 길을 곧게 한다는 것, 진군의 스피드와 거리에 관한 것, organization을 위해서는 communication이 중요하다는 것, 위를 보고 공격하지 말라는 것, 그리고 적이 언덕을 등지고 있을 때 직접 공격하지 말라는 것, 고향으로 돌아가는 군대를 공격하지 말라는 것 등이 눈에 띈다. 이 중에서 위를 보고 공격하지 말라는 것은 미야모도 무사시의 가르침에서도 나왔고, 남아 있는 손자병법에서도 계속 나온다. 직접 공격하지 말라는 것은 돌아가서 공격하는 것이 결국은 더 빠르고 효과적이라는 '간접적인 접근방법'과 연관이 있으며, 궁극적으로 7편에서 가장 핵심적으로 강조한다고 볼 수 있는 "굽은 길을 곧게 하는 것"과도 관련이 있다고 보겠다. 즉, maneuvering을 할 때(원규야, 혹은 민재야, 이 단어를 우리말로 정확하게 어떻게 해석해야 되냐?) 물의 흐름과 같이 장애물을 피해가면서, 무리하지 않으면서, 상대방의 상황에 맞추어, 돌아가더라도 안전한 길로 가는 것이 기본이라는 말인 것 같다.

오늘 강의는 여기서 끝~.

송원규(8/2,8:59): 머뉴버링(maneuvering)을 전체적인 맥락에서 정확하게 우리말로 어떻게 옮겨야 할지. 자신은 없지만 대체적인 문맥상 '전술적 기동'이라고 해석하는 것이 어떨지…… 군대에서는 일정한 전략 하에 전술을 짜고 이 전술을 실현하기 위해 '전술기동'을 하게 되는데 국지적으로 또는 지엽적 상황에서 상대방보다 유리한 위치나 세력을 확보하기 위한 것임.
김언수(8/2,9:26): '전술기동'이 아주 정확한 해석이다. 전체 맥락에서 볼 때 이 편에서 얘기하는 게 바로 네가 설명한 내용과 같거든.
박상준(8/5,21:7): 연구원 및 컨설턴트와 달리 저에겐 무척 소중한 정보입니다. 계속 열심히 읽겠습니다.

[Sun Zi Bing Fa #35]
2002/8/5, New York

교과서 원고 교정하느라 며칠 건너뛰었나 싶었더니 벌써 나흘이 지났네. 사실, 어제는 교회 갔다가 점심을 느지막하게 아내와 먹고, 아내는 스튜디오로 나는 영화관으로 향했지. "오스틴 파워스 골드멤버"를 보려고. "007 골드핑거"를 패러디한 건데, 이번 것도 역시 골 때리게(미안^_^) 웃기더라. 우리말로 더빙을 하게 되면 뉘앙스가 얼마나 전달이 될지는 모르겠는데 하여튼 혼자 보기가 좀 아깝더라.

영화를 보고서 집을 향하다가 책방을 잠시 들렀겠지. 거기서 발견한 것이 "The Secrets of Inchon: The Untold Story of the Most Daring Covert Mission of the Korean War"이라는, 6·25 전쟁 때 인천상륙작전에 얽힌 얘기가 있더라고. 그 책을 사들고 와서 장장 7시간을 눈이 빠져라 쉬지 않고 읽었는데 다 못 읽고 새벽 2시 넘어 잠자리에 들었는데, 오늘 지하철과 학교에서 마저 끝을 봤다. 그 얘기를 일단 잠깐. 왜냐하면 우리가 지금 논의하고 있는 병법과 관련이 있어서.

그 당시 상황은 모두들 잘 알고 있겠지만 1950년 9월 15일 인천상륙작전이 있기 직전까지 북한군이 낙동강 이하 부산지역만을 남겨놓고 한반도를 다 싹쓸이한 상태였다. 조금만 더 시간을 끌면 한반도가 공산화되기 직전의 절대 절명의 상황이었다. '직접적'인 방법이라면 연합군을 총동원하여 낙동강 부근에서부터 밀고 올라가야 하는데 운신의 폭이 이미 너무 좁아져 있었고, 낙동강 전선을 사수하느라 수많은 우리네 군인들이 목숨을 잃고 있는 상황이었지. 자 그렇다면, 손자와 리델하트와 모든 병법가들이 추천하는 '간접적'인 방법을 써야겠지? 맥아더 장군 역시 그런 것들을 잘 알고 있었겠지. 즉, 상륙작전을 통하여 어디 한 군데 중간 허리를 차단함으로써 아래쪽까지 내려와 있는 북한군의 보급선을 차단하고, 무엇보다 커뮤니케이션의 가장 핵심부인 서울을 장악해서 보급과 함께 커뮤니케이션을 막아버리면 졸지에 북한군은 오합지졸로 돌변하게 된다는 계획이지.

자, 문제는 그럼, 도대체 어디로 상륙을 감행해야 하는가? 되도록 서울에서 가까운 곳으로 가야지? 그렇다면 당연히 서해안으로 가야지. 한 가지 다행인 것은 바다에서는 북한이 우리 쪽에게 꼼짝을 못하고 있었다는 것.

서해안 어디로 갈까하고 생각해 보다 맥아더 장군이 내놓은 결론은 바로 인천. 어떻게든 인천에 들어가기만 하면 서울은 바로 옆집이니까 가장 효과적으로 작전을 수행할 수 있다는 것이지. 문제는 인천으로 들어가는 길목이 영흥도, 대부도 등 섬들로 빽빽해 아주 좁은데다 그 쪽 사정을 잘 모른다는 것이지. 그리고, 인천 쪽은 간만의 차가 크기로 유명하고, 물이 빠지면 발이 푹푹 빠지는 개펄이 아주 넓게 생기는 지역 아니겠어? 그러니까, 좁은 길목을 상대방이 적절한 위치에서 지키기만 하면 우리 쪽은 일렬로 들어와야 하고 북한은 들어오는 족족 포격을 하거나 혹은 맨 앞에 있는 배 한 척만 침몰시키면 나머지는 아예 들어오지도 못하게 되어 상륙작전은 실패, 그 사이에 부산까지 북한군이 밀고 가면 상황 끝! 또, 어떻게 인천 쪽으로 들어갔다고 쳐. 상륙을 해야 되는데 혹시 개펄에 푹푹 빠지기 시작하면 오도가도 못 하게 되니 또 작전 실패.

맥아더의 계획에 모든 사람이 반대를 했단다. 심지어 본국에서 육군과 해군 작전사령관들까지 날아와서 최종 회의를 하는데, 너무 환경이 척박하므로 실패의 확률이 너무 높다고 반대들을 했단다. 오직 한 사람만이 뭐라고 했느냐 하면 "it's not impossible(불가능한 것은 아니다)"이라고 했다니까 그 당시의 분위기를 짐작할 수 있겠지. 그러나, 최종 결정은 맥아더 장군이 내리는 거니까. 이 모든 말들을 다 들은 맥아더 장군이 마지막으로 말했단다. 다 잘 알아들었다고. 그런 사정들은 나도 잘 알고 있다고. 그런데, 바로 그런 이유들 때문에 인천을 택해야 한다고. 왜냐하면 적들도 그렇게 생각할 것이기 때문에. 하여튼 이런 내용으로 멋있게 연설을 했나봐. 모두들 머쓱해져 가지고 조용~. 이렇게 해서 인천으로 결정이 됐단다.

날짜는 9월 15일로 정해지고, 2주일이 남았을 즈음. 무작정 인천으로 갔다가는 병사들이 아마 배에서 내리지도 못하거나 내리다가 거의 다 죽어버릴 수도 있는 상황이고, 혹시 인천을 점령한다 하더라도 거의 다 죽고 나서 점령해서는 소용이 없으니까 어떻게 하면 연합군들의 피해를 최소화하면서 인천을 탈환할 수 있는가를 걱정하게 되었지. 손자병법에 나오지, '정보'를 먼저 최대한 확보하고 상황을 파악한 후 움직이라고.

해서 뽑은 것이 유진 클락(Eugene Clark)이라는 해군정보부대의 한 장교였다. 정보부대원이라 그 당시의 계급도 언급이 없더라고. 나중에는 commander(해군 중령인가?)까지 올라갔다지만. 요는 이 사람이 없었더라면 인천상륙작전도, 연합군의 압록강 진격도, 38선도, 휴전선도, 따라서 오늘의 우리도 없다는 것이다. 물론 이 사람만이 아니라 이 사람을 도와서 함께 작전을 한 독립군 출신 대한민국 해군 "연정"(작전 중 사용한 가짜 이름은 용치호, 당시 40세 정도?) 중령과, 역시 독립군 출신이며 해방 후 반공첩보부대 출신의 "계인주"(작전 중 가짜 이름 김남선, 당시 나이 42세) 대령 없이는 그 작전은 성공할 수 없는 스토리라는 것. 이 두 한국 사람에 대해서는 영어로 이름이 표기되어 있어서 한번 확인을 해 봐야겠다. 왜 이 사람들 이름을 예전에는 들은 적이 없는지. 하여튼 이 두 사람 모두 게릴라전의 전문가들이었고 연정 중령은 중국어, 일본어, 그리고 영어에까지 능했고, 계인주 대령은 중국어, 일본어에 능했다고 하니, 그 당시 이미 참 똑똑한 사람들이 많았나봐.

이 책은 바로 이 유진 클락이 2주일 동안의 자신의 경험담을 아주 자세하게 서술하여 놓은 서류를 그가 죽을 때까지 공개하지 않고 금고에 넣어 놓은 것이 최근 공개되면서 책으로 나온 것이다.

하여튼, 그 결과는 우리가 잘 알고 있고, 그 결과 뒤에는 이 세 사람, 그리고 이 사람들이 작전을 수행하면서 머물렀던 인천 앞바다 영흥도 주민들의 도움이 숨어 있다는 것이다.

작전을 수행하는 과정에서 겪는 두 한국군 장교의 용맹성(때때로의 잔인성)과 침착함에 계속 감탄하는 부분이 나오고, 한국 사람들에 대해서는 상당히 친근감 있게 묘사하면서, 우리의 정서를 잘 이해한 것으로 보인다.

하여간 이 세 사람은 북한군이 지키고 있던 영흥도에 침투해서 북한군을 모두 죽이고 섬을 차지하고, 그 섬을 기점으로 팔미도, 월미도, 인천까지 드나들며 갖가지 정보를 수집하게 된다. 그 섬의 많은 사람들(특히 10대 후반의 어린 아이들)이 자원하여 군인의 역할을 하게 된다. 특히, 그 중에 '임'씨 성을 가진 17세의 여자아이와 '최'씨 성을 가진 갓 20세의 대학생 사이의 사랑과, 상륙작전을 불과 몇 시간 앞두고 영흥도를 다시 탈환하려는 북한군과의 싸움에서 배에 태워 피신시켰던 '임'이 '최'를 걱정하여 다시 돌아오다 적탄에 머리를 맞아 죽고, 그 옆에 넋을 잃고 앉아 있는 '최'를 유진 클락이 설득하여 데리고 가려는 순간 '최'는 "애를 북한군 개들에게 주고 갈 수는 없어요. 나도 같이 갈 거예요"하면서 유진 클락을 밀치고 수류탄으로 함께 자폭하는 광경은 한편의 영화였다. 새벽에 혼자서 눈물이 핑~!

그리고, 인천 부두 쪽 북한군의 진지와 무기 상황을 구체적으로 살피기 위해서 인천 내륙으로 들어가서, 인민군을 피해 일종의 지하반군을 조직한 사람들을 만나게 되는 장면도 인상적이었다.

유진 클락이 그 사람들을 많나 봤더니 기가 막히더라 이거지. 모두들 너무 오래 먹지를 못해서 그야말로 피골이 상접하고 얼굴인 누렇게 떠 있더란다. 그래서, 클락이 같이 간 연정(용치호) 중령에게 "이 사람들을 싸움에 투입해서는 안 되겠다. 다 개죽음 당한다. 이렇게 약한 사람들이 어떻게 싸우나"하고 말하는 장면이 나온다. 그러자 연정 중령이 하는 말:

"내 생각은 그렇지 않습니다. 사람들이 못 먹어서 정말 몰골이 비참하지만, 이 사람들은 아직도 한동안 싸울 능력이 있습니다. 한 가지 이해해야 할 것은, 이런 상황이 우리나라에서는 그렇게 보기 드문 게 아니라는 겁니다. 이 사람들이 굶은 것은 전쟁 때문이기는 하지만, 평화스런 시절에도 흉작이 들거나 하면 사람들이 굶어 죽는 일들은 많았습니다(아~ 불쌍한 우리나라 사람들……). 흉년이 들면 풀이나 나무뿌리로 살아남아야 하기 때문에, 그것이 한국 사람들이 생존력이 상대적으로 약한 딸을 낳는 것을 회피한 이유입니다. 늙으나 젊으나 이 사람들은 무기만 주어진다면 현명하게, 그리고 필요에 따라서는 잔인하게 싸울 용기와 힘이 있는 사람들입니다. 자신들을 유린한 북한군을 상대로 목숨을 걸고 싸울 겁니다. 식량은 무기만 주어지면 구할 수 있습니다. 이 사람들의 리더는 식량을 주지 말고 총이 없으면 칼이라도, 무기를 달라고 합니다."

내가 이 구절을 읽을 때 뭘 하고 있었냐 하면, 학교 카페테리아에서 점심으로 샌드위치를 한 입 가득 베어 물고 있었거든. 이걸 읽는 순간 나도 모르게 목이 꽉 메어지면서 눈물이 핑 도는 거 있지. 그리고, 왠지 미안한 거 있지. 그 당시를 상상하니까…….

하여튼, 이런 과정들을 거쳐서 필요한 정보를 연합군 본부에 전달하고 상륙작전 당일은 북한군의 공격을 피해 섬을 빠져 나와서는 인천 앞 팔미도의 등대에 불까지 밝혀 연합군을 인도하는 공을 세웠다고 한다. 그리고, 특별히 요청하여 영흥도와 그 영흥도를 공격하는 인민군들이 있었던 대부도에 해병대를 보내서(북한군이 영흥도를 다시 빼앗고는 주민 50여 명을 처형했다고 한다. 물론 싸우는 과정에서 우리 쪽 젊은이들이 많이 죽었고.) 북한군을 싹쓸이해서 영흥도 주민과 특히 '임'과 '최'의 복수를 하는 것으로 끝을 낸다.

그런데, 한 가지 의문이 들 만한 것은, 북한군이라고 왜 첩자를 안 쓰겠냐? 물론 바보들이 아니니까…… 그런데, 일본 항구 근처에 쫙 깔아놓은 첩자들이 있는 것을 안 연합군은 작전 하루 전 함대들을 일곱 가지 다른 방향으로 나누어 출발을 시킴으로써 적들이 연합군의 목표지점이 어딘지를 최후의 순간까지 알지 못하게 했다고 한다. 손자병법에 이미 나왔죠? 상대방의 움직임은 최대한 알고, 나의 움직임은 상대방이 알지 못하게 하라고. 싸우는 때와 장소를 상대방이 알지 못하게 하라고. 첩자에 대해서는 손자병법 마지막 13편 용간법에 자세히 나온다. 그 때 관련이 되면 이 책의 내용으로 다시 돌아오도록 하겠다.

그런데, 인천상륙작전의 성공으로 전세는 한번에 역전되고, 한번 기세가 up된 연합군은 많은 사람들이 저지르는 같은 실수를 저지른다. 즉, 연합군은 인민군을 밀어내고 압록강까지 진출하잖아? 그 때 마무리를 잘 했더라면 얼마나 좋았겠냐. Eugene Clark이 다시 임무를 받아 압록강 부근을 정탐한 뒤 중국군들이 대규모로 움직이니까 조심하라는 첩보를 보냈지만, 연합군 지휘부는 그 말을 안 듣다 1.4후퇴를 겪게 되고, 결국은 지금처럼 한반도가 반쪽짜리로 남게 된 사건은 참으로 후회할 만한 일이다.

이후 유진 클락은 공로를 인정받아 훈장도 받고 승진도 하고, 고향으로 가서 잘 먹고 잘 살다가 1998년 86세의 나이로 세상을 떠났단다. 그러니까, 1950년 당시는 38세였네. 그런데, 그와 같이 작전을 수행했던 우리의 두 장교 연정 중령과 계인주 대령이 어떻게 되었다는 것은 설명이 없다. 작전을 무사히 수행한 것까지만 나와 있고. 한번 알아봐야겠어.

내가 얘기를 실감나게 못해서 좀 그렇겠지만, 이런 사건은 정말 역사적인 사건이라 한국 사람이라면 자세히 알아봐야 한다고 생각한다. 정말 다시는 이 땅에 그런 비극이 없도록. 불쌍한 역사를 지닌 우리나라가 더 이상 그런 슬픈 역사를 되풀이하지 않도록.

오늘은 이만 끝~. 저녁 6시 넘었다. 배가 고프다(또! 정신을 못 차려요……) 집에 가야겠다.

제상민(8/6,15:33): 교수님, 부지런히 따라가며 읽고 있습니다. 솔직히 읽고만 있다는 느낌도 들기도 합니다만…….

손자병법을 기다리며

작성자 제상민
번호 571 조회수 12
작성일 2002-08-08 오전 9:42:38

오늘도 엄청나게 덥군요. 한국은 폭우로 피해가 많이 발생하고 있다는 내용을 인터넷 신문으로 보고 있습니다. 저는 오늘은 SUZUKI자동차 출장, 내일은 DAIHATSU자동차 출장으로 자리를 비우고 아마도 토요일이나 되어야 책상에 다시 앉을 수 있을 것 같습니다. 일본은 다음 주 일주일이 OBONG(추석) 휴가라 대부분의 회사가 쉽니다.

저는 한국 회사에 다니고 있어 별다른 혜택이 없는 게 유감이지만, 주재원으로 지사에 나와 느끼는 것인데 휴일이 거의 없다는 것입니다. 일본이 휴일이래도 한국이 근무를 하니까 출근해야 되고, 그 역도 마찬가지입니다.
그래도 1월 1일하고 8월 15일은 쉽니다. 1월 1일은 한국과 일본이 신정이라 쉬고 8월 15일 한국은 광복절이라 쉬지만, 일본은 추석이라 쉽니다. 이 더운 날 무슨 추석이냐구요?? 음력이 없으니까요. 그래도 저는 휴가가 필요 없습니다. 왜냐구요? EVERYDAY IS HOLIDAY…….
다시 연락 드리겠습니다. 끝.

나도 기다리고 있다우……

작성자 김연수
번호 571 조회수 14
작성일 2002-08-08 오후 1:47:44

손자병법 다시 강의할 시간을…….

지금 현재는 교과서 개정 원고 교정 때문에 기회를 잘 못 잡고 있었음. 내일까지는 마무리가 될 것 같고, 그러고 나면 내일이나 모레부터는 다시 시작을 할 수 있을 것 같다.
일본은 벌써 추석이라니까 어째 좀 서늘한 느낌이 드는 것 같기는 하네. 나도 태극기 하나 가지고 왔는데(정사각형으로 된 손수건 크기의 bandana — 이거 우리말로는 뭐라고 해야 하나?), 8월 15일에는 그거 머리에라도 두르고 밖으로 뛰어나가야 하는 거 아닌지 몰라.
여기는 푹푹 찌는 더위가 1~2주 째 계속 되다가 어제와 오늘은 오랜만에 가을 같은 날씨를 보이고 있어서 집안에 있기 아까운 날들이다.
이제 얼마 안 있으면 holiday도 끝나고 다시 한국으로 가야한다는 것이 약간 갑갑하기도 하지만, 대신 한국에 가면 또 만나면 반가운 사람들(누구 게?)이 많이 있으니까 한편으로는 기다려지기도 하고.

제상민 씨는 한국에 언제 한번 나올려나?

나도 인터넷 통해서 한국 소식 접하고 있는데, 모두들 건강 조심하도록…….

이번에는 예전과 똑같은 지역에서 물난리 안 나고 있나 몰라…… 또 좀 있으면 수재의연금 모금할 테고……. 도대체 무엇들 하는 거지?

[Sun Zi Bing Fa #36]
2002/8/9, New York

오랜만에 다시 시작. 제7편 군쟁편(軍爭篇)을 하고 있다. 지난번에는 전체의 내용을 직역하는 것까지 했다.

이번 군쟁편의 중심 내용이 maneuvering인데, 원규의 권고를 수용해서 '전술기동' 이라고 해석을 하기로 하자. 전술기동 혹은 머뉴버링이 혹시 잘 와 닿지 않을 사람들(특히 여학생들)이 있을 것에 대비해서 내가 한번 쉽게 설명을 해 보께. [원규야, 혹시 내용에 오류가 있으면 고쳐 다오.]

모두들 다음 상황을 한번 마음 속에 그려 보도록(visualize). 자신의 손을 조금 들어 올리는데 손바닥이 아래로 향하도록. 이 손을 우리가 어릴 때 그랬듯이(남자애들만 그런가?) 비행기라고 생각하라고. 이 손(비행기)이 날아가고 우리가 이 비행기를 조정한다고 상상하자. 그런데 이 비행기는 아무 것도 없이 뻥 뚫린 하늘을 날아가는 것이 아니라(영화를 몇 가지 생각해 보도록) 아주 낮은 높이로 그것도 산과 꾸불꾸불한 계곡이 이어지는 곳을 날아간다고 생각해 봐. 적의 레이더를 피하기 위해 되도록 땅바닥에 바짝 붙어서⋯⋯ 그렇다면, 그냥 "윙"하면서 곧바로 날아갈 수만은 없겠지? 계곡이 휘어지면서 절벽이 앞에 나타나면 손을 오른쪽이든 왼쪽으로든 약간 뒤집으면서 방향을 틀어야겠지? 그리고, 앞에 산이 나타나면 그냥 처박을 수는 없으니까 이번에는 손을 하늘 쪽으로 향하면서 높이를 올려야지? 산을 넘고 나면 그냥 계속 하늘로 올라가는 것이 아니라 이번에는 손을 아래쪽으로 굽히면서 내려가겠지? 좀 상상이 되니?

바로 이런 것을 '머뉴버링'이라고 한다.

아직 기억한다면 바로 전편인 제6편 허실편의 마지막 부분이 어떻게 끝났느냐 하면, 적의 허실을 노려서 강점을 피하고 약점에는 타격을 가하기 위해서는 유연성이 중요하다고 강조했다. 그러면서 예로 든 것이 '물의 흐름'이었다. 바닥이 낮아지면 물도 낮아지고, 바닥이 불쑥 솟아 오른 곳은 옆으로 돌아 흐르고. 바로 앞에서 말한 손바닥 비행기를 조정하는 것과 같은 원리다. 그러니까. 이번 7편에서는 6편 마지막 부분에서 강조한, 전략을 행동에 옮기는 과정에서의 '유연한 머뉴버링'을 더 자세히 설명하는 것으로 보면 되겠다.

즉, 머뉴버링의 기본은 적의 강한 곳을 잽싸게 피하고 약한 곳을 공격하는 것이다. 적이 방어를 좀 가볍게 하고 있는 지점을 찾아 내야 한다. 그리고, 정면 공격은 우리 쪽에게 절대적이고 압도적으로 우세한 상황에서만, 결정적인 순간을 잡아서(모멘텀과 타이밍 기억하지?), 질풍노도와 같은 기세로 상대방이 정신을 차릴 틈을 주지 말고 때려야 한다.

첫 번째 부분의 내용은 다음과 같았다.

凡用兵之法, 將受命於君, 合軍聚衆, 交和而舍, 莫難於軍爭. 軍爭之

> 難者, 以迂爲直, 以患爲利. 故迂其途, 而誘之以利, 後人發, 先人至,
> 此知迂直之計者也. 故軍爭爲利, 軍爭爲危.

보통, 전쟁에서 장군은 왕(황제)으로부터 명령을 받는다. 군대를 규합하고 사람들을 동원하는 것에서부터 군대를 전투에 내보낼 수 있게 준비시키는 것에 이르는 과정에서, 우리에게 유리한 위치를 미리 차지하기 위해 기동성을 살려 움직이는 기술보다 더 어려운 것은 없다. 기동성을 관리하는 것이 어렵다는 것의 핵심에는 굽은 길을 가장 곧은길로 만드는 것과 불리함을 유리함으로 바꾸는 것이 있다. 따라서, 적에게 미끼를 던져 유인하여 똑바로 움직이기 못하게 하고 속도를 떨어뜨림으로써, 우리는 적보다 늦게 출발하더라도 오히려 전장에 먼저 도착할 수 있다. 이렇게 할 수 있는 장수는 책략에 능함을 보여주는 사람이다. 고로, 유리한 위치를 점하려는 기동작전에는 이점과 위험이 공히 내재되어 있다.

즉, 머뉴버링의 목적은 우리에게 유리한 위치를(경쟁우위를) 찾을 수 있게 하는 것이다. 그리고, 상대방에게는 우리와 경쟁하거나 따라오는 것을 까다롭게 만드는 장애요소를 제공하는 것이다.

FedEx(Federal Express — 영화 "캐스트어웨이" 생각나지? 탐 행크스 주연. 우리가 언젠가 오크 밸리 갔을 때 함께 비디오로 봤던 영화. 그 영화의 중심회사로 나오는 회사)의 예를 한번 볼까? 창업자인 Fred Smith가 아마 예일대학교 학부시절에 경제학인가 수업시간에 페이퍼를 썼는데, 우체국을 통한 기존의 우편과 소포배달 시스템을 건너뛰는, 자체적인 비행기 군단과 트럭 운송 군단을 거느리고, 하루 내지 이틀, 정해진 시간 안에 서류나 물건을 정확하게 전달해 주는 서비스에 대한 아이디어였다고 한다. 점수는 C인가 D를 받았다나? 교수가 생각하기에는 말도 안 되는 아이디어라고 생각했었나봐. 그러나, Fred Smith는 실제 그런 회사를 만들게 된다. 그것이 바로 "페더럴 익스프레스" 혹은 "페덱스".

처음 사업을 시작할 때를 상상해 보면, 기존의 우체국과 다른 배달업체들이 있는 경쟁환경에서 뭔가 독자적인 위치를 구축하려고 했겠지. 다른 업체들이 하는 것과 같은 방식을 취하면 '정면충돌'이 일어나게 되니까, 환경분석을 하고 사업을 진행하면서 머뉴버링을 했겠지. 다른 회사들이 하는 것들을 피해가면서, "굽은 길을 펴는" 즉, 남들이 불가능하다고 생각하는 것을 공략하여 자기만의 위치를 구축한 것이다. 마치 인천상륙작전이 불가능하다는 대다수 사람들의 생각 그 자체를 바로 'surprise'를 달성할 수 있는 기회로 여기고 강행한 맥아더 장군처럼.

FedEx는 그 당시로서는 불가능하다고 생각하고 있던, 미국 내 어디에서든 패키지를 하루만(overnight)에 배달할 방법을 생각해 냈다. 미국 내 몇 군데 '허브(hub)'를 만들어 모든 우편물을 그 쪽으로 집중하고 자체적인 비행기와 트럭 네트워크를 통해 어디든 하루 만에 전달을 하는 것이지. 이렇게 해서 혼자만의 경쟁우위를 구축하자, 다른 경쟁자들이 물론 금방 'overnight'라는 매력적인 시장에 뛰어 들었겠지.

FedEx는 다시 머뉴버링을 해야 했다. 그렇지 않으면 정면충돌로 가격경쟁으로 들어가거나 했을 테니까. FedEx는 다시 'overnight'를 이제는 'before 10:30AM'이라고 더 세부적인 시간을 구체적으로 정했다. 동시에 FedEx는 추적시스템(tracking system)을 도입하여 언제 물건이 나갔는지, 지금 어디로 가고 있는지, 언제 도착했는지, 누가 받았다는 사인을 했는지 등의 정보를 고객에게 제공했다. 처음에는 패키지에 고유번호를 부여하여 그 번호를 가지고 수신자 부담 전화를 걸어 알아 보게 했고, 나중에는 경쟁자들도 같은 시스템을 채용하자 PC를 이용한 시스템으로, 그리고 인터넷으로 계속 머뉴버링을 했다. 현재는 'overnight'의 정의가 'before 8 AM'으로 변했고, 일요일에도 배달을 한다. UPS, DHL 등의 경쟁자가 있지만 FedEx는 계속 앞서나가는 것 같다. 또 한 가지 들은 것은 FedEx만이 배달트럭이

고장으로 길거리에 서 있으면 지나가던 다른 트럭이 배달물들을 자발적으로 take over하는 시스템도 갖추고 있다고 한다.

비싸기는 하지만, 나도 "정말, 확실하게 전달되어야 하는 중요한 것들"을 보낼 때는 FedEx를 이용한다.

그러니까, 무식하게 그냥 상대방에게 달려들지 말고, 경쟁우위를 발휘할 수 있는 곳을 '손바닥 비행기'가 smooth하게 날아가듯이 방향을 바꿔가며 움직이는 것이 머뉴버링이라 이거다. 독일 자동차 회사들이 미국 시장을 처음 공략할 때도 당시 막강한 미국의 자동차 회사들과 정면충돌을 한 것이 아니라, 상대적으로 방어가 가벼운 측면 쪽으로 머뉴버링을 했다. low end쪽에는 Volkswagen이, high end쪽에는 BMW와 Mercedes가. 나중에 일본 자동차 회사들도 같은 방식으로 그 당시 미국 자동차 회사들이 별로 신경을 안 쓰던 '소형의, first-time buyer들을 겨냥한' 차를 내놓아 성공했다. First-time buyer가 특정회사 제품으로 좋은 경험을 하게 되면 그 이후의 구매도 같은 브랜드로 할 확률이 많다는 것을 알게 된 것이지. 그렇게 해서 저가, 소형 시장을 장악한 일본 자동차 회사들은 고가, 대형으로까지 확장을 한 것이지. 이제 렉서스(Lexus)는 완전히 성공과 지위(status)를 상징하는 럭셔리(luxury) 브랜드로 자리 잡았다.

그 다음 두 번째 부분.

[critical mass를 달성하라]

> 擧軍而爭利, 則不及; 委軍而爭利, 則輜重捐.
> 是故卷甲而趨, 日夜不處, 倍道兼行, 百里而爭利, 則擒三將軍, 勁者先, 疲者後, 其法十一而至; 五十里而爭利, 則蹶上將軍, 其法半至;

> 三十里而爭利, 則三分之二至. 是故軍無輜重則亡, 無糧食則亡, 無委積則亡.
> 故不知諸侯之謀者, 不能豫交; 不知山林, 險阻, 沮澤之形者, 不能行軍; 不用鄕導者, 不能得地利.

유리한 위치를 선점하는 데 모든 보급품을 다 끌고 군대를 움직이는 경우 그 장소에 너무 늦게 도착하게 된다. 그렇다면 캠프와 보급품을 다 버리고 움직이면 그 장소에는 빨리 도착할지 모르지만 모든 물자와 비품을 잃게 된다.

그 내용을 보면, 군대가 유리한 지점을 얻기 위해 모든 군장을 챙기고 빠른 스피드로 밤낮을 쉬지 않고 움직여 100리(10리, 우리의 100리)를 간다면, 전체 군대의 상급 지휘관을 모두 잃게 된다. 강한 부대는 먼저 도착하고 약한 부대는 낙오되어 원래 의도한 지점에는 전체 군대의 10분의 1정도만이 당도하게 된다. 50리를 몰아쳐서 행군하게 되면 최선봉장을 잃게 되고, 이 방법을 쓸 때는 약 1/2만이 도착하게 된다. 30리를 몰아쳐서 행군하게 되면 2/3만이 도착한다. 즉, 충분한 군수품 없이 움직일 때 군대는 패하게 되고, 양식이 없으므로 살아남을 수가 없고, 군수물자의 공급 없이 오래 버티지 못한다.

행진하는 주변의 상황에 익숙하지 못한 군대는 그 동네의 제후와 제휴관계를 맺어서는 안 된다. 산악과 숲의 상태를 모르고, 위험한 협곡의 상태를 모르고, 습지와 늪지대의 상태를 모르는 자는 군사를 이끌고 행진해서는 안 된다. 그 지역을 잘 아는 가이드를 대동하지 않고는 지형의 이점을 살릴 수가 없다.

머뉴버링을 할 때 재빨리 움직이는 것도 중요하지만 그렇다고 필요한 자원과 준비 없이 빨리 움직이기만 하는 것은 위험하다는 가르침이다. 우리말로는 '임계치'라고 어려운 말로 표현하는 critical mass가 그 주요내용인 듯 하다. Critical mass를 어떻게 설명할 수 있을까…… 예를 들어, 어떤 산더미만한 바위를 움직이려고 한다고 상상해 보자. 한 사람이 밀어서는 까딱도 안 한다. 두 사람이 밀어도, 세 사람이 밀어도…… 그렇게 넷, 다섯, 여섯, …… 그러다가 13명이 한꺼번에 밀었더니 바위가 흔들리면서 조금씩 움직이기 시작했다면 그 13명이 바로 "바위를 움직이는 목적을 달성하는 데 필요한 critical mass"가 되는 셈이다.

또, 다른 예. 어떤 회사가 새로운 전략을 도입하여 변화를 가져오려고 한다. 물론 CEO는 위기감을 느끼고 변해야만 한다는 것을 잘 알기에 열정적으로 전략을 실행에 옮기려고 하는데 잘 안 돼. 도저히 혼자서만 신나서는 안 되지. 만약에 전체 직원이 10,000명인 회사라면 전략적인 변화가 성과를 내기 위해서는 몇 명쯤이 위기감을 공유하고 전략을 이해하고, 실행에 열성적으로 참여해야 할 것인가? 물론 정답은 없지만 꼭대기부터 시작해서 최소한 1/3 이상은 'buy-in'을 해야 하다고 가정하자. 그 3,300명이 이 경우 critical mass가 되겠다.

즉, critical mass는 어떤 결과 혹은 성공을 이루기 위해 필요한 '에너지의 집중(concentration of energy)' 이라고 할 수 있다.

그런데, critical mass를 모아서 공략하기 위해서는 "어디에"다 모을 것인가를 정확하게 알아야 한다. 즉, critical factor(우리가 외부환경 분석할 때 말하는 핵심성공요인, critical success factor 내지 key success factor와 같은 개념)가 무엇인지를 알아야 한다.

예를 들어, 전통적으로 주유소를 운영하는 사람들에게 가장 중요한 결정과 정보는 주유기(gasoline pump)를 어떤 회사 것으로 살 것인가 이었다고 한다. 그러나, 미국에서는 이미 넓게 퍼져 있고 우리나라에도 확산되기 시작하듯이, 주유소와 편의점이 합하는 경향이 생기면서 주유소를 운영하는 사업자들에게 더 중요한 것은 소프트웨어 시스템을 통해서 각종 상품의 재고 및 매출정보를 추적하는 것이 되었다고 한다. 즉, critical factor가 하드웨어적인 것(주유기 구매 결정)에서 소프트웨어적인 것으로 바뀐 것이다. 이럴 때 계속 하드웨어적인 것에 시간과 자원을 쓰면 소용이 없다는 것이지.

Critical mass를 이해할 수 있는 예를 또 하나 생각해 보면, 친구들이 도박을 하는 데 다른 친구를 끌어들이려고 한다. 그런데 그 친구가 "나는 싫다"라고 뺀다. 그래서, 다른 한 친구가 묻는다. "니가 우리하고 도박을 하지 않아야 되는 이유 다섯 가지만 대 보라"고. 그러자, 그 친구 대답이, "첫째, 나 돈이 한 푼도 없거든." 그러자, 바로 돌아오는 대답, "됐어, 나머지 네 개는 말할 필요도 없다." 여기서 critical mass에 해당하는 것은?

그 다음 부분은,

[상대방을 기만하라]

> 故兵以詐立, 以利動, 以分合爲變者也. 故其疾如風, 其徐如林, 侵掠如火, 不動如山, 難知如陰, 動如雷震. 掠鄕分衆, 廓地分利, 懸權而動. 先知迂直之計者勝, 此軍爭之法也.

(시작할 때도 말했지만) 전쟁은 근본적으로 기만(속임수)에 바탕을 두고 있다. 유리할 때만 움직이고, 상황에 맞게 군대를 한데 모으거나 분산시켜야 한다. 교전에 들어가면 바람과 같이 빨리 움직이고, 서서히 행군할 때는 숲과 같은 위용을 보여야 하며, 상대방을 습격하거나 노략질을 할 때는 불과 같은 강렬한 기세로 해야 하며, 움직이지 않고 있을 때는 산과 같은 굳건함을, 숨어 있을 때는 구름 뒤에 무엇이 있는지 알 수 없는 것과 같은 불가해한 상태로, 일단 움직일 때는 천둥과 같은 기세로 움직여야 한다. 시골 지역을 약탈할 때는 부대를 나누고, 성곽 지역을 장악할 때, 전략적인 포인트는 방어해야 한다. 움직이기 전에 상황을 잘 살펴라. 이러한 지략을 아는 자는 이길 것이며, 이것이 바로 기동

작전의 묘란 것이다.

자, 여기서 잠시······ 이러한 원칙들은 그야말로 원칙들이며 상황에 따라 물 흐르듯이 유연하게 변형되고 응용되어야 그것이 진정한 머뉴버링이다, 그치? 예들을 한번 보자.

'춘추전국' 중 '전국' 시대(기원전 3~5세기 때)에 있었던 일이다. Qi와 Wei [정옥아, 이 나라들 우리나라 발음 어떻게 해야 되니?], 두 나라가 싸운다. Qi 쪽의 전략가는 바로 손무(손자 — Sun Tzu)의 손자(아, 이거 헷갈리게 같은 발음이 반복되네 — grandson)지 아마? "손빈"이었다.

하도 오래 전에 읽어서 잊어버렸는데, 손자가 일선에서 은퇴하여 어린 아이들을 가르칠 때 손빈과 친한 친구 녀석이 있었는데(이름은 기억이 안 난다) 그 아이는 어릴 때부터 요령에만 능한 그런 아이였다. 예를 들어, 공부를 할 때 그 녀석은 아마 집안이 가난해서 돈을 내고 서당을 갈 상황이 아니었나봐. 그런데 손자(헷갈리니까 손무로 하자)를 찾아와서 자기는 그냥 서당 밖에서 다른 애들이 배우는 거 어깨 넘어서 대강이라도 볼 수 있게 해 달라고 했단다. 손무가 "어찌하여 공부라는 것을 그런 식으로 배우려 하느냐"고 책망을 했더니 눈 하나 까딱하지 않고 "그런 식으로라도 대강의 것은 다 배워서 써먹을 수 있다"고 하였단다. 그 이후 손무는 손빈에게 "그 아이는 앞으로 뭔가 큰 일을 저지르고 반드시 너를 해할 것 같으니 멀리 하여라"라고 경고하였다. 그러나, 순진한 손빈은 계속 그 아이와 친하게 지냈다. 둘이 장성하였을 때, 자세한 것은 또 기억이 안 나지만, 하여튼 그 친구의 간교한 꾀로 손빈은 암울한 나날을 보내다가 바로 위에서 언급한 전쟁에서 현장에 복귀를 하게 되었고, 상대방 Wei 나라의 장군이 바로 그 친구였다.

Wei는 다른 두 나라, Zhao[정옥아, 발음 부탁], Han과 동맹군을 이루고 있었고, 말하자면 손빈의 옛 친구가 연합군 사령관 같은 것이었지.

손빈이 말했다. "세 나라 연합군은 숫자도 많지만 아주 사납고, Qi 알기를 물로 보고 우리 군대가 아주 겁이 많을 것으로 치부하고 있다. 뛰어난 장수는 이러한 상황조차 우위로 이용할 수 있어야 한다." 그러면서, 자기 할부지의 명작 "손자병법"을 인용하여 다음과 같이 말한다.

"손자병법에 의하면, 50리를 몰아쳐서 행군하게 되면 최 선봉장을 잃게 되고, 이 방법을 쓸 때는 약 1/2만이 도착하게 된다고 하였다. Qi 군대를 Wei 지역으로 일단 진입시킨 후 캠프파이어를 수천 개 피우도록 하라. 그 다음 날은 그 절반으로 캠프파이어의 숫자를 줄이고, 그 다음 날은 또 그 반으로 줄이도록 하라."

Qi 군대는 손빈이 시키는 대로 했다. 이러한 정보를 접한 Wei의 장군은 Qi 군사들이 매일 탈영을 하는 것으로 해석을 했다. 그리고, 이렇게 말했다. "그러게 Qi 군대 놈들은 그렇게 겁쟁이들이 많다니까. 우리 지역에 들어온 지 이제 겨우 사흘밖에 안 됐는데, 벌써 절반 이상이 튀었다니까, 음하하하하~."

그리고 그 녀석은 주력 보병부대를 뒤에 남겨 놓은 채 기동타격부대(crack troops)만 거느리고 급하게 Qi 군대를 추격하기 시작했다. 그러한 정보를 입수한 손빈은 그 진행속도를 계산해 볼 때 해질 녘에는 길이 좁고 험준한 계곡 쪽으로 도착할 것으로 예상했는데, 그곳은 매복을 하기에 아주 적당한 곳이었다.

손빈은 그 계곡에 서 있는 아주 커다란 나무 하나의 껍질을 홀라당 벗기도록 하고, 거기에다 "Wei의 장군은 오늘 이 나무 아래에서 죽는다"라고 써 놨다. 그리고는, 수천 명의 궁수(활 쏘는 사람)들을 길 근처에 매복시키고 횃불신호가 떠오르면 화살을 비 오듯이 퍼부으라고 명령을 내렸다.

손빈의 어릴 적 친구가 밤 즈음에 그 계곡에 당도했지. 이 친구도 손자병법을 어깨 너머로 배운 탓에 바보는 아닌지라. 그 곳이 매복하기에 적당하다는 것을 직감적으로 느꼈겠지. 그런데, 깜깜한 어둠 속 저기에 뭔가 허연 것이 커다랗게 서있는 것이 아닌가(바로 그 발가벗은 나무). 그래서, 그 친구는 부하들에게 횃불을 가져오도록 하여 그게 뭔지 확인을 해 본다. 뭔가 글이 써 있어서 보니 아뿔사, "Wei의 장군은 오늘 이 나무 아래에서 죽는다. 손빈 싸인, 휘리릭~." 이렇게 돼 있잖아. "아차"하고 생각하는 순간 바로 그 횃불을 신호로 매복하고 있던 궁수들이 빗발 같은 화살을 그 나무를 향해 퍼붓는다. 그 Wei 장군은 그 화살들을 맞고 죽었다는 얘기도 있고, 거기서는 살았는데 자기 군대가 박살이 나는 것과 손빈에게 당한 것에 대한 수치와 분노로 스스로 목숨을 끊었다는 얘기도 있다.

이 이야기는 손자가 말한, 너무 급하게 이동하느라 critical mass를 잃는 경우의 위험을 그대로 실현한 것이다. 그런데, 상황에 따라서는 꼭 이것이 응용되지 않는 경우도 있다.

이 손빈의 이야기 한참 이후 한나라(25~219 A.D.)가 중국을 통일하고 있을 때 지금의 티벳 지방 사람들이 반란을 일으켰나봐. 그래서 한나라 조정에서는 장군 한 명을 그 지방의 방백으로 임명하여 그 반란을 진압하라고 보냈는데, 그 장군이 진군하는 중간을 반란군이 끊어 버렸다. 그러자, 이 장군은 진군을 즉시 멈추고, 황제에게 지원병력을 보내 달라고 요청하려고 한다는 말을 일부러 퍼트렸다. 이것을 알아차린 반란군은 병력을 나눠서, 황제에게 가는 메신저를 찾아내기 위해 주변지역을 샅샅이 수색하기 시작했다.
이렇게 반란군의 병력이 분산되자, 한나라 장군은 군대를 독려하여 밤낮을 행군하여 하루에 30리 이상을 커버하였다. 그리고, 밤에는 취사 담당병들한테 밥 짓는 난로를 두 개 만들라고 하고 매일 그 숫자를 늘려나가도록 시켰다. [손빈하고 반대지?] 반란군은 감히 공격하지 못했다고 한다.
부하 중의 한 명이 장군에게 물었다. "그 유명한 손빈 장군은 옛날에 캠프파이어의 숫자를 계속 줄인 일화가 있는데, 장군께서는 오히려 숫자를 늘리셨습니다. 또한, 병서에서 추천하는 하루 행군할 수 있는 최고거리보다 3배 이상을 이동하게 하셨습니다. 왜 그러셨나요?"

그 장군이 말했다, "적군은 우리보다 숫자가 많고, 우리는 얼마 없다. 내가 취사난로 숫자를 늘리게 한 것은 적으로 하여금 이 지역 민간인 군대가 우리를 환영하여 합류하는 것으로 생각하도록 하기 위한 것이었다. 적은 우리가 숫자가 많으면서 이동이 빠른 것으로 생각하고 우리를 섣불리 추격하지 못한 것이다. 손빈은 일부러 약점을 내보이려고 한 것이고, 나는 우리를 강하게 보이려고 한 것이다. 상황이 각각 같지 않기 때문이다."

오늘 강의 끝~.

내일 혹은 다음에는 군쟁편 끝내고, 8편 구변편(九變篇)으로 간다.

송원규(8/12,7:57): Qi는 제(齊)나라, Wei는 위(魏)나라를 말합니다. "손자"는 일반적으로 "손무"를 가리키는데 손무의 후손 "손빈"을 가리키기도 해서 자주 헷갈리며, "손자병법의 저가가 누구냐"라는 문제도 이 두 사람이 문제가 됨. 위에서 언급된 손빈의 친구는 "방연"으로 나중에 손빈을 속여 '빈형'(슬개골을 자르는 처벌 즉, 발목을 잘라버리는 것)을 당하게 하는데 이것이 손빈이라는 이름의 유래가 됨. Zhao는 조(趙)나라를 말합니다.

김언수(8/12,11:28): 맞아, 방연! 고맙다, 원규야. 와, 그런데 너 이런 거 되게 자세히 알고 있구나.

[Sun Zi Bing Fa #37]
2002/8/13, New York

한번 템포를 늦췄다하면 며칠이 휘리릭 지나가 버리네. 이제 내가 한국 돌아갈 날도 며칠 남지 않았다. 결국 손자병법은 다 못 마치고 가겠구나.

한국에 돌아가서 계속 할 수 있을지 의문이네. 이제부터 가기 전까지 페이퍼들이 기다리고 있다. 그것도 데드라인과 함께. 생각해 보면 이번 안식년은 학교 다닐 때와는 비교할 수 없게 편하고 그 덕분에 책도 많이 읽었고, 교과서도 개정하고, 이렇게 손자병법도 공부할 수 있었지만, 애초에 내가 그리던 '안식'의 경지에는 도달하지 못한 것 같다. 오히려 그래서 다시 한국에 돌아가서 적응하는 데는 아무 문제가 없을지도 모르지.

어제 마지막 칼럼을 써서 보내고 이제 일단 한 가지는 끝이 났구나 하는 순간 이메일을 받았는데, 내 칼럼에 '팬'들이 생겼다면서 계속 써달라나? 왜, 이렇게 나를 방황하게 만드는 거지? 일단은 "노"라고 하긴 했다. 3주에 한번씩 쓰는 칼럼이지만 하나 쓰고 나머지 3주 동안 토픽 생각하고, 자료 모으고, 메모하고, 그리고 데드라인 전 하루나 이틀은 꼬박 글 완성하는 데 써야지. (그렇게 시간을 쓰고도 그 정도밖에 못써? 하는 사람들도 있을지 모르겠네.) 나로서는 연속적인 스트레스의 과정이었다. 물론, 그 기회에 생각도 정리하고 그 중에 일부는 책 개정하는 데 써먹기도 했으니 완전히 별개의 작업은 아니지만…….

웬 사설이 이렇게 길지? 오늘도 넘기면 너무 늘어질 것 같아서 일단 하던 거 마무리하자. 군쟁편을 마무리해야지.

이제까지의 내용은 "유리한 위치를 차지할 수 있도록 머뉴버링을 하라, 머뉴버링을 할 때 critical mass를 확보하라, 그리고 상대방을 기만하라(이거는 아주 자주 나오지?)"는 내용들이었다. 그럼, 나머지.

이 부분은 정옥이가 가르쳐 준 사이트의 중국 원문에는 없는 부분인데, 영문 해석편에는 들어 있다.

[효과적인 커뮤니케이션 시스템을 구축하라]

전투 중에는 서로의 목소리를 들을 수 없으므로 징과 북이 사용된다. 또한, 전투 중에는 부대가 서로를 명확하게 볼 수 없으므로 깃발을 사용한다. 따라서, 야간 전투에는 보통 북과 징을 사용하고, 주간 전투에는 깃발을 사용한다. 이런 도구들은 군대의 액션을 통일하기 위해 필요한 것들이다. 이렇게 군대가 하나로 통합되면 용감한 자라고 해서 혼자 전진할 수 없고, 겁 많은 자라고 해서 혼자 후퇴할 수 없다. 이것이 대규모 군대를 움직이는 기술의 핵심이다.

조직(organization)력을 유지하는 데 커뮤니케이션이 얼마나 중요한지를 잘 설명하고 있다. 여러 사람들을 마치 한 사람같이 움직이게 하는 것 그것이 organization이라면, 그 근간에는 커뮤니케이션이 있음을 알 수 있다. 여러 사람을 한 사람처럼 움직이는 것에 대해서는 앞으로도 언급이 나온다.

요즘은 커뮤니케이션 기술이 너무 발달해서 탈이다. 여전히 아래 있는 사람들은 회사가 충분한 커뮤니케이션을 하지 않는다고 불평이지만, 위에서는 너무 많은 정보를 받게 되어서 처리가 곤란할 정도이고. 쉽지는 않지만, 내가 생각하기에 회사에서 커뮤니케이션을 하는 데 가장 좋은 방법은 역시 decentralization인 것 같다. 이것은 내가 보스라면 내 밑에 능력 있는 사람들을 뽑고, 그 사람들은 또 그 밑에 능력 있고 믿을만한 사람들을 뽑아서, 커뮤니케이션은 회사 사람 전부를 대상으로 하는 것이 아니라, 내 밑의 사람들에게만 확실하게 하고, 그 사람들은 또 그 밑 사람들에게, 또 그 아래로, 아래로⋯⋯ 소위 말하는 cascade(작은 폭포) 효과를 노리는 것이 가장 좋을 것 같다. 안 그러면 과도하게 복잡해지거든.

Wal-Mart는 매주 토요일 아침 본사에서 본사와 각 영업장의 관리자들이 모이는 회의가 있단다. 한 데 모여서는 여러 가지 성공적인 아이디어들을 나누고, 그 다음 월요일은 각자가 자신의 자리로 돌아가서 새로운 아이디어를 자신의 영업장에 적용하는 형식으로 정보와 아이디어가 확산되게 한단다.

이와 관련하여, 19세기 프러시아 군대의 명령시스템도 유사한 원칙을 적용하고 있다.
1. 군대는 본부에서부터의 직접 명령만으로는 효과적으로 지휘할 수 없다.
2. 현장에 있는 사람이 그 상황을 가장 잘 판단할 수 있다.
3. 지적인 협력(머리를 쓰는, 그러니까 전체적인 context와 명령의 이유를 이해하는 사람들)이 기계적인 복종보다 비교할 수 없을 정도로 무한정 더 가치가 있다.

요즘, 우리가 얘기하는 조직 내지 커뮤니케이션의 원칙들과 다를 것이 없지? 특히, 지식경제다 지식경영이다 하면서 3번 요소는 최근에 얼마나 귀 아프게 많이 들었냐.

그러고 보면, 이 손자병법을 시작하면서 내가 말했지만, 우리가 아는 것은 이미 그 옛날에도 다 있었다는 것을 알 수 있다. 사람들이 어리석어서 배우지 못할 따름이지.

오죽했으면 그 옛날 성경에도 같은 말이 있겠냐.

구약성경, 전도서(BC 935년경) 1장:
"이미 있던 것이 후에 다시 있겠고 이미 한 일을 후에 다시 할지라. 해 아래는 새것이 없나니(9절), 무엇을 가리켜 이르기를 보라 이것이 새것이라 할 것이 있으랴 우리 오래 전 세대에도 이미 있었느니라(10절)."

그리고, 커뮤니케이션이란 말뿐만이 아니고 더 중요한 것은 말과 행동이 일치하게 만드는 것이다. 소위 말하는 walk the talk. 한 때 Management By Wandering Around(MBWA)라는 기법 아닌 기법이 유행한 적도 있는데, 여기 저기 돌아다니기만 한다고 해결되는 것은 아니지. 돌아다니면서 무슨 말을 하는지, 어떻게 들을 자세가 되어 있는지, 그리고 돌아다니면서 어떤 행동을 보여주는지가 더 중요한 것이지. 어떤 경우는 사장이 괜히 여기저기 쑤시고 다니는 것보다 그냥 가만히 계셔 주시는 것이 더 도움이 되는 경우도 있다.

아주 상식적인 것이, 내가 너희들한테 "공부하라, 공부하라" 그래 놓고 나는 맨날 놀러 다닌다면 니네들 공부할 맛이 나겠냐? 그리고, 그 다음부터 무슨 말이든지 내 말에 경청을 하겠냐? 그래서 아마 목사, 혹은 장로 등을 비롯해 교회에서 신앙 생활하는 사람들의 자식들이 "삐뚤어지는(?)" 경우가 가끔(이 단어에 주의할 것) 있는 것은 이런 것과 관련이 있지 않나 싶어. 일주일 내내 부부끼리 지지고 볶고 싸우면서 갖은 소리 다하고, 아버지는 맨날 술 먹고 늦게 들어오고, 가끔 하는 얘기는 회사에서 부정한 얘기나 하고, 엄마는 맨날 내용 없는 소비나 대화에 시간을 보내고, 애들은 잘 챙기지도 않다가, 일요일만 되면 옷 차려입고 애를 억지로 끌고 교회에 가서는 "경건하게 기도합시다." 이렇게 되면 애들이 부모를 존경하고 싶겠냐? 아니면, 더 반감이 생기겠냐?

여기서 한 가지 주의할 것. 많은 경우에 교회에 다닌다는 사람 "때문에" 오히려 교회에서 멀어지는 사람들이 있다. 그 사람들의 말과 행동이 서로 안 맞으니까.(선생님도 별 다를 것 없는데요 하는 생각을 하는 사람이 지금 있다면 바로 다음 말을 기억하라.) 나를 포함해서 그런 사람들이 교회를 안 갔으면 문제가 더 심각해졌을 거라고. 그나마, 교회라도 가니 그 정도에서 그치는 거라고…….

그리고, 커뮤니케이션도 상황에 따라 다른 방법을 써야 한다. 예를 들면, 좋은 소식이라면 한번 정도 발표하고 치워도 상관이 없다. 그러나, 기존의 틀을 깨는 큰 변화와 관련된 것이라면, 다양한 경로와 방법으로 여러 번 반복해서 사람들이 이해하고 받아들일 때까지 지속할 필요가 있다. 김언수-남대일-배보경-송원규-한수진의 『움직이는 전략』에 제법 자세하게 설명을 하고 있는데 거기서는 '융단폭격'이라는 용어를 쓰고 있다. 전략적인 변화, 따라서 여러 사람에게 긍정적, 부정적 영향을 미치게 되는 변화는 모든 메시지가 다른 메시지를 상호 보완할 수 있도록 다양한 형태로 전달이 되는 것이 효과적이다. 일대일 미팅, 부서별 미팅, 서로 모여서 토론을 하는 모임 등등…….

다음 섹션,

[정신적 우위를 이용하고 상황에 맞게 대처하라]

> 故三軍可奪氣, 將軍可奪心. 是故朝氣銳, 晝氣惰, 暮氣歸. 故善用兵者, 避其銳氣, 擊其惰歸, 此治氣者也.
> 以治待亂, 以靜待譁, 此治心者也. 以近待遠, 以佚待勞, 以飽待飢, 此治力者也.
> 無邀正正之旗, 勿擊堂堂之陣, 此治變者也.

모든 군대가 기운을 잃고 장군도 마음이 중심을 잃을 수 있다. 즉, 전투 초기에는 군사들의 정신이 날카롭게 살아 있지만, 시간이 지나면서 그 날카로움이 무디어지고, 나중에는 아예 없어진다. 따라서, 현명한 장수는 적의 기세와 정신이 날카로울 때는 피하고, 그 날카로움이 사라졌을 때 공격한다. 이것이 무드(mood)를 중요하게 이용할 줄 아는 기술이다.

적이 질서정연할 때는 혼란스러워지기를 기다린다; 적이 조용하고 차분할 때는 떠들썩해질 때를 기다린다. 이것이 냉정과 침착성을 유지하는(마음을 다스리는) 묘이다. 전장과 가까이 있을 때는 적이 멀리서부터 오기를 기다리고; 휴식을 충분히 취했다면 피곤하고 지친 적을 기다린다; 배불리 먹은 군사를 거느리고 있을 때 굶주린 적을 기다린다. 이것이 강점을 아끼고 십분 이용하는 기술이다.

깃발이 완벽한 질서를 이루고 있는 적은 공격하지 않는다. 진영이 잘 짜여져 있는 적도 공격하지 않는다. 이것이 상황을 평가하는 기술이다.

> 故用兵之法, 高陵勿向, 背丘勿逆, 佯北勿從, 銳卒勿攻, 餌兵勿食, 歸師勿遏, 圍師必闕, 窮寇勿迫, 此用兵之法也.

이제, 뛰어난 장수는 적이 높은 곳을 점하고 있을 때 위를 보고(uphill) 공격하는 시도를 하지 않으며, 적이 언덕을 등지고 진을 칠 때 정면 공격을 하지 않는다. 적이 일부러 후퇴하는 척할 때 추격하지 않으며, 적 군사들의 기세가 날카로울 때 공격하지 않는다. 적이 던진 미끼는 삼키지 않으며, 고향으로 돌아가는 적을 가로막지 않는다. 적을 포위할 때는 빠져나갈 구멍을 남겨 놓는다. 궁지에 몰려 필사적인 적을 너무 압박하지 않는다. 이것이 군대를 운용하는 기술이다.

어떤 군대는 공격하지 말고 피해야 한다는 권고는 나머지 부분들에 더 자세하게 나오니까 여기서는 넘어가기로 하자.

정신이 중요하다는 것은 아주 상식적인 것 아니겠나? 나폴레옹도 일찍이 "The moral is to the physical as three is to one."이라고 했다. 의역을 하면 정신이 육체보다 3배 강하다 정도인데, 여기서 moral이란 손자병법 처음 시작할 때 나오는 道 즉, 도덕적인 명분을 말하며 비즈니스의 미션에 해당하지만, 정신으로 확대해석해도 그 문맥에 지장이 없겠다.

물론, A sound mind in a sound body, 건전한 육체에 건전한 정신이 깃든다는 속담처럼 육체적으로 강할 때 정신적인 강인함도 더 고조될 수 있는 것이다. 따라서, 우리가 항상 "이거냐 저거냐"를 논하다 보면 도달하는 결론처럼 "둘 다" 중요하다. 모두들 체력단련 잘 하도록.

그리고, 정신이 중요하다는 것과 관련하여.

스트레스가 심할 때 목에 뭔가 걸린 듯한 느낌이 드는 것을 '히스테리구'라고 한다. 말 그대로 '정신적 문제에 의한 공(球)'이기 때문에 내시경 검사를 해도 아무 이상이 발견되지 않는다. 음식을 삼키는 데는 지장이 없지만 환자는 실제종양에 못지않은 답답함과 괴로움을 느끼게 된다. 한방에서는 같은 현상에 대해 칠정계특인가(정확한 것은 아니고)하는 용어를 오래 전에 이미 쓰고 있었다. 이걸 어떻게 아느냐 하면 내가 안식년 가기 전까지 거의 1년을 이걸로 시달렸거든. 물론 궤양 증세도 있었지만 약을 그렇게 오래 먹어도 안 낫더니 여기 와서 "놀았더니" 깨끗하게 나았다. 그러고 보니, 이번 안식년 중 얻은 가장 큰 이득이라면 건강이 좋아졌다는 것. 감~사합니다.

평소에 멀쩡하다가도 시험 때만 되면 두통이나 복통에 시달리는 학생들이 있다. 약을 먹어도 낫지 않고 병원에 가도 별 이상이 없다고 말한다.(요것도 나는 고3때 잠시 경험했었다.) 겉보기엔 꾀병 같지만 당사자에겐 절대로 꾀병이 아닌 고통. 이처럼 불안과 우울, 스트레스 등 심리적 요인으로 생기는 증상들을 '심신장애'라고 한다.

심신장애는 자율신경계와 관련되어 있다. 자율신경계는 교감신경계와 부교감신경계로 나뉘며 눈동자, 심장, 혈관, 땀샘, 위장, 호흡기, 방광 등에 영향을 끼치는 중요한 기관이다. 뇌 속의 대뇌피질에서 불안함을 느끼면 그것이 시상하부를 통해 자율신경계에 전달되고, 그 결과 자율신경계가 흐트러지면서 갖가지 신체장애가 일어나게 되는 것이다.

교감신경계가 흥분하면 아드레날린 분비량이 늘어나고 간에서 당분유출이 많아지면서 혈압과 맥박이 증가한다. 소화기로 가는 혈액량이 줄어들어 배가 아픈 증상이 나타난다. 두통, 불면증, 우울증이 생기는 것은 물론이고 심할 경우엔 눈이 안 보이거나 손발이 마비되기도 한다.

심신장애를 치료하는 심신의학은 아직까지는 현대의학에서 가장 뒤떨어진 분야에 속한다. 뾰족한 치료법이 없으므로 환자 스스로 마음을 잘 다스려 불안함이나 우울함을 몰아내는 것이 최선이라는 얘기다. 건강한 신체에 건전한 정신이 깃들 듯, 마음이 건강해야 몸도 따라서 건강해질 수 있는 것이다.

용기와 희망은 삶의 원천! 극한상황에서 생존가능성을 높이는 가장 큰 힘이 "삶에 대한 강렬한 의지와 희망"이라는 것은 심리학적으로도 입증된 사실이다. 2차대전 때 필리핀 전투에서 포로가 된 미군병사들 중 약 10%가 특별한 질병이나 부상 없이 숨을 거뒀는데 사망원인은 대부분 정신적 충격에 의한 우울증과 절망감으로 분석되었다. [이상은 "박상준, 박경수, 1999. 로빈슨 크루소 따라잡기. 서울: 뜨인돌"에서 인용.] 내가 오래 전에 비행기에서 읽은 책에서 메모해 놓은 거다.

마지막, 도망갈 구멍을 남긴다는 것은 "쥐가 궁지에 몰리면 고양이를 문다"는 그런 맥락인데, 그래야 "도망갈 희망이 있구나" 하는 생각에 적이 죽을 각오로 싸우지 않기 때문이다. 이것을 역으로 이용하여, 우리 군대로 하여금 "이제는 죽었구나" 하고 완전히 포기하게 만듦으로써 더 강하게 싸우는 방법이 앞으로도 언급이 된다.

이렇게 군쟁편에서는 군대를 움직여 머뉴버링해가는 원칙들을 설명해 놓고 있다. 앞으로 몇 장은 이런 것들을 더 자세하게 설명한다.

이걸로 군쟁편 끝~. 이제, Seven down, six to go!

자, 숨 돌릴 틈 없이 다음 8편 구변편(九變篇)으로.

이거는 제목이 왜 구변인지 모르겠다. 상황에 맞게 전술을 변환시킨다는 의미는 알겠는데, 특히 구(아홉)의 의미를…… 첫 문단에 하라 혹은 하지 말라는 것이 아홉 가지 아니, 열 가지 정도 있기는 한데…… 혹시, 나중 11편 구지편(아홉가지 지형에 대해서)에 나오는 아홉 가지의 지형에 맞추어 전술을 변형시키라는 것인가? 몇 개가 연관이 되기는 하거든…… 내용을 일단 전체적으로 한번 보자고. 이 구변편은 상당히 짧다.

[상황에 따라 전술적인 옵션을 고려하라]

> 凡用兵之法, 將受命於君, 合軍聚衆, 圮地無舍, 衢地交合, 絶地無留, 圍地則謀, 死地則戰.

보통, 전쟁에서 장군은 왕(황제)으로부터 명령을 받고, 군대를 규합하고, 사람들을 동원한다. 접근이 어려운 지형에서는 야영을 하지 말라. 큰길과 교차하는 지형에서는 동맹군과 손을 잡아라. 絶地(해석이 어렵다)—아슬아슬한 지형에서는 우물쭈물 지체하지 말라. 포위를 당한 지형에서는 책략을 사용하라. 절망적인 지형에서는 죽을 힘을 다하여 싸워라.

> 途有所不由, 軍有所不擊, 城有所不攻, 地有所不爭, 君命有所不受.

어떤 길은 따르지 말아야 것이 있고, 어떤 군대는 공격하지 말아야 하는 경우가 있으며, 어떤 성은 공략하지 말아야 하고, 왕이 내리는 명령 중에도 듣지 않아야 할 것이 있다.

故將通于九變之利, 知用兵矣; 將不通於九變之利者, 雖知地形, 不能得地之利矣. 治兵不知九變之術, 雖知地利, 不能得人之用矣.

고로, 다양한 전술의 변형에 따른 우위를 완전히 이해하는 장군은 병사들을 어떻게 부릴지 아는 사람이다. 그렇지 못한 장군은 지형을 유리하게 이용하지 못한다. 어떻게 하면 우위를 점할 수 있는지를 안다 하더라도 전술의 변형을 이해하지 못하는 장군은 우위를 얻을 수 없다.

是故智者之慮, 必雜於利害; 雜於利而務可信也, 雜於害而患可解也.

즉, 현명한 장군은 유리한 요소와 불리한 요소를 충분히 심사숙고한다. 유리한 요소들을 고려함으로써 자신의 계획을 현실성 있게 할 수 있고, 불리한 요소를 고려함으로써 재난을 피할 수 있다.

[적절한 방어를 구축하라]

是故屈諸侯者以害, 役諸侯者以業, 趨諸侯者以利.

우리에게 적대적인 이웃 나라의 제후를 굴복시킬 수 있는 것은 가장 아픈 곳을 때리기 때문이다. 그들을 지속적으로 다른 것에 마음을 쓰게 만들 수 있는 것은 계속 골칫거리를 만들어주기 때문이다. 그들을 서두르게 만들 수 있는 것은 겉보기에 그럴듯한 유혹(미끼)을 던지기 때문이다.

故用兵之法, 無恃其不來, 恃吾有以待之; 無恃其不攻, 恃吾有所不可攻也.

전쟁의 원칙은 적이 오지 않을 가능성에 의존해서는 안 되며, 적이 올 경우 만반의 대비를 하는 것에 의존해야 한다. 또한, 적이 공격하지 않을 가능성에 의존해서는 안 되며, 적이 공격할 경우 우리의 포지션을 "공격할 수 없는 견고한" 포지션으로 구축하는 것에 의존해야 한다.

[리더십의 결함을 인식하고 피하도록 노력하라.]

故將有五危; 必死可殺, 必生可擒, 忿速可侮, 廉節可辱, 愛民可煩.
凡此五危, 將之過也, 用兵之災也. 覆軍殺將, 必以五危, 不可不察也.

장군이 저지를 수 있는 다섯 가지 위험요소가 있다.
▷ 죽을 준비가 너무 되어 있는 무모한 자는 진짜로 죽을 확률이 있다.
▷ 살고자 하는 겁이 많은 자는 생포될 확률이 있다.
▷ 성질이 급한 자는 쉽게 자극 받아서 농락 당할 수가 있다.
▷ 명예를 지나치게 따지는 자는 상대방의 모욕에 쉽게 넘어갈 수가 있다.
▷ 인간적인 연민이 지나친 자는 감정적으로 흐를 수가 있다.

이 다섯 가지 위험요소가 발생하면 군대는 패퇴하고 장군은 전사하는 것으로 끝날 확률이 높으므로 신중히 생각해 보아야 한다.

자, 이렇게 일사천리로 8편 구변편까지 일단 봤다. 내일은 구변편을 더 자세히…….

오늘 강의 끝~.

안 바쁜 사람만 읽어라.[또, 손자병법보다 더 많이 보겠지만······]

작성자 김언수
번호 579 조회수 40
작성일 2002-08-14 오전 6:19:03

명품 코리아

좀 반감이 들겠지만, 이 글의 결론은 한국에서도 "유명한" 사치품들이 많이 나와야 한다는 것이다. 아직 세계 곳곳에서 굶어죽는 사람들이 있는 것은 사실이지만, 더 많은 사람들이 단지 생필품을 소비하는 것으로는 만족하지 못하는 시대가 오래 전에 시작된 것도 사실이다. 그러기에, 코코 샤넬은 "사치품은 필수품이 끝나는 곳에서 시작되는 필수품"이라고 하지 않았던가.

최근 *Business Week*는 The Best Global Brands 100 리스트를 발표했다. 미국에 편향되어 있다는 사실을 인식하면서 그 리스트를 나름대로 다시 분석해 봤다.

100대 브랜드 중 미국이 65개로 단연 선두, 독일과 일본이 각각 6개, 영국과 프랑스가 각각 5개, 그 외 스웨덴, 스위스, 이탈리아, 네덜란드 등 유럽 국가들이 각각 2개 내지 3개, 그리고 핀란드와 우리나라(삼성, 34위), 섬나라 버뮤다가 각각 1개씩 포함되어 있다. 리스트에 포함되는 국가가 단 12개라는 사실을 생각하면 일단 들어간 것만 해도 자랑스러운 일이다. 일단, 리스트에 포함된 나라들과 브랜드의 숫자, 그리고 우리가 느끼는 국력 사이에는 확실한 상관관계가 있는 것 같다.

또 하나 특징적인 것이 있다. 입고(신발 및 장신구 포함) 먹고 마시는 것과 관련된 브랜드가 40%에 해당하는데, 이것들은 기본적인 의식주를 해결하는 것과는 거리가 먼 것들이므로 사치품에 해당한다. 스위스(네스카페, 네슬레, 롤렉스), 프랑스(루이비통, 로레알, 샤넬, 데논, 모에 샹동), 이탈리아(구찌, 프라다, 알마니)는 모두 거기 해당한다. 영국도 5개 중 두 개(조니워커, 스미노프)가, 미국은 22개가 그렇다. 따라서, 사치품과 국력 사이에는 높은 상관관계가 있다면 지나친 해석일까?

사람들은 점점 브랜드에 민감해지고 있다. "무엇을 소비하느냐"가 교육, 인종, 언어, 문화적 배경만큼 중요한 요소로 자리 잡아 가고 있다. 구찌로 치장하는 일본 사람은 그 이웃집 사람보다는 오히려 같은 물건을 사는 서울, 베를린, 뉴욕 사람들하고 공통점이 더 많을지도 모른다. 미국에서는 명문 고등학교, 명문 의대를 나온 백인 의사라면 굳이 좋은 자동차를 몰고 다닐 필요가 없었던 때가 있었다. 누구나 알아주니까. 이제 사람들은 값싼 브랜드의 자동차를 몰고 다니는 의사한테는 안 간다고 한다. 뭔가 실력에 문제가 있다고 생각하기 때문이다. "겉에 보이는 걸로 상대방을 판단하지 않는다고 말하는 사람이야말로 깊이 없는 사람"이라는 오스카 와일드의 역설을 되새겨볼 만하다.

물론, 산업재나 생필품 분야에서도 당연히 한국의 기존 주력기업들은 세계적인 브랜드를 구축하기 위해 노력해야 한다. 그러나, 동시에 사치품들도 많이 진입해야 한다. 시장은 있고 계속 커지고 있다. 사치품은 그 자체의 경제적인 효과는 물론, Made in Korea의 이미지를 전반적으로 높이는 트로이 목마의 역할이 더 크다고 볼 수 있다.

사치품이 성공하는 데 필요한 요소들을 언뜻 생각해 보면, 디자인 능력, 품질, 서비스, 그리고 뭔가 독특한 신비감(mystique) 등이 있다. 사실 우리는 이 모든 분야에서 뛰어난 솜씨를 자랑하는 민족 아닌가. 이미 우리는 전세계 명품들을 완벽 복제해 내는 유구한 역사와 전통(?), 그리고 알아주는 손재주도 있지 않은가. 한국이 그렇게 될 수 있겠느냐는 의심이 든다면 10대에서 30대의 주위 사람들에게 어떤 핸드폰 브랜드를 소유하는 것이 자존심을 가장 세워준다고 생각하는지 물어 보라.

이제 기업들은 목표를 높게 잡고, 뭔가 하나를 만들더라도 최대한의 정성을 기울여 최고의 품질로 만들어야 하고, 애국심에 호소하며 경쟁력 없는 상품을 밀어붙이려는 생각은 버려야 한다. 국민들은 "배고픈 건 참아도, 배 아픈 건 못 참는다"는 식의 하향적인 평등의식은 과감히 버리고, 자신의 처지에 맞는 소비에 대해서는 지나친 비판도 삼가야 한다. "가장 뛰어난 것이 이기게 하라"(Let the best win)가 우리의 모토가 되어야 한다. 문제는 우리 모두가 그렇게 노력할 때 그 열기를 결집해서 한 방향으로 밀어줄 수 있는 국가적인 리더십이 있는가이다. 후진적인 정치상황이 국가 이미지를 다 깎아 먹고 있으니 말이다.

세계 100대 브랜드에 한국 브랜드가 10개 정도는 들어가고, 한국 사람들도 값비싼 사치품을 굳이 소비하려면 메이드 인 코리아를 선호하는 시절이 오면, 그 때가 바로 대한민국이 진정한 선진국이 되는 때다.

남대일(8/14, 9:28): 재밌게 읽었습니다. 저도 저번 달까지 중앙일보 i-weekly에 3달 고정칼럼 싣느라 무척 힘들었습니다. 근데 지나고 보니 여러 모로 도움이 많이 된 것 같습니다. 교수님도 이런 좋은 글을 계속 쓰시는 게……^^

김언수(8/14, 9:45): 대일아, 너야 지금의 직업과 연관이 있잖냐. 나의 본분과는 정확하게 연결이 안 되는 것 같아.

박진석(8/14, 11:51): 핸드폰 브랜드, 한국에서는 단연 삼성이겠지요……. 그러나, 외국에서는(미국은요?). 품질, 디자인, 서비스가 필수역량이지만 충분역량으로는 마케팅(말은 쉽지만요..)이 정말 필요합니다. 브랜드 이미지는 1~2년에 이뤄지는 게 아니지 않습니까? 이제 월드컵 덕에 국가 이미지가 쪼금, 아주 쪼금은 올라갔으니, 기업들이 좋은 제품 들고 마케팅 하러 다녀도 덜 힘들겠지요. 벤처, 중소기업들을 컨설팅해보면, 제품/서비스 경쟁력은 적정수준인데 영업, 마케팅 역량(인적, 물적, 재무적 포함)이 보완되고 학습되고 강화되어야 하더라고요. Brand persona를 높이기 위해 삼성이 지금까지(20여년) 쌓아온 이미지를 후발 한국기업들은 몇 년으로 단축시킬 수 있을지…… 재미있을 것 같습니다. 교수님의 Let the best win 전략을 사모하고요……. 아래 단계에서 사업전략과 기능전략을 저희들은 고민하고 있겠습니다. 그럼, 강남 특파원의 주절주절이었습니다…….

한수진(8/14,12:1): 잘 읽었습니다.

김언수(8/14,12:41): 진석이의 의문점에 대해 사실 처음에는 더 길게 쓴 게 있고, 거기에 일부 답이라면 답이 들어 있거든. 지금은 집이라 안 되고 내일 학교 가면 그걸 올리든지 하께. 요지를 얘기하자면 100대 브랜드 대부분이 최소한 수십 년 이상의 역사를 가진 오랜 브랜드인 것은 사실이다. 예외라면 AOL, Yahoo, amazon.com, Starbucks 정도. 스타벅스는 뿌리를 찾아가면 1970년대이지만 하워드 슐츠가 지금의 스타벅스를 제대로 시작한 것은 1987년. 즉, 젊은 브랜드가 짧은 시간에 이름을 구축하는 것이 물론 쉽지는 않지만, 불가능한 것도 아니라는 점. 그리고, 이거는 전국가적인 차원에서 일종의 '음모론적'인(우리끼리) 계획이 있어야 한다는 생각이다.

그리고, 마케팅 등 문제도 본국에서는 아예 마시지도 않고 생긴지 얼마 되지도 않은 것을 마치 100년도 넘은 역사가 있는 것처럼 신비스러운 이야기들을 만들어서(그러니까 일종의 사기지) 보드카로서는 100대 브랜드에 들어간 스미노프 만큼 유명해진 덴마크의 앱솔루트 보드카 얘기를 보면, 머리만 잘 쓰면 다 길은 있다.

참, 진석아, 여기서도 삼성 브랜드 쬐그만 거 어떻게 구한 미국애들은(일부 기능은 되지도 않는다) 얼마나 폼 잡는데…… 그리고, 대일아, 칼럼은 방금 이메일 받았는데 바쁘면 내 일정에 맞춰서 건너뛰어도 좋다는 제안이 와서 그렇다면 할까봐. 그리고, 너도 칼럼 같은 것 쓰면 좀 올려. 우리도 즐기게. 그런데, 정말 손자병법보다 이걸 더 찍네? 그렇다면, 손자병법의 독자를 늘릴 아이디어가 하나 생겼다. 앞으로는 손자병법의 제목을 '안 바쁜 사람만 읽어라'로 하는 거지 ^_^.

박진석(8/14,13:13): 우하하하 "안 바쁜 사람만……" 그럼, 백순대요……. 하하…… 교수님의 위트는 여전히 저희들을 사로잡습니다. ^&^

남대일(8/14,14:35): 네. 앞으로는 저도 올릴께요. 여기저기 신문, 잡지 등에 글을 많이 싣는 편이지만 교수님만큼 quality가 좋지는 않습니다.

페덱스(FedEx)

작성자 김언수
번호 579 조회수 20
작성일 2002-08-15 오전 3:44:20

내가 며칠 전에 말한 FedEx의 트래킹 시스템을 직접 시험해 봤다. 지난주에 보낸 교과서 교정원고가 제 시간에 도착했는지 트래킹을 해 봤더니 오른쪽과 같이(그 화면을 그대로 잘라서 붙인다), 시간대별로 패키지의 이동상황과 끝에 누가 받아서 사인했는지까지 자세하게 나와 있다. 죽이지 않냐?

Track Shipments / Detailed Results

추적번호 ——— Tracking Number　　834827864078
　　　　　　　Reference Number
발송일 ——— Ship Date　　　　　　08/08/2002
　　　　　　　Delivered To　　　　Ship'g/Receiv'g
배달지역 ——— Delivery Location　　SEOUL KR ——— 대한민국 서울
배달일시 ——— Delivery Date/Time　08/12/2002 18:45
수신자 서명 ——— Signed For By　　S.J WOO ——— B모 출판사의 우모 차장님
　　　　　　　Service Type　　　　International Priority Service

활동 리스트	일시	비고
Scan Activity	Date/Time	Comments
서울시 마포구에 전달 — Delivered SEOUL-SI MAPO-GU KR	08/12/2002 18:45	2002년 8월 12일 오후 6시 45분
FedEX 배달 차량 안에 있음 — On FedEx vehicle for delivery SEOUL-SI MAPO-GU KR	08/12/2002 09:08	
도착지FedEx 사무실에 서류 도착 — Arrived at FedEx Destination Location SEOUL-SI MAPO-GU KR	08/12/2002 08:24	도착지 국가에서 이동 중
패키지 상황 — Package status SEOUL KR	08/11/2002 18:10	In transit in destination country
Package status SEOUL KR	08/10/2002 13:00	Package in FedEx location
FedEX 우편물 분류시설에서 출발(알래스카 앵커리지) — Package status SEOUL KR	08/10/2002 12:38	Release by customs — 한국 세관에서 통관 완료
Left FedEx Sort Facility ANCHORAGE AK	08/09/2002 09:51	
FedEX 분류 시설에 도착 (앵커리지) — Arrived at Sort Facility ANCHORAGE AK	08/09/2002 06:20	
FedEX 분류 시설에서 출발 (뉴저지 뉴아크) — Left FedEx Sort Facility NEWARK NJ	08/09/2002 06:02	
우편물 분류 시설 도착 (뉴저지 뉴아크) — Arrived at Sort Facility NEWARK NJ	08/08/2002 22:37	

제7편 기동력에 대하여 __ 59

8 상황에 따른 전술의 변형에 대하여

九變篇(Variation of Tactics)

[Sun Zi Bing Fa #38]
2002/8/14, New York

여기는 14일이지만, 한국은 8·15 광복절이다.

쪽x이들이(그쪽 친구들도 있지만, 이런 사안에 있어서는 이 단어를 쓰지 않을 수 없다) 또 독도를 갖고 뭐라 그런다며? 도대체 우리 정부는 뭐 하는 거냐? 태스크포스팀이라도 만들어서 미국 문서보관서부터 시작해서 각종 자료 쫙 훑고, 기록 찾아내고, 전국에 혹시 관련 고문서 있는지 샅샅이 뒤지고, 방어논리 마련하고…… 자료 잔뜩 가지고 딱 기다리고 있다가 다음 번에 집적대면 국제적으로, 공개적으로 치명적인 일격 한방! 뭐, 좀 이렇게 못하나? 하긴 이런 거 신경 쓸 겨를들 있겠어? 캐에…들! (내가 웬만하면 이런 험한 소리 다른 사람들한테 안 하는데, 이것들은 보자보자 하니까 정말 막 나간다니까.) 에이. 이 나라는 언제나 좀 제대로 된 사람들이 이끌려나…….

지금 또 새로운 총리지명자의 재산 때문에 시끄러운 것 같던데……. 사람이 없는 건지. 아니면, 우리가 너무 완벽한 사람을 찾는 건지. 정 안 되면, 어디 멀~~리서 한번 찾아보지? 아예, 외국인을 들여오던가.

오늘은 쬐금만 하자.

지난번 7편 군쟁편에서 미처 못 다한 얘기 한 가지.

모든 군대가 기운을 잃고 장군도 마음의 중심을 잃을 수 있다. 즉, 전투 초기에는 군사들의 정신이 날카롭게 살아 있지만, 시간이 지나면서 그 날카로움이 무디어지고, 나중에는 아예 없어진다. 따라서, 현명한 장수는 적의 기세와 정신이 날카로울 때는 피하고, 그 날카로움이 사라졌을 때 공격한다. 이것이 무드(mood)를 중요하게 이용할 줄 아는 기술이다.

이런 부분이 있었다. 이게 전쟁에서 실제로 응용된 예를 찾았다. "유기"(누군지는 앞에서 예전에 언급했다. 원나라 사람, 명나라까지도 연결)가 말하기를,

"······ [군대의] 에너지(기운, 기세)는 북을 울리면 한층 고조된다. 이렇게 군대의 분위기를 높이는 것이 좋긴 한데, 너무 자주해서는 안 된다. 군사들의 기운이 쉽게 지치기 때문이다. (북을 울리면서 분위기는 up되고 긴장감이 팽팽히 고조됐는데 아무 일도 안 일어나면 김빠지잖아.) 너무 먼 거리에서도 안 된다. 목적지에 도달할 때쯤이면 다 지쳐있을 테니까.(사람이 긴장감을 유지할 수 있는 시간에는 한계가 있을 테니까) 군사들의 긴장감과 에너지를 높이기 위해 북은 언제 쳐야 되느냐, 계산상 여차하면 적과 맞붙을 수 있는 그런 거리에서 쳐야 된다. 적의 기운이 쇠하고(북을 너무 쓸데없이 자주 치고, 일찍 쳐서) 우리의 기운이 강할 때 확실한 승리를 거두게 된다."

실제 예는, 춘추전국의 '춘추' 시대에 제나라가 Lu(원규야, 이거는 어느 나라냐?) 나라를 침공했다. Lu나라의 왕이 제나라를 맞아 싸우러 나갈 새, 장군 중 하나와 전차를 함께 타고 나가게 되었다.

Lu나라의 왕이 군사들의 분위기를 고조시키려고 전쟁의 북을 울리라는 신호를 보내려는 그 순간, 그 옆에 있던 장군이 "잠깐!"하면서 "아직은 아니옵니다" 하는 것이었다. 상대방 제나라에서는 이미 "둥둥둥둥"하는 북소리와 함께 상대편 군사들의 "와~와~"하는 함성이 천지를 진동하는데······.

"그래? 그럼, 뭐, 한 번쯤 참지." 왕은 좀 있다가 다시 신호를 보내려고 했다. 그랬더니 그 장군이 또 "스탑, 아직은 아니옵니다" 또 그러는 거야. "이 짜식이 지금 누구 김 빼려고······" 왕은 화가 났지만 또 말을 들었다.

이렇게 해서 상대방 제나라가 전쟁의 북을 세 번이나 울릴 때까지 그 장군은 계속 기다리라고 하더니, 그 다음에야 "Now!"라고 말했다.

"그렇게 잘 하면 니가 왕 다 해!" 약이 잔뜩 오른 왕은 이렇게 대꾸했다. (요거는 농담인 거 알지?)

왕은 그 말에 따라 드디어 "아기다리 고기다리"던 명령을 멋있게 내렸겠지. 그 결과, 제나라는 완전히 박살이 났다. 왕은 그 장군에게 물어봤다. "아까, 왜 그렇게 사람의 속을 바짝바짝 태웠니?"

그 장군이 대답하기를, "전투에서 용맹함이란 에너지의 수준과 관련이 있습니다. 일단 한번 북을 쳐서 기운을 고조시키면, 그 다음 번에는 아무래도 첫 번째보다는 기운이 덜 하게 되어 있습니다. 그리고, 세 번째쯤에는 아예 없어지게 됩니다. 제나라 애들은 실제 싸우지는 않으면서 북만 잔뜩 울려서 이미 기운이 다 빠졌고요, 우리는 그 때 처음 기운이 올라 있었으니 그 에너지에서 비교가 안 된 것이죠. 어때요, 나 이쁘죠?"

다시 원래의 8편 구변편으로.

> 凡用兵之法, 將受命于君, 合軍聚衆, 圮地無舍(1), 衢地合交(2), 絶地無留(3), 圍地則謀(4), 死地則戰(5).

보통, 전쟁에서 장군은 왕(황제)으로부터 명령을 받고, 군대를 규합하고, 사람들을 동원한다. 접근이 어려운 지형에서는 야영을 하지 말라. 큰길과 교차하는 지형에서는 동맹군과 손을 잡아라. 아슬아슬한 지형에서는 우물쭈물 지체하지 말라. 포위를 당한 지형에서는 책략을 사용하라. 절망적인 지형에서는 죽을 힘을 다하여 싸워라.

> 途有所不由(6), 軍有所不擊(7), 城有所不攻(8), 地有所不爭(9), 君命有所不受(10).

어떤 길은 따르지 말아야 것이 있고, 어떤 군대를 공격하지 말아야 하는 경우가 있으며, 어떤 성은 공략하지 말아야 하고, 왕이 내리는 명령 중에도 듣지 않아야 할 것이 있다.

왜 제목을 "구(9)변편"이라고 하는지 알아보려고 한번 "하라, 하지 마라"는 것을 위와 같이 (괄호안의 숫자) 세어 봤더니, 아홉 가지가 아니고 열 가지가 나오네? 잘 모르겠다. 도와줄 사람…….

위에서 말하는 "피해야 할 적들"에 대해서 우리의 제갈량 선생이 또 가만 있을 수 없지. 뭐라 그랬냐 하면;

- 상관들은 부하들을 이해하며 감싸고, 부하들은 상관에게 복종하는 군대
- 보상이 확실하고 처벌이 준엄한 군대
- 질서정연한 형태로 움직이는 부대
- 현명한 자에게 책임과 권한을 맡기고 능력 있는 자를 중용하는 군대
- 정중하며 예절이 바른 군대
- 군장이 강하고 무기는 날카롭게 유지하는 군대
- 보급품과 장비가 충분한 군대
- 강력한 정부와 수준 높은 교육을 받은 군대
- 모든 이웃 국가들과 사이가 좋은 군대

이것들을 뒤집으면 "공격해야 할 적"이 나오겠다.

그 다음 내용은 이랬다.

> 故將通於九變之利, 知用兵矣; 將不通於九變之利者, 雖知地形, 不能得地之利矣. 治兵不知九變之術, 雖知地利, 不能得人之用矣.

고로, 다양한 전술의 변형에 따른 우위를 완전히 이해하는 장군은 병사들을 어떻게 부릴 지 아는 사람이다. 그렇지 못한 장군은 지형을 유리하게 이용하지 못한다. 어떻게 하면 우위를 점할 수 있는지를 안다 하더라도 전술의 변형을 이해하지 못하는 장군은 우위를 얻을 수 없다.

是故智者之慮, 必雜於利害; 雜於利而務可信也, 雜於害而患可解也.

즉, 현명한 장군은 유리한 요소와 불리한 요소를 충분히 심사숙고한다. 유리한 요소들을 고려함으로써 자신의 계획이 현실성 있게 할 수 있고, 불리한 요소를 고려함으로써 재난을 피할 수 있다.

즉, 시작 부분에서는 제법 구체적으로(남은 부분들에서는 더 구체적이 되지만) 이래라 저래라 했고, 여기서는 한 걸음 물러서서 "이런 식으로 상황에 맞는 전술의 변화를 운용할 수 있어야 된다"라고 한다. 마지막 부분은, SWOT 분석에서 기회는 이용하고 위협요소는 회피한다는 것과도 동일하다.

여기서, 잠깐, 여러 가지 경험에 의거한 상황판단 방법과 관련하여(약간 억지로 갖다 붙이는 경향이 있지만), 언젠가 언급한 "로빈슨 크루소 따라잡기"란 책에서 좀 흥미 있게 본 것을 소개한다. 아래의 정보는 앞으로 평생 쓸 일이 없기를 바래.

"물 속 생물들로 수질 판단하는 법"

뱀, 개구리, 민달팽이는 물 근처에 살고 머위, 고추냉이, 미나리는 물 가까이에서 자란다. 참새, 비둘기, 초식동물, 파리가 보이면 그리 멀지 않은 곳에 물이 있다는 증거다.

1급수: 가재나 새우류. 그냥 마셔도 괜찮다.
2급수: 하루살이 유충, 침전이나 여과 등의 방법으로 정수를 해야 한다.
3급수: 다슬기, 거머리, 물달팽이, 이 이하의 수질은 화학처리가 필요하다.
4급수: 실잠자리, 나방이나 파리의 유충.
5급수: 장구벌레, 실지렁이. 이런 물 마시면 큰일나는 거 알지?

음식물 공급이 중단되면 인체는 즉시 피하지방조직의 지방을 분해하여 활동에 필요한 최소한의 에너지를 만들어낸다. 하지만 물은 어떤 방법으로도 몸 속에 저장할 수 없다. 바로 그것이 굶주림은 비교적 오래 버티면서 갈증은 오래 못 견디는 이유다.

• 수분손실을 막기 위한 무인도 행동수칙

(1) 불필요하게 움직여서 땀을 흘리지 않는다. 땀 한 방울이 흐를 때마다 생존기간이 1분씩 줄어든다고 생각하라.
(2) 햇빛을 직접 받지 않는다. 무인도에서의 일광욕은 자살행위나 마찬가지다.
(3) 가능하면 적게 먹는다. 음식물 소화에는 많은 양의 수분이 필요하다.(무인도의 다이어트는 미용이 아니라 생존전략이다) ── 지금 농담하나?
(4) 입을 다물고 코로 숨쉰다. 그래야 수분이 덜 빠져나간다.
(5) 기온이 높을 땐 땅바닥에 눕지 않는다. 바닥 온도가 기온보다 최고 15도까지 높을 수 있다.
(6) 햇볕이나 바람에 피부를 노출시키지 말고 더워도 옷을 입고 지낸다. 수분증발을 억제하기 위함이다. ── 먹을 거 충분하고 입을 것 충분하면 뭘 걱정하나?
(7) 갈증이 나면 물을 아끼지 말고(?) 해갈될 때까지 충분히 마신다. 그래

야 최소한의 신체기능을 유지할 수 있다. —— 이제는 물도 충분히 있구먼!
(8) 낮에는 그늘에서 쉬고 이동은 야간이나 새벽에 한다.

무인도에서도 편식은 금물![이거는 더 웃긴다. 하지만, 나름대로의 요점은 있는 것 같다.]

모든 생물체는 외부의 물질로부터 영양을 섭취하고 몸 속에서 에너지를 발생시켜 생명을 유지한다. 인간의 몸이 필요로 하는 탄수화물, 단백질, 지방을 '3대 영양소'라고 하고 거기에 비타민과 무기질을 합쳐서 '5대 영양소'라고 한다. 탄수화물 55%, 단백질 15%, 지방 35%의 비율이면 정상이다.

탄수화물은 사람에게 필요한 에너지의 대부분을 공급해 주는 열량원이며 중추신경계를 움직이게 하는 중요한 원료다. 특히 탄수화물이 분해되면서 나오는 포도당은 신경조직의 기능유지를 위해 반드시 필요하다.

단백질은 세포를 구성하는 기본요소이며 생명체를 유지하는 필수성분이다. 단백질을 뜻하는 'protein'의 어원인 그리스어 'proteios'는 '첫째로 중요하다'는 뜻. 근육, 장기, 피부, 모발, 손발톱의 주성분인 단백질이 인체에서 차지하는 양은 16%로 물 다음으로 많은 양이다.

지방은 1g당 열량이 9Kcal로 탄수화물과 단백질의 두 배가 넘는 농축된 에너지원이다. 어떤 영양소든 필요한 양 이상으로 섭취하면 몸 속에 지방으로 저장되며(뚱보!) 반대로 활동량에 비해 열량섭취가 부족하면 저장된 지방이 분해되어 에너지를 낸다(다이어트!).

비타민은 에너지를 내지 못하지만 위의 세 가지 영양소가 정상적으로 작용하는 것을 돕는다. 하루 필요량은 20mg에 불과하지만 몸 속에서는 합성되지 않으므로 식사를 통해 섭취해야 한다. 무기질 역시 에너지원은 아니지만 신체의 기능조절에 반드시 필요하며, 특히 칼슘과 인은 뼈와 이빨의 주성분이 된다.

5대 영양소 중 하나라도 부족하면 몸에 여러 가지 질병이 생긴다. 다음은 균형 있는 영양섭취를 위해 필요한 다섯 가지 기초식품군이다.

- 제1군(단백질): 고기, 생선, 달걀, 콩, 치즈, 두부, 된장 등
- 제2군(칼슘): 우유, 유제품, 멸치, 아이스크림, 새우, 요구르트 등
- 제3군(비타민, 무기질): 채소, 과일, 토마토 케첩 등
- 제4군(탄수화물): 잡곡류, 감자, 빵, 비스킷, 미숫가루, 초콜릿 등
- 제5군(지방): 유지류, 각종 동식물성 기름, 호도, 버터, 마가린, 깨소금 등

혹시 조난당하여 무인도에 가거든 음식 가려먹지 말고 위에 것들 골고루 먹어서 영양불균형 안 오게 해라, 애들아. 푸흐흐흐…….

오늘 강의 끝~. 내일도 계속해서 구변편 진행.

송원규(8/16,11:13): Lu는 노(魯)나라입니다. 구변에 대해 논의되는 내용이 길 것 같아 (답변)으로 실어봅니다. (답변)란을 참고하세요.

(답변) '구변' 이라는 제목에 대한 논란

작성자 송원규
번호 581 조회수 16
작성일 2002-08-16 오전 11:44:09

선생님이 제시하신 것처럼 '구변' 이라는 편명과 그 내용에서의 숫자의 불일치로 아마 옛날부터 학자들간에도 어지간히 싸웠던 모양입니다. 제목에서는 9가지 변화의 원칙이라 해놓고 실제 설명에는 선생님이 친절하게 번호를 매겼듯이 10가지 원칙을 제시했으니 의견이 분분할 수밖에요…….

숫자 '구'에 대한 해석으로 대표적인 논의는 두 가지로 압축되는데,
첫째, 숫자 '구'는 특정한 아홉을 의미하는 것이 아니라 일종의 상징체계라는 해석입니다. 즉 '극한'이라는 관념을 표현하는 것이라는 것입니다. 그래서 '구변'은 '무궁무진한 변화'를 의미하는 수로 해석해야 한다는 것입니다. 아마 옛날부터 중국에서 숫자 '구'의 의미는 '무궁'이라는 의미로 통했나 봅니다. 우리도 이런 숫자가 있는 것처럼…….

둘째, 일군의 학자들은 숫자 '구'에 얽매여 구체적인 원칙 9가지를 찾으려고 했나봅니다. 그래서 찾다보니 어느 것이 9개라 딱히 말할 근거가 없자 이제는 10개 중에 떨어뜨릴 것을 찾았나 봅니다. 어떤 이는 마지막 원칙인 '군명유소불수'(왕이 내리는 명령 중에도 듣지 않아야 할 것이 있다.)가 다른 9가지와는 달리 땅에 대한 원칙을 말한 것이 아니라서 탈락시켜야 한다고 주장하기도 하고, 어떤 이는 앞의 행군편과 구변편에 착간(예전에는 대나무에 글을 썼기 때문에 엮는 과정에서 오류가 자주 생김, 이것은 아주 오래된 한문학의 중요 논쟁거리임…… 최근에 센세이션을 일으켰던 김용옥과 다른 한문학자간의 논쟁들도 일견 이런 착간의 해석상의 상이함에 단초가 있음) 있다는 주장도 있었고…… 등등. 하지만 저도 복잡해서 일일이 잘 모르겠음. 옳고 그름을 판단할 지식도 없고…….

하지만 알기 쉬운 것이 쉽게 받아들여지듯 오늘날 많은 사람들은 첫 번째 입장을 지지하고 있는 듯합니다. 상황에 따라 무궁무진하게 변하는 용병술이 이 편의 중심주제라는 것이지요.

(제 입장도 두 번째 주장은 너무 경전에 경도되어 본래의 넓은 의미를 놓치고 있다고 생각합니다. 제 생각이지만…… 역사적으로도 항상 원전에 충실한 학파와 그것을 새롭게 해석하려는 학파간의 전쟁은 끝이 없었지요)

이상입니다.

김언수(8/17,0:2): 원규야, 내가 언뜻 제기한 문제에 이렇게 심오한 논쟁이 있는지는 몰랐다. 니 말대로 첫 번째 해석이 손자병법 전체적인 분위기로 볼 때 옳은

것 같다. 그런데, 내 생각으로 앞으로 나머지 부분을 하다 보면 뭔가 힌트가 나오지 않을까 싶다. 손자병법이 13편으로 나눠져 있기는 하지만, 그 반복정도나 흐름으로 볼 때 손자는 책 한 권 전체를 하나로 보고 있는 것 같으므로, 한 편 안에서만 해결할 것이 아니라 책 전체를 놓고 개별적인 장들의 의미를 생각해 보는 것이 좋을 것 같다. 자세한 설명 고맙다, 원규야.

질문 있습니다.

작성자 박상준
번호 583 조회수 27
작성일 2002-08-19 오전 10:28:16

한 일주일 시간을 갖고 개혁 내지는 변화에 관련된 공부를 하려고 합니다. 주로 예전에 봤던 책들을 쭉 훑어보려고 하는데 혹시 이런 분야에서 재미있게 읽었던 책이나 논문이 있으면 소개 바랍니다.

일단 제가 읽으려고 하는 책들은 *Leading Change* (Kotter), 성공한 개혁 실패한 개혁(김진홍), 성경의 느헤미야서, 변화관리(Havard Business Review Paperback, 현대경제연구원 옮김) 이상입니다. 이미 너무 많은 가요? 제가 보기엔? 그래도 혹시 모르니 좀 알려주세요.

그리고 교수님 *Leading Change* 한글판이 나온 것으로 아는데 책제목 기억하시면 알려주세요. 누구 좀 줄 사람이 있어서요. 그리고 서울엔 언제 오시나요? 궁금하네요.

김언수(8/19,11:19): 상준아, 리딩 체인지 한글판 이름은 잘 모르겠다. 그런데 웬만하면 원서로 읽지? 그리고, "움직이는 전략"을 빼놓으면 되겠니^_^? 그리고, 하버드 리뷰 시리즈의 어떤 것을 번역한 것인지 모르겠는데, 그 외에도 Turnaround, 그리고 culture and change라는 주제로도 시리즈로 나와 있다. 그리고, 니가 *Leading Change*를 읽으려는 순간, 이미 Kotter의 후속편 *The Heart of Change*가 나와 있다.

남대일(8/19,13:39): Kotter의 신간은 나도 받아보았는데 이전의 *Leading Change* 속편이라고 생각하시면 되요. 단계도 비슷하고…… 그 단계에서 뭘 유의해야 하는지 사례를 좀 담아놓은 듯해요.

김언수(8/19,22:34): 상준이 마지막 질문에 답을 안 했네. 나는 8월 31일 귀국이다. 그리고, *Heart of Change*는 이전의 책들이 모두 이성적인 측면에서 변화를 이끄는 것에 집중하는데 비해, 이거는 사람들이 감정까지 건드려야 진정으로 변한다는 것이 주요 내용이다.

언수의 일기

작성자 김언수
번호 584 조회수 59
작성일 2002-08-19 오전 11:55:32

8월 18일, 뉴욕, 일요일 밤 10시 30분 경. 날씨 맑으나 열라 더움.

한국은 이제 월요일이 시작되어 한창 진행 중이겠군. 괴로운 지난 며칠 간이었다. 앞으로도 계속 괴로울 것 같다. 내가 마음을 고쳐먹지 않는 한…….

내가 아직까지도 학생들과 가깝게 지내면서 그들의 괴로움을 이해하는 것은(나 혼자만의 생각일지도 모르지. 애들은 나를 자신들과 전혀 딴 세계 사람으로 생각할지도 모르지) 나도 그들과 다름없는 생활을 계속하기 때문인 것 같다.

이제 거의 끝나 가는 안식년은 학교 가는 것보다야 훨씬 편하기는 했지만 그렇게 별로 쉬지는 못한 것 같다. 오히려 "이제 학교로 돌아가면 좀 숨을 돌릴 수 있지 않을까"하는 엉뚱한 생각을 하고 있다.

지금 논문을 준비하고 있는 원규나 지원이가 겪고 있을 마음의 고생은 너무나 잘 이해할 것 같다. 오래 전에 내가 같은 과정을 겪었을 뿐 아니라, 학위를 받고 직장 생활을 하기 시작한 지 어언 10년이 지난 지금도 똑같은 과정을 지나고 있으니 말이다.

안식년이 얼마 남지 않은 지난 주 시점에서 앞으로 해야 할 것들을 정리해 봤었다. 항상 남에게 전략은 "무엇을 할 것인가"보다 "무엇을 하지 않을 것인가"를 결정하는 것이 더 중요하다고 가르치는 내가 정작 내 일들을 정리하는 것에는 영 젬병이다.

꼭 해야 할 것, 하고 싶은 것(즉, 하지 않아도 되는 것) 사이의 경계선을 긋지 못하니 항상 바쁘고 피곤하고 머리가 복잡하다.

칼럼만 해도 그래. 처음에는 절대 안 한다고 했다가 또 상대방이 그럼 바쁠 때는 건너뛰라고 유혹하니까(?) 결국 넘어가서 일 하나 더 만들었지.

학진(학술진흥재단) 연구비도 그래. 이번에는 아예 눈 딱 감고 신청조차 안 한다고 결심했지만, 데드라인이 다가 오니까 살살 욕심이 나는 걸 또 어떻게 하나? 그거 받으면 그래도 우리 방의 복지(?)가 달라지는데. 결국은 준비하는 데 장장 나흘을 쓰고야 말았다. 신청했다고 된다는 보장도 없지만, 되면 더 골치 아프다. 어쨌든 논문을 써서 publish를 해야 하니까. 또, 일을 만들었다.

어떤 저널에 8월 31일까지 데드라인이 걸려 있어, 넣을까 말까 고민하는 데 며칠. "내보자"고 결심하고 일 시작하려다가 학진이다 뭐다 해서 시간만 늦어지면서, 그 과정에서는 일도 안 하면서 고민하느라 스트레스.

어제부터는 마음을 굳게 먹고 학교도 가지 않고(그 시간도 아끼겠다고) 그리고, 전시회 준비로 burn out되서(지쳐서) 같이 놀아 달라는 아내를 앞으로 5일 동안은 가만히 내버려 두라고 매정하게 뿌리쳐 놓고는…….

내가 어제 한 게 뭐 게? 글 쓸려니까 왜 그렇게 피곤한지 한잠 자고 일어나니까 야밤. 아내를 쫓아 내 보냈으니 아무도 없고, 귀찮아서 "오른손으로 비비고, 왼손으로 비비는" 비빔면으로 저녁을 대신하고, 다시 책상에 앉으니 왜 그렇게 머리는 안 돌아가는지, 왜 그 놈의 '다싫기하부공' 병*은 또 도지는지. 결국, 어제는 일 "하나도"도 못했다. 그럴 줄 알았으면 아내하고 맛있는 거나 잔뜩 사먹고, 요새 뜬다는 액션무비 "트리플엑스"나 볼 걸...... 쓰바.

아니면, 손자병법이나 계속할걸.......

오늘은 그러다 보니, 아침에 완전히 depress가 되서(패배감에 젖어서) 일어나기도 싫은 거 있지. 그러다가, 아내가 운동가는 걸 보고 일어나서 나도 수영 잠깐 하고는 교회 갔다가 다시 집에 와서 앉아서, 어제보다는 "쬐끔" 더 일했다.

여기서 깨달은 것 하나. 전략적으로 바람직한 곳보다 전술적으로 가능한 곳을 공략해야 할 경우가 있구나 하는 것. 무슨 말이냐 하면, 일은 가장 중요하고 복잡한 것을 먼저 공략해야 하지만, 실제 일이 돌아가게 하기 위해서는 그보다 덜 중요하고 조그만 일을 하나 해결함으로써 약간의 성취감과 모멘텀을 이루는 것도 때에 따라서는 중요다는 것.

그런데, 이제는 허리가 맛이 상당히 갔나 보다. 2~3시간만 앉아 있으면 허리가 아프니...... 안식년 전 오랫동안 고생하던 궤양은 나았는데, 새로운 걸 얻어 가나…….

가만있어 봐. 이렇게 주절 주절댈 시간 있으면 일이나 해야 되는데. 내가 이러고 있는 걸 애들이 알면 어떻게 생각할까?

앗, wife 들어 왔다. 다 때려치우고 커피나 한잔 끓여 달래서 얘기나 하다 자야겠다. 일은 모레까지만 해 보다(그 나머지 며칠은 정말로 쉬기로 결정했는데, 잘~ 돼야 할 텐데) 진전 없으면 때려 치지, 뭐. 그리고 보니, 이게 애들하고의 차이이기는 한 것 같다. 난, 많은 일들이 내가 하기 싫으면 안 해도 되는 것들이니까.

빨리 시간 낭비 안 하고 일하는 버릇을 들여야 할 텐데. 국민학교, 아니 초등학교 때부터의 고질적인 "초치기" 버릇이 이렇게 안 고쳐지다니…….

---

* '다싫기하부공' 병이란 공부하는 사람에게는 치명적인 아주 무서운 병임. 거꾸로 발음을 해 보면 그 실체를 알 수 있음. 원래는 길창덕씨의 만화 '꺼벙이'에서 나왔음. 요새 애들은 이 만화 모르지?

박상준(8/20,9:20): 그렇게 생각하니 교수님이 고생할수록 우리가 더 나아진다는 생각도 드네요. 그리고 제가 여기 저기 다니면서 그래도 지금껏 제가 본 의사 중에는 제일 실력이 좋은 사람이 있으니 원하시면 병원 알려 드릴게요. 정형외과 의사면서 신경계통과 카이로프락틱을 함께 하는 사람이고 꽤 용하답니다. 사실 저도 치료를 좀 받았거든요. 그럼 곧 뵙게 될 날을 기다리며…….

김언수(8/20,9:44): 어제 오늘 사이에 상황을 극복하는 방법을 약간은 터득했다. 포기하는 것, 사실 준비하던 페이퍼 중의 하나가 니 논문 영어로 고쳐서 내는 거였는데, 일단은 뒤로 미뤄야겠다. 오늘 저녁에 잘 먹고 잘 놀았다.

장지원(8/20,12:3): 에구 선생님! 저도 요새 불면증에다가 아침엔 10시까지도 못 일어나요. 스트레스를 받지만 막상 닥치는 것도 없으니 진척이 안 되더라구요. 다시 새벽기도회에 나가볼까 생각 중이에요. 헤^^;;

김수희(8/20,21:5): 전 요즘에 다시 턱이 아파서 고생하고 있어요. ㅠ.ㅠ 정말 수술 두 번 할 때까지는 불평 한 번 안 해봤는데. 이젠 정말 원망스럽네요. 상준 오빠~ 저도 그 의사 만나면 좀 나아질 수 있을까요?? 지금은 나아질 수 있다면 뭐라도 할 수 있을 것 같아요…….엉엉.

장지원(8/21,11:28): 어떡하냐 수희야. 대학원에선 체력이 국력인데…… 빨리 나아지길 바래.

소민재(8/25,13:40): 체력에는 조깅이 짱이죠 암……. - 군인.

[Sun Zi Bing Fa #39]
2002/9/1, Seoul

　어제 서울로 돌아 왔다. 지난번 뉴욕으로 가는 날은 태풍 '라마순'이 왔었는데, 이번에 오는 날은 다른 태풍 '로사'가 오네. 올 때야 지상으로부터 10km 이상 높이를 오니까 조용했는데 다 와서 그리고 착륙할 때는 상당히 비행기가 흔들리더라. 속 울렁거려 혼났다.

그 동안 많이 쉬었다. 마지막 2주는 그동안 못 쉰 걸 몰아서 쉬느라 일부러 건너뛰었다. 내일부터 학기가 시작하는 데다 오늘이 안식년을 마지막으로 마무리하는 날이라 손자병법도 일단 하던 거는 마무리를 하고 학기를 시작하는 것이 기분이 깔끔할 것 같아서 간단하게 마무리하고자 한다. 지난번까지 구변편을 하고 있었다. 남은 부분은……

是故屈諸侯者以害, 役諸侯者以業, 趣諸侯者以利.

우리에게 적대적인 이웃 나라의 제후를 굴복시킬 수 있는 것은 가장 아픈 곳을 때리기 때문이다. 그들을 지속적으로 다른 것에 마음을 쓰게 만들 수 있는 것은 계속 골칫거리를 만들어주기 때문이다. 그들이 서두르게 만들 수 있는 것은 겉보기에 그럴듯한 유혹(미끼)을 던지기 때문이다.

故用兵之法, 無恃其不來, 恃吾有以待之; 無恃其不攻, 恃吾有所不可攻也.

전쟁의 원칙은 적이 오지 않을 가능성에 의존해서는 안 되며, 적이 올 경우 만반의 대비를 하는 것에 의존해야 한다. 또한, 적이 공격하지 않을 가능성에 의존해서는 안 되며, 적이 공격할 경우 우리의 포지션을 "공격할 수 없는 견고한" 포지션으로 구축하는 것에 의존해야 한다.

이 부분은 구체적인 전술의 변형보다는 다시 원칙적인 것들에 대해 얘기하고 있다. 첫 번째 부분은 계속해서 우리 쪽에 이니셔티브를 줄 수 있게 하는 것들에 대해 설명하고 있고, 두 번째 부분은 일종의 유비무환(有備無患)의 정신에 대해 말하고 있다. 공격과 이니셔티브가 중요한 것은 당연한 것이지만, 그렇다고 해서 방어를 소홀히 하라는 것은 당연히 아닐 것이다. 준비 내지 견고한 방어의 중요성 — 그것도 평소에 — 은 상식적으로도 그렇고, 많은 사람들이 언급하고 있다. 제갈량의 장군론에서도 뛰어난 장군은 평화시에도 긴장을 늦추지 않는다고 했고, 무사시도 평상시에도 싸울 때와 같은 긴장을, 그리고 싸울 때에도 평상시와 같은 여유를 강조하면서 훈련과 실제가 따로 있는 것이 아님을 강조한 바 있다.

비즈니스에서의 예를 한번 보면, 건설장비 업체 캐터필러의 예를 생각할 수 있다. 1980년대 일본의 고마쯔라는 회사(TOP을 위한 전략경영에도 나와 있는 회사)가 "캐터필러를 깨부수겠다"는 기치 아래 경쟁적인 비용우위와 품질로 공격을 선언한다. 일단 인건비에서 많은 불리함을 안고 있던 캐터필러는 그 당시 노사분규로 골치를 앓고 있었고, 그 당시 많은 사람들은 자동차 등에서 일본기업들한테 미국 기업들이 고전하고 있는 상황에서 캐터필러도 그 중의 하나로 전락할 것으로 예측했었다.

그러나, 캐터필러는 강력한 방어에 나서 1990년대 들어오면서(현재도) 더욱 강력한 회사로 자리를 잡게 된다. 일단 그 때 최고경영자가 된 Don Fites라는 사람은 캐터필러에 40년 이상을 근무한 업계 베테랑으로, MIT에서 석사학위논문을 일본기업들의 공격에 미국 기업들이 어떻게 경쟁력을 유지할 수 있을 것인가를 주제로 쓴 사람이었다고 한다. 그는 자동차처럼 일단 시장점유율을 한번 일본기업들에게 뺏기면 다시 복구하기 어렵다고 판단, 일본의 모든 공세에 하나하나 대응을 했다. 예를 들어, 일본이 경쟁적인 가격을 제시하면 손실이 나더라도 그 가격에 대응을 하면서 시장점유율을 방어하였다고 한다. 물론 그 과정에서 조직을 손질하여 엄청나게 관료적이고 비효율적이던 조직을 뜯어고치는 변화를 도입하기도 했지만, 가장 핵심적인 방어막은 캐터필러의 광범위하고 막강한 딜러 네트워크였다고 한다. 즉, 캐터필러는 워낙에 딜러망을 통한 유통과 사후 서비스 등을 강점으로 삼고 있었다. 예를 들어, 전세계 어디든 부품을 48시간 내에 공급한다든가 하는 우수한 서비스와 그로 인한 고객들과의 탄탄한 관계가 고마

쯔가 극복할 수 없었던 가장 결정적인 요소였다고 한다.

작은 회사나 브랜드들도 주어진 틈새시장이나, 특정 제품 세그먼트, 제품라인 등에 집중하여 강력한 포지셔닝을 구축함으로써 방어력을 키울 수 있다.

물론, 강력한 방어라는 것을 이제까지 해오던 것을 그대로 한다는 것으로 해석해서는 곤란하겠다. 구변편(상황에 따른 전술의 변화)의 정신을 살려 방어라인도 지속적으로 변화를 시켜야겠다.

> 故將有五危; 必死可殺, 必生可擒, 忿速可侮, 廉節可辱, 愛民可煩.
> 凡此五危, 將之過也, 用兵之災也. 覆軍殺將, 必以五危, 不可不察也.

장군이 저지를 수 있는 다섯 가지 위험요소가 있다.
▷죽을 준비가 너무 되어 있는 무모한 자는 진짜로 죽을 확률이 있다.
▷살고자 하는 겁이 많은 자는 생포될 확률이 있다.
▷성질이 급한 자는 쉽게 자극 받아서 농락당할 수가 있다.
▷명예를 지나치게 따지는 자는 상대방의 모욕에 쉽게 넘어갈 수가 있다.
▷인간적인 연민이 지나친 자는 감정적으로 흐를 수가 있다.

이 다섯 가지 위험요소가 발생하면 군대는 패퇴하고 장군은 전사하는 것으로 끝날 확률이 높으므로 신중히 생각해보아야 한다.

손자병법 처음 시작 때부터 리더십의 중요성은 계속해서 강조되고 있는 것을 기억하고 있을 거다. 여기서도 다시 한번 전술적인 변형에도 역시 리더십이 중요함을 다시 강조하고 있다. 리더가 어떤 사람이냐에 따라 같은 상황에서도 어떻게 문제를 일으킬 수 있는지를 말해 주고 있다. 또한, 장군의 유형에 따라 어떻게 상대방에게 농락당할 수 있는지, 뒤집어 말하면 상대방 장군의 유형을 이용하여 우리가 어떻게 상대방을 농락할 수 있는지를 말해 주고 있다.

이와 관련, 장군에 대해서 많은 얘기를 한 제갈량도 당연히 유사한 얘기를 하고 있다.

> 어떤 장군들은 용감하여서 죽음을 가볍게 여긴다. 어떤 이들은 성급하고 충동적이다. 어떤 이들은 물욕이 많다. 어떤 이들은 인간적이고 자비롭지만 인내심이 부족한 경우가 있다. 어떤 이들은 이성적이지만 소심한 경우가 있다. 어떤 이들은 똑똑하기는 하지만 너무 느긋한 경우가 있다.
> 용감하면서 죽음을 가볍게 여기는 자들은 강한 공격에 취약하다. 성급하고 충동적인 자들은 상대방이 시간을 끌면 "휙가닥"한다. 물욕이 많은 자들은 조그만 손실에도 너무 과민한 반응을 보인다. 인간적이지만 인내심이 부족한 자들은 피로에 약하다. 이성적이지만 소심한 자들은 상대방의 압박에 취약하다. 똑똑하지만 느긋한 자들은 갑작스러운 공격에 취약하다.

내용이 손자병법과 아주 유사하다. 손자보다 훨씬 후대에 살았던 제갈량이 손자병법의 바로 이 부분을 참고하거나 기억하고 반복을 했을 가능성도 많지만…….

기업 상황에서도 리더의 유형들과 그들이 일으킬 수 있는 문제점은 거의 동일하게 적용이 될 것 같다. 어떤 사람은 성질이 급해서 충분한 정보와 자료를 수집할 생각도 하지 않고 행동을 취하는 경우도 있을 테고, 어떤 사람은 인간적인 면이 너무 강해서 능력이 없거나, 문제를 일으키는 부하를 내

보내지 못하고 붙잡고 있다가 조직전체에 문제를 일으키는 현상이 일어날 수도 있을 테고.

자, 일단 이렇게 해서 간단하게나마 구변편을 끝내도록 하자. 실제로 구변편은 그 길이 자체도 가장 짧은 편 중의 하나다. 다음은 제9편 행군편(行軍篇).

앞으로는 학기 진행되는 것과 상황 봐 가면서 진행해 보도록 하겠다.

오늘 강의 끝~.

최정옥(9/3,14:39): 교수님, 歡迎歸來~~
김언수(9/3,15:57): 정옥아, 謝謝!

↻ 안 바쁜 사람만 읽는 거 알지?

작성자 김언수
번호 592 조회수 20
작성일 2002-09-03 오후 6:10:26

드디어 내일부터 수업 시작이다. 조금 전에 수업계획서 모두 준비하고, 오늘 데드라인인 칼럼도 마쳐서 첨부한다. 조만간 한번들 얼굴을 봐야 할 텐데. 토요일 다들 괜찮은가?

파레토의 법칙

19세기말 만들어진 이 법칙은 요즘 유행하는 '80-20 법칙'과 같은 말이다. 즉, 상위 20% 사람들이 전체 富의 80%를 가지고 있다거나, 상위 20% 고객이 매출의 80%를 창출한다든가 하는 의미로 쓰이지만, 80과 20은 숫자 자체를 반드시 의미하는 것은 아니다. 결국 파레토의 법칙은 전체 성과의 대부분(80)이 몇 가지 소수의 요소(20)에 의존한다는 의미이다. 마찬가지로, 어떤 사람의 직무상 성과를 결정짓는 요인들은 많겠지만, 결국은 한두 가지가 가장 큰 영향을 미칠 것이다.

연구년을 미국에서 마치고 돌아오니 그 사이 국무총리 지명자가 두 명이나 국회인사청문회에서 딱지를 맞고 있었다. 자세한 내용은 잘 모르겠지만, 우선 지명을 한 쪽이 몇 가지 중요한 자격요건에 맞는 사람을 내놓지 못한 것 같고, 판단을 하는 쪽도 너무 완벽한 사람을 원한 것이 아닌가 하는 인상을 준다.

중국에서 온 학생(누구게?)이 이런 말을 한 적이 있다. 중국 여자들은 가진 것이 없고 못생겨도 시집가는 것을 걱정하는 경우가 없다. 몇 가지 중요한 조건을 갖추면, "이 여자는 이러이러한 것이 좋으므로 됐다"라고 받아들이기 때문이란다. 우리나라는? 열 가지 중에 여덟 가지를 갖추어도 두 가지 부족한 것 때문에 안 된다고 한단다. 진실 여부를 떠나서 한번 생각해보게 만드는 얘기다.

프로즌 요거트(frozen yogurt)라고 있다. 요구르트를 얼려서 아이스크림같이 만든 것인데, 우유로 만든 아이스크림보다 건강에 좋고 다이어트에도 도움이 된다고 해서 값도 더 비싸다. 그런데, 다이어트에 관심이 높아지면서 이제는 無지방, 無콜레스테롤, 無칼로리 프로즌 요거트도 있다. 그런데, 이건 가만히 생각해 보면 '프로즌 nothing'이다. 이것저것 다 뺐으니. 돈 주고 사먹기 좀 아깝다. 뒤집어 보면 열 가지 다 갖춘 여자 찾다가 멀쩡한 총각 홀아비 만드는 것과 비슷하다.

물론 현재의 복잡한 정치상황을 고려할 때 그렇게 쉬운 일이 아닌 줄은 안다. 그러나, 상황이 복잡할수록 몇 가지 단순한 원칙으로 돌아가는 것이 문제해결에 도움이 될 때가 많다. 파레토의 법칙을 머리에 담고 한번 생각해 보자. 우리가 국무총리에게 원하는 가장 중요한 자격요건이 무엇인지. 국정수행능력과 도덕성이라는 식으로 두루뭉술하게 표현해서는 너무나 다양한 해석이 가능하기 때문에, 그 그물을 빠져나갈 사람은 거의 없을 것이다. 따라서, 몇 가지 결정적인 자질과 자격에 대해 일단 합의를 하고, 찬반 논쟁은 그 몇 가지에 집중하는 것이 좋겠다.

월스트리의 큰손 워렌 버펫은 사람을 쓸 때 가장 중요하게 보는 세 가지 요소로 정직성, 지능, 에너지를 든다. 그리고는 그 중에서도 정직성이 가장 중요하다고 한다. 첫 번째가 없을 경우, 나머지 두 가지는 오히려 독약이 된다면서. 정직하지 않은 사람이라면 차라리 멍청하고 게으른 게 더 낫다면서.

개인적으로는 한 가지 포함시켰으면 하는 기준이, 거의 현실성 없는 바램이지만, "대통령에게 바른말 할 수 있는 용기"다. 19세기 미국에 피터 카트라이트라는 순회목사가 있었다. 어느 날 설교 직전에 누가 말하기를 청중 중에 당시 대통령이던 앤드루 잭슨이 있으니 말을 조심하라고 했다. 목사는 설교를 시작하면서 이렇게 말했다: "오늘 회 중에 대통령이 있으니 말을 조심하라고 전해 들었습니다. 내가 하고 싶은 말은 이겁니다. '자신의 죄를 회개하지 않으면 앤드루 잭슨은 지옥에 갈 것이다.'" 예배가 끝난 후 잭슨 대통령이 다가와 말하기를, "목사님, 목사님 같은 사람 한 개 연대만 있으면 전 세계를 휘어잡을 수 있을 겁니다."

모든 것이 여의치 않으면 지명하는 쪽에서는 제갈량이 약 2천년 전에 제안한 것을 한번 시도해 보시도록.

"튼튼한 기둥을 세우려면 곧은 나무가 필요하다. 현명한 나라의 일군으로는 강직한 사람들이 필요하다. 곧은 나무를 구하려면 멀리 있는 숲으로 가야하는 것처럼, 강직한 사람들은 보잘 것 없는 동네에서 나오는 수가 많다. 그러므로, 현명하고 강직한 자들을 구하려는 통치자는 눈에 띄지 않는 구석진 곳을 살펴볼 필요가 있다."

이러다가 국무총리도 외국에서 영입해 오는 것 아닌가 모르겠다.

9 행군과 병력의 이동에 대하여

行軍篇(On the March)

[Sun Zi Bing Fa #40]
2002/9/12, Seoul

오랜만에 다시 하는 손자병법. 오늘은 날씨가 오전부터 어둑어둑하면서 비도 좀 오더니 기온도 많이 떨어졌다. 지금 연구실에서 보이는 바깥 풍경은 컴컴하면서 바람이 부는 것이 상당히 을씨년스럽기까지 하다.

한국으로 돌아온 지 이제 2주일 가까이 되어간다. 처음 학교에 나왔을 때는 모든 사람들이 얼굴 색깔이 건강해 보인다고 한 마디씩 했는데, 일주일이 지나면서부터는 "얼굴이 영 살이 빠진 것이 피곤해 보인다"고 하네. 역시 한국은 무서운(?) 나라야…….

다음 주는 추석 연휴도 있고, 추석 바로 다음 날에는 전략학회 발표 때문에 프랑스 파리를 불과 3~4일 만에 다녀와야 하고 그러고 나면 9월 끝. 아직까지는 마음을 잡지 못하고 시간이 남아도 "멍"하니 있는 경우가 많았는데, 생각해 보니까 이래서는 안 되겠더라고. 할 일이 없는 것도 아닌데…… 해서, 일단 손자병법부터 재개하기로 했다. 이렇게 해서 워밍업이 되면서 모멘텀(앞에서 그 중요성이 나왔었는데 다들 기억하지?)이 생기기 시작하면 다른 일들도 좀 더 효과적으로 할 수 있지 않을까 싶다.

일을 하는 데 있어서 원칙은 전략의 원칙과 마찬가지로 가장 중요한 일을 먼저하고 가장 많은 시간과 에너지를 집중하는 것이지. 전략에서도 괜히 지엽적인 일에 시간을 쓸 것이 아니라 전략적인(기업의 생사에 결정적인 영향을 미칠 수 있는) 사안을 먼저 처리하라고들 하지. 그런데, 그것이 말이 쉬워 그렇지 현실적으로는 그렇게 간단한 게 아니란 말이야.

즉, 가장 중요한 일이란 가장 골치 아프고, 가장 스트레스도 많이 주고,

손대기도 두려운 일들이란 말이야. 따라서, 해야 되는 줄은 알지만 실제로 액션에 옮기기가 상당히 어렵지. 아마, 지금 논문 쓰고 있는 사람들은 이 말이 무슨 말인지 공감할 거다. 지금 그 사람들에게 가장 중요한 일이란 바로 논문을 진행시키는 것인데, 하루하루를 아예 논문에는 전혀 손을 대지 못하고 보내는 날들이 아주 많을 거다. 물론, 나도 마찬가지고.

해서, 내가 좀 더 현실적인 모델(?)을 생각해 내었지. 이름하야, '물펌프 이론.' 뭔 말도 안 되는 이론들을 이렇게 만들어 내는지…… 물펌프, 요새는 보기 힘들지만 몇 년 전까지만 해도 주위에서 심심찮게 볼 수 있었던, 펌프질하는 거 있잖아, 왜. 그거 써 본 사람은 알거다. 이 펌프는 땅바닥을 뚫고 지하 깊숙이 까지 파이프를 박아놓은 건데, 펌프 안이 말라 있을 때는 아무리 펌프질을 열심히 해도 물이 안 나오지. 따라서, 어떻게 하느냐. 물 한 바가지를 떠다 펌프 안에 넣고는 그 물이 다 빠지기 전에 열나게 펌프질을 하면 그 때부터는 물이 콸콸 시원하게 나온다. 정확하게 어떤 원리인지는 잘 모르겠지만(모세관 현상을 응용한 것인가? 누구 아는 사람……) 하여튼 여기서의 포인트는 원하는 만큼의 물을 펑펑 올려서 쓰려면 바로 이 "한 바가지의 물"이 있어야 한다는 것이지. 어떻게 보면 그 물이 촉매의 역할을 한다고도 말할 수 있겠지.

그럼, 펌프하고 일하는 거 하고 무슨 상관이 있어서 이렇게 주절주절 말이 많으냐. 일을 할 때 크고 중요한 일을 먼저, 가장 많은 시간을 써서 해야 하지만, 큰 일을 하기 위해서는, 워밍업이 되고 모멘텀을 얻기 위해서 일단 뭔가 작은 일을 먼저 해 내는 것이 효과가 있는 경우가 많더라는 것이지.

즉, 일단 작은 일("친구 만나기", 뭐 그런 것 같이 너무 사소한 것말고 — 이 용어 주의할 것), 그렇지만 의미와 중요성이 있는 일을 하나 선정해서 해치우고 나면 뭔가 성취감과 자신감이 생기는 경우가 많다. 그리고, 그 기세를 몰아서 진짜 해야 할 중요한 일에 도전하는 거지. 논문을 쓸 때도 일이 잘 안 되면, 어떻게 하냐 하면, 목표를 크게 잡지 말고, "지금부터 일주일이나 이주일 동안은 하루에 딱 2시간만(혹은 사람에 따라서 더 짧거나 더 길게) 논문을 쓰는 데 쓴다"라고 결심한 후, 실제 그렇게 하루하루를 보내다 보면, 서서히 속도감이 붙기 시작하는 것을 느낄 수 있을 거다. 우리는 너무 중요한 일에 대해서는 그 해야 할 일의 스케일에 지레 압도되어 손을 못 대고 걱정만 하는 경우가 많거든. 따라서, 이 '물펌프 이론'은 큰 일을 관리 가능한 작은 규모로 쪼개는 것이 그 핵심이 되겠다.

앗! 시간이 너무 많이 지났다. 내가 하고 싶었던 말은 지금 학회준비다 페이퍼다 중요한 일들이 많지만, 모멘텀을 얻기 위하여 손자병법을 먼저 손댄다는 것이었는데…… 이렇게 한두 줄로 말하면 될 걸 되게 길게 해버렸네.

어쨌든, 오늘부터 다시 시작하는 손자병법. 이제까지 8편을 뗐고, 오늘은 제9편 행군편(行軍篇)이다. 이번에는 제목 해석은 아주 쉽다. 그냥 '행군'. 다 알잖아. 영어로 On the March. 지난번에 이미 말했지만 뒤로 오면서 점점 내용이 원칙적인 것에서 조금 더 구체적인 것으로, 군사를 이동시킬 때는 어떻게 하라는 내용이다.

자, 한번 보자.

[우위를 제공하는 위치를 점하라]

凡處軍相敵, 絶山依谷, 視生處高, 戰隆無登, 此處山之軍也.
絶水必遠水; 客絶水而來, 勿迎之於水內, 令半濟而擊之, 利; 欲戰者,
無附於水而迎客; 視生處高, 無迎水流, 此處水上之軍也.
絶斥澤, 惟亟去無留; 若交軍於斥澤之中, 必依水草, 而背衆樹, 此處

> 斥澤之軍也.
> 平陸處易, 而右背高, 前死後生, 此處平陸之軍也.
> 凡此四軍之利, 黃帝之所以勝四帝也.

일반적으로 군대가 자리를 잡고 적의 상황을 살필 때 다음과 같은 점들에 주의를 기울여야 한다. 산을 가로지를 때는 골짜기를 따라 이동해야 한다; 야영을 할 때는 시야가 뚫린 높은 지대를 선택해야 한다; 적이 높은 곳을 선점하였을 때는 절대 위를 보고 오르면서 공격하지 말라. 이것이 산에서 위치를 정하는 방법이다.

강을 건넌 다음에는 강에서부터 되도록 멀리 떨어져라. 쳐들어오는 적이 강을 건널 때 강 중간에서 적을 맞아 싸우지 말라. 적의 병력 절반이 강을 먼저 건너게 한 뒤(그러니까 나머지 반은 아직 물 안에 있을 때) 치는 것이 유리하다. 한판 붙고자 할 때는 침략군이 건너야 할 강 근처에서 적군을 맞아 싸우지 말라. 강가에서 야영할 때는 시야가 훤하게 트인 높은 지대를 택하라. 낮은 쪽에서 높은 쪽을 향해 싸우지 마라. 이것이 물가에서 위치는 정하는 방법이다.

늪지대를 지날 때는 오로지 신경을 써야할 것이 있는데 지체함 없이 되도록 신속하게 건너는 것이다. 만약 늪지대에서 적을 만나면, 수초(물과 풀이라고도 해석)와 가까운 곳에서 나무들을 뒤로 하고 위치를 잡아야 한다. (이건 왜 그런지 잘 모르겠다) 이것이 늪지대에서 위치를 정하는 방법이다.

평지에서는 접근하기 편한 곳에 자리를 잡고, 주력 부대의 측면을 높은 지형에 배치하되, 앞쪽을 뒤쪽보다 낮게 배치한다. (이 부분을 "불리한 지형을 앞에 두고, 유리한 지형은 뒤에 둔다"라고도 해석함) 이것이 평지에서 위차를 정하는 방법이다.

이것들이 4가지 상황에서 자리를 잡는 원칙들이다. 이것들을 채용함으로써 Yellow Emperor(皇帝가 아니라 黃帝라고 쓴 걸 보니, 어느 나라를 지칭하는 것 같은데 어딘지 잘 모르겠다)가 이웃 네 나라들을 정복하였던 것이다.

이걸 쓰기 시작하기는 오늘 오후 3시경이었는데, 지금이 몇 시냐 하면 밤 9시 30분이다. 좀 쓰는가 했더니 전화에(또 학장님이 위원회 일을 맡기시더라. 힘은 들이는데 하나도 빛도 안 나는 거 나는 되게 많이 맡는다. 그리고, 장애자 단체에서 기부하라고 전화 와서 거절하려고 애쓰다가 결국 10만원짜리 연필통 사 주기로 하고. 이럴 줄 알았으면 처음부터 그냥 알았다고 할 걸.), 갑작스런 사촌동생의 방문에, 그리고 저녁 먹고, 경영대학원 야간 강의하고, 돌아 왔더니 또 학생 찾아와서 얘기하다가, 정신 차리고 보니 9시 넘었더라.

드디어, 다시 이런 생활로 돌아왔구나. 아, 그리워라~ 안식년이여…….

어쨌든, 오늘은 일단 시작을 했다는 것으로(한 바가지의 물로 펌프질, 알지?) 위로를 삼고, 매일 조금씩 계속 해 보기로 한다.

오늘 강의 끝~.

박상준(9/13,10:34): 어렸을 때에 동네 근처 천에서 아주 작은 물고기를 잡아다가 앞집의 물펌프로 물을 퍼서 대야에 며칠 길렀던 기억이 납니다. 그 붕어는 며칠만에 죽었는데, 지금 생각하면 먹이를 하나도 안 주었던 것 같네요.
김언수(9/13,10:40): 물고기를 굶겨 죽이다니…… 잔인하였구먼…… 그런데, 물펌프 이론에 동의를 한다는 거냐?
박상준(9/13,20:6): 네, 그래서 저도 오늘 마케팅 책 한권 대충 훑어보고 있습니다. 내일부터는 전략공부 하려고요.
김언수(9/14,11:42): 그러니까 전략은 펌프, 마케팅은 물 한 바가지?
김수희(9/14,12:6): 얼마 전 책에서 "큰 것을 잃어버렸을 때는 작은 진실부터 살려 가십시오. 큰 강물이 말라갈 때는 작은 물길부터 살펴주십시오." 이런 글귀를 읽으면서 다음을 다시 잡았던 기억이 나는데…… 물펌프 이론과 관련된 것 같기도 하네요.

김언수(9/14,12:50): 옳지!

[Sun Zi Bing Fa #41]
2002/9/13, Seoul

바람이 잔잔하게 부는 금요일 오후. 3시 반 학부 수업 들어가기 전에 잠깐 시간을 내어서.

지금 공부하는 9편 행군편은 제목은 '행군'이지만 정작 내용은 실제로 행군(저벅저벅 걸어가는 것), 즉 어떻게 이동을 한다거나 그런 것보다는 위치를 잡는 positioning에 대한 내용이라고 보는 편이 더 맞겠다.

어제 본문을 살펴 본 시작 부분은 4가지 지형에 따라 어떻게 이동하고(이것도 약간 있기는 있다) 유리한 positioning을 하는가에 대한 내용이었다. 특히 자연이 제공하는 지형상의 우위를 적극적으로 이용할 것을 말하고 있다.

전략의 중요한 요소 중의 하나가 바로 이니셔티브를 쥔다는 것이었다. 항상 선제공격을 할 수 있는 여지를 가지고 있어야 하는데, 그러기 위해서 중요한 것이 일단 "상대방이 공략하기 힘든 위치"(앞부분에서 나왔었지?)를 점하고 그것을 공격의 베이스로 삼는 것이다. 즉, 공격이 중요하다고 해서 무조건 공격만 하라는 것이 아니고 확고한 방어력을 마련한 다음에 공격할 때 효과가 있다는 것이지. 물론, 방어만 죽어라 하는 것은 열등한 방법이지.

전쟁을 하다보면 자연적으로 우위를 제공하는 위치가 있듯이 (보통 높은 곳, 시야가 훤하게 트인 곳) 비즈니스에도 그런 위치가 있겠다. 어떤 산업이든지 리더(높고 훤하게 보이는 곳을 차지한 기업들)는 소수이고 나머지는 어둑어둑한 곳에서 행진을 하는 상황으로 볼 수 있겠다. 또, 그러다 보니 전쟁에서도 항상 그런 위치를 탈환하려고 모두가 노리는 것처럼, 비즈니스에서도 그 자리를 탈환하려는 수많은 기업들이 호시탐탐 기회를 노리는 상황이 되겠다. 즉, 먼저 high ground를 차지하는 것도 중요하지만 그것을 유지하는 것은 더욱 중요하다고 볼 수 있겠지.

경쟁우위를 주는 위치에 대한 첫 번째 룰은 이것이라고 한다: 일단 다른 사람(기업)이 차지한 위치로 이동해 들어간다는 것은 대단히, 대단히 어렵다.

따라서, 먼저 움직이는 것이 좋겠지. 강력한 포지셔닝을 위해서는 일단 어떤 위치를 원하는지를 확실하게 결정하고, 누구를 고객베이스로 삼을 건지 정해야겠지. 그리고는 다른 그 누구보다 그 잠재적인 고객의 니즈를 어떻게 효과적으로 채울 것인가를 생각해 내야겠지. 정말 고객의 말에 귀를 기울이고 충성도 높은 고객을 만들어낼 수 있다면 그것이 high ground가 되는 것이지. 진정한 high ground는 고객들이 너무나 만족해서 경쟁사 제품이나 서비스는 살 생각은 물론, 아예 생각조차 하지 않게 만들 수 있는 상태이겠지.

그러나, 포지션이 확고하다고 생각할수록 경쟁자의 기발한 습격에 허를 찔릴 확률이 높다는 점도 함께 기억해야겠다.

항공사 중에 싱가폴에어는 항상 베스트로 여겨지고 있고, 미국 내에서 가장 편하고 뛰어난 항공사로는 미드웨스트 익스프레스가 항상 손꼽히는 현상도 그 예가 되겠다. 경쟁사들보다는 월등한 수준의 투자를 통해 차별화된 서비스를 만들어내는 것이지. 미드웨스트는 국내선에서 바다가재까지 나오는, 그리고 플라스틱 용기를 쓰지 않고 차이나 그릇을 쓰는 등 확실한 차별화를 이루고 있는 회사.

그리고, 영국에는 독특한 소매업체가 있다는데 그 이름은 막스 앤드 스펜서(Marks & Spencer). 250개의 스토어를 가지고 있는 이 회사의 매장에는 매주 1400만 명의 사람들이 방문을 한다고 한다. Marble Arch라는 곳에 있는 스토어는 한 평방 피트(square foot) 당 매출이 가장 높은 것으로 기네스북에 올라 있다고 한다. 한 가지 특징적인 것은, 이 회사의 매장에서 파는 모든 상품의 브랜드 네임이 단 하나라는 점. 모든 물건을 세인트 마이클(St. Michael)이라는 브랜드로 판매한다고 한다. 이런 단 하나의 프라이빗 브랜드(PB)를 통해 Marks & Spencer는 영국에서 팔리는 모든 속옷의 40%, 모든 스타킹의 20%를 점유하고 있단다. 이것은 잘 알려진 강력한 브랜드를 구축하여 우위를 선점하는 경우가 되겠다.

수업 들어갈 시간이다. 조금 있다가 혹시 시간 있으면 계속······.

9월 14일 토요일 오전 11시 55분 학교 연구실.

어제 수업 들어갔다가 나와서는 아무 것도 할 수 없었다. 학생 둘이 찾아오는 바람에 시간이 훌쩍 갔고, 어제는 저녁 때 행사(?)가 3개나 있었거든. 6시 반 구반포에서 인사조직연구 편집위원회 모임, 7시 뱅뱅사거리에서 고대경영 81학번 회장단 모임(나를 부회장에다 "떡"하니 올려놨지 뭐냐. 내가 언제 이런 '감투'를 써 보겠냐. 그런데, 이 모임은 마지막 순간에 취소 통보 받음), 그리고 8시 뱅뱅사거리 약간 떨어진 곳에서 학장님이 모이라는 행사.

정말, 한국 생활에서는 '시간관리'야말로 가장 중요한 노하우가 아닌가 싶다.

오늘은 잠시 시간을 내어 조금만 진행하고 나는 나가 봐야겠다. 내일 모임에 많이들 온다니까 거기서 얼굴들 보기로 하고…….

지난번 행군편 초반 내용을 보면 항상 높은 위치가 유리한 것으로 되어 있다. 지극히 상식적이긴 하지만, 삼국지에서 비롯되는 유명한 사자성어 '읍참마속(泣斬馬謖: 울면서 마속을 참하다)'의 얘기도 이와 관련이 있는 걸로 기억이 된다.

아주 구체적인 내용은 희미한데(내용 아는 사람들 틀리면 수정해 주도록) 하여튼 촉나라 제갈공명이 군대 대부분을 이끌고 어디론가 원정을 떠나면서, 중요한 성을 소수의 병력으로 지키게 하는데, 자신이 가장 믿고 아끼는 젊은 장수 마속에게 지휘를 맡기지. 그러고는, "이 성은 지리적으로 높은 지대라 정상적인 짱구를 가진 적이라면 함부로 공략하지 않을 거니까 괜히 적의 유인에 혹해서 먼저 공격하지 말고, 나 돌아올 때까지 느긋하게 앉아서 지키기만 해라. 절대로, 절대로 성을 나가서 적을 공격하지 않도록 해라. 이 명령을 어길 시에는 엄중한 벌을 각오해야 할 것이다"라고 했지. 마속은 "예써, 걱정 꽉 붙들어 매십시오. 이 성을 군사님 돌아오실 때까지 못 지키면 제 목을 내놓겠습니다(사람은 약속할 때 신중하게 해야 한다……)"라고 큰소리를 치지.

과연 적은 수의 병력만으로 성을 지키고 있다는 것을 안 위나라 아니면 오나라겠지, 둘 중에 하나가(조조의 위나라였던 걸로 기억되는데) 많은 병력을 보내서 성을 공략하려 했지만 워낙 지형상 유리한 곳을 성으로 만든 것이라 어쩌지 못하고 소강상태에 들어가게 되지.

---

*삼국지 내용을 다시 확인해 본 결과 이 스토리는 저자 김연수가 멋대로 지어낸 내용임이 밝혀졌음. 제갈공명이 마속을 '가정'이라는 곳으로 보내는 내용이며, 책의 내용과 많이 다르다는 점을 독자들은 기억하시길…….

"성을 공격하지 말라, 위를 보고 적을 공격하지 말라"는 손자의 가르침을 기억했는지 적은 리델 하트의 간접적인 방법을 쓴다. 즉, 다 막아놓고 기다리는 것이지. 결국은 문제가 됐던 것은 아마 물 공급이 끊기면서였던 것 같다. 절대 성밖으로 나가지 말라던 제갈공명의 지시를 어기고 혈기왕성한 마속은 적을 공격하게 되고, 그 결과 성은 잃고 자신은 목숨을 건지지.

이제 공명이 돌아 와서 보니, 마속은 성도 없이 달랑 밖에서 "군사님, 성을 잃어떠여! 용서해 주세요" 하고 있겠지. 공명은 마속을 너무나 아끼지만, 그리고 한 명이라도 뛰어난 장수가 아까운 판국이지만, 공개적으로 지시를 했고, 마속 역시 공개적으로 목을 내놓겠다는 약속을 했기에, 다른 애들이 "어찌되나" 하고 쳐다보고 있단 말이야. 그래, 결국 마속의 목을 치라고 명령하지. 장막 속에 남은 공명은 "크흑, 마속아 잘 가라. 미안하다" 뭐 이런, 넋두리를 했을 테고. 그리하야, 더 큰 목적을 위해서 작은 것을 아깝지만 희생하는(특히 가까운 사람을 징계하는) 것을 '읍참마속'이라 하게 되었던 것이었던 것이었던 것이었다.*

우리 방에서는 이런 일이 없도록 하자고…….

자, 행군편 남은 본문의 다음 부분을 보자.

[항상 높은 지대를 택하라]

凡軍好高而惡下, 貴陽而賤陰, 養生而處實, 軍無百疾, 是謂必勝. 丘陵堤防, 必處其陽, 而右背之. 此兵之利, 地之助也.

무릇 전투와 기동작전 상황에서 모든 군대는 낮은 지대보다 높은 지대를 선호하고, 그늘진 곳보다는 밝은 곳을 선호한다. 적절한 보급품과 함께 물과 풀이 가까운 곳에 자리를 잡으면 각종 질병으로부터 자유스러울 수 있고, 이는 곧 승리를 의미한다. 언덕이나, 구릉이나, 둑 근처로 가게 되면 양지 쪽을 차지하되, 주력부대의 측면을 뒤쪽에 배치시킨다. 이런 것들은 군대에게 우위를 제공하며 자연적인 지형이 제공하는 가능성들을 이용할 수 있게 한다.

上雨, 水沫至, 欲涉者, 待其定也.

강 상류에 많은 비가 오고 거품이 부글부글하는 물이 아래로 흘러내릴 때는, 강을 건너려 하지 말고 물이 잔잔하게 가라앉을 때까지 기다려라.

凡地有絶澗, 天井, 天牢, 天羅, 天陷, 天隙, 必亟去之, 勿近也. 吾遠之, 敵近之, 吾迎之, 敵背之.

다음을 만나면 재빨리 행군하여 멀리 떨어져라:

1. 깎아지른 듯한 곳에서 떨어지는 급류(天井),
2. 빠져나가기 힘들게 생긴 분지(天牢: 천뢰, 여기서 '뢰'는 가축을 잡아 기르는 곳 즉, 일종의 감옥 같은 곳, 분지와 같은 지형?),
3. 이것도 산으로 둘러싸여 빠져나가기 어려운 지형(天羅: 천라, 여기서 '라'는 그물을 의미함),
4. 함정과 같이 일단 들어가면 나오기 힘든 곳(天陷: 천함, 여기서 '함'은 함정),
5. 그리고 험한 골짜기(天隙: 천극, 여기서 '극'은 갈라진 틈을 의미. 그러니까, 하늘의 틈이 생겨 아래에까지 내려온 것 같이 아주 험한 골짜기).

이런 데는 아예 접근을 하지 말라. 우리는 그런 지형에서 되도록 떨어져 거리를 유지하면서, 적을 그런 쪽으로 유인해야 한다. 우리는 그런 지형을 정면으로 마주 보도록 위치를 정하고, 적은 그런 지형을 등지도록 만들어야 한다.

> 軍旁有險阻, 潢井, 蒹葭, 林木, 翳薈者, 必謹覆復索之, 此伏姦之所處也.

아군의 주둔지 근처에 위험한 협곡이나 웅덩이 그리고 수초와 갈대가 빽빽한 낮은 지대, 풀숲이 아주 조밀하게 얽혀 있는 산림지대가 있으면, 반드시 꼼꼼하게 수색을 해야 한다. 그런 곳에는 복병들이 엎드려 기다리거나 스파이들이 숨어 있을 가능성이 있기 때문이다.

여기서 가장 어려운 부분은 '而右背之.' 이런 표현은 바로 앞에서도 나왔는데, 누구는 "오른쪽 등 뒤"로 해석하는데 이해가 잘 안 되고, 영어로는 "main flank가 at the back"에 있도록 이라고 해석을 한다. flank란 옆구리 즉, 측면을 의미하는데, 그래서 나는 "주력부대의 측면을 뒤쪽에 오도록 배치시킨다"라고 해석했다. 그런데, 이게 말이 되나 몰라?

프레드릭 대왕(Frederick the Great)은 위치선정을 위대한 리더의 재능과 동의어라고 했다. 즉, 지형이 제공하는 모든 우위를 순간적으로 판단할 수 있는 능력이 중요하다고 하면서 다음과 같이 말했단다: "내가 말하는 첫 번째 룰은 항상 높은 곳을 점령하는 것이다."

자, 오늘은 여기까지만. 모두들, 즐거운 주말 보내도록.

오늘 강의 끝~!

송원규(9/14,16:11): '而右背之'의 해석 중 하나는 '右'를 방위로 해석하는 것이다. 자전을 찾아보면 右는 방위로는 西쪽을 나타낸다. 따라서 다시 원문을 직역하면 "그리고 서쪽 그것을 등져라"라고 할 수 있다. 이것은 양지의 개념과 연결되는 것 같은데…… 즉 서쪽을 등지면 결국 태양을 마주보는 것이니 항상 양지쪽에 위치하게 되는 것 같다. 그러나 아직 풀리지 않는 것은 해가 서쪽으로 기울면 어떻게 되는 건가? 옛 문헌에서 특히 중국에서 右는 서쪽을 뜻하는 것으로 많이 쓰였다고 한다. 믿거나 말거나……? 참, 하나 더, 한문 문법상 '필처기양'과 '이후배지'는 연결구라고 볼 수 있다. 따라서 높은 곳에서는 항상 양지에 있되 서쪽을 등지면 된다는 것이다.

김언수(9/14,21:40): 안 그래도 영문해석 중에 "해를 마주보는" 것을 추천하는 부분이 있는데, 미야모도 무사시의 가르침인 "해를 등지라"와 반대라 조금 의아하게 생각하던 중이었다. 내일 보자.

[Sun Zi Bing Fa #42]
2002/9/16, Seoul

오늘은 월요일 오전. 어제 간만에 모여서 저녁도 먹고 차도 마시고…… 언제 만나도 반가운 얼굴들이 있다는 것은 살면서 가질 수 있는 큰 축복이 아닌가 싶다.

생각해 보니, 어제가 바로 요전에 얘기한 바 있던 인천상륙작전이 실시되었던 1950년 9월 15일로부터 만 52년이 되는 날이었더라. 생각해보면 상당히 역사적인 날인데…… 인천상륙작전이 성공하기 전까지만 해도 연합군이 한반도를 포기할 생각까지 하고 있었다니까. 그 날이 없었다면, 지금의 우리는 어떻게 되어 있을까? 모두, 생명을 걸고 인천상륙작전의 성공에 촉매역할을 했던 연정 중령과 계인주 대령에게 감사하는 마음을 잠시 가지도록. 미국 사람 유진 클락도 함께.

다시 손자병법으로 가서, 지금 행군편을 하고 있다. 이전 내용은 자리를 잘 잡아라, 그런데, 주로 높은 지대를 선택하라는 내용이었다.

비즈니스에서 high ground란 무얼까? 높은 지대에 있으니 남에게도 잘 보이겠지? 그렇다면, 어떤 산업이나 사업에서의 선두의 자리를 말하는 것이 아닐까? 그렇게 얘기하면 "선두 자리를 노려라"라는 해석이 되므로 너무 당연한 것 같은 생각이 들기도 하지만, 경우에 따라서는 선두자리를 노리지 말라는 사람도 있으니까.

따라서, high ground는 꼭 선두자리라기보다는 사람들에게 많이 인식이 되고 잘 알려진 브랜드 등의 이미지를 구축하라는 것으로 해석하면 어떨까 싶다. 예를 들어, 소프트웨어에서는 단연 마이크로소프트가 high ground를 차지하고 있고(적어도 현재는), 소프트드링크 하면 코카콜라, 운동화하면 나이키, 패스트푸드하면 맥도날드가 high ground를 차지하고 있는 회사들의 예가 되지 싶다.

물론, 일단 높은 지대를 차지하는 것과 그것을 얼마나 지킬 수 있는가는 또 다른 문제이다. 웹브라우저 시장에서 한때 신화적인 돌풍을 일으켰던 Netscape는 그 당시 주요기업들의 허를 찌르는 갖가지 방법(인터넷상에서 무료배포, 베타버전의 사전배포로 사용해 본 소비자들이 피드백을 주게 하여 실질적으로 소프트웨어 엔지니어로 활용 등)으로 높은 지대를 차지하지만, 곧 이어 따라 들어온 마이크로소프트가 무상배포 등 같은 방법을 구사할 때 머리가 커진 넷스케이프는 돈을 받고 있었고, 그 외 여러 분야에서 충돌을 회피하기보다는 직접 부딪히다가 끝내 좌초된 사례를 생각할 수 있다.

애플도 데스크탑 출판과 이미지/그래픽을 다루는 능력으로 나름대로의 높은 지대를 차지했었지만, 윈도우즈가 나오면서 그 우위가 약화되는 상황에서도 "우리는 남과 다르며, 남보다 낫다"는 애초의 고자세만을 유지하다가 상당한 어려움을 겪은 바 있다.

애기들이 좋아하는 고급 '젤리빈'(jelly bean: 완두콩 모양의 젤리 있잖아, 왜)의 미국 시장 75% 점유율을 자랑하는 Jelly Belly라는 회사는 이미 high ground를 차지하고 있지만, 시장 점유율을 더 확대하려고 식료품 가게(주로 대형 수퍼마켓이 되겠다)까지 유통망을 확장하려다가 고급 이미지의 브랜드 네임도 희석시키고, 기존의 유통망들과 갈등을 일으킨 예가 있다.

따라서, 전쟁에서 포지셔닝이라면 물리적인 지형상의 우위지점을 점령하는 것이고, 비즈니스에서 포지셔닝은 사람들의(특히 고객들의) 마음 속에 우위지점을 점령하는 것을 의미한다고 볼 수 있다. 이러한 우위지점은 리더이기 때문에 그럴 수도 있고, 경쟁자들과 뭔가 다르기(차별화되기) 때문일 수도 있다.

소프트드링크 시장에서 리더는 아니지만, 닥터 페퍼(Dr. Pepper)는 차별화된 맛으로 독특한 자리를 차지하고 있다. 마셔본 사람은 알겠지? 맛이 좀 독특하잖아. 그러다 보니 싫어하고 좋아하는 사람들이 좀 분명히 나뉘는 경향이 있지만. 그리고, 닥터 페퍼가 소프트드링크 중에는 최초라는 사실 알고 있는지? 내가 옛날에 대학원 때 사례에서 읽은 기억이 있는데, 닥터 페퍼가 제일 먼저, 그리고 펩시, 코카, 이런 순으로 알고 있다. 이런 소프트드링크들은 모두 19세기 말 미국에서 약사들이 일종의 소화제로 개발한 것으로 알고 있다.

그렇다면, 어떤 산업이나 시장에서 high ground는 단 한 곳만이 아닐 수 있다. 그래서 가장 나쁜 포지셔닝은 아무 포지션이 없는 것이라고 하는 것이지. 시장에서 헤매고 있는, 우리가 잘 알지 못하는 브랜드들이 얼마나 많이 있냐. 그런 회사들은 포지셔닝을 해내지 못한 것이라 볼 수 있다.

이제까지는 지난 번 해석한 본문 내용에 관련 있는 일종의 주석이었고,

지금부터는 행군편 나머지 중에 일부를 또 원문해석을 해보자. 다음에 보는 부분은 적의 상황을 살피는 데 33가지로 자세히 나누어 얘기하고 있다.

[상황판단을 정확히 하라]

> 敵近而靜者, 恃其險也. 遠而挑戰者, 欲人之進也. 其所居易者, 利也. 衆樹動者, 來也. 衆草多障者, 疑也. 鳥起者, 伏也. 獸駭者, 覆也.

(1) 적이 가까이 있으면서 조용한 것은, 자신에게 유리한(험한) 지형에 의존하기 때문이다.
(2) 적이 멀리서부터 한판 붙자고 도전할 때는, 아군을 유인하려 움직이려는 것이다.
(3) 적이 평탄한 곳에 있는 것은, 유리한 지형을 잡았기 때문임이 분명하다.
(4) 나무들이 움직이는 것처럼 보이는 것은, 적이 전진하고 있음을 의미한다.
(5) 풀 섶이 많은 곳에 장애물이 많다는 것은, 의심을 불러 일으켜 혼란에 빠뜨리려 하기 위함이다.
(6) 새들이 때지어 날아오르는 것은 복병이 있다는 싸인이다.
(7) 짐승들이 놀래서 움직이는 것은 갑작스런 공격이 임박했다는 것을 의미한다.

> 塵高而銳者, 車來也. 卑而廣者, 徒來也. 散而條達者, 樵采也. 少而往來者, 營軍也.

(8) 먼지가 높은 기둥을 이루면서 위로 일어나는 것은 전차가 접근하고 있다는 것을 가리킨다.
(9) 먼지가 낮게 깔리면서 넓게 퍼지면, 그것은 보병이 접근하고 있다는 것을 의미한다.
(10) 먼지가 여러 갈래로 나누어지면, 그것은 몇 무리의 병사들이 땔감을 모으러 나간 것을 의미한다.
(11) 작은 먼지 구름 몇 개가 오락가락 움직이는 것은 적이 야영을 하고 있다는 것을 가리킨다.

> 辭卑而備者, 進也. 辭强而進驅者, 退也. 輕車先出其側者, 陣也. 無約而請和者, 謀也. 奔走而陳兵者, 期也. 半進半退者, 誘也.

(12) 적군의 사신이 겸손한 어투로 말을 하지만 군대는 준비를 계속하는 것은, 진격을 할 것이라는 것을 의미한다.

(13) 사신이 말을 세게 하면서 전진하는 척 하는 모습을 보일 때는, 적이 퇴각하려는 싸인이다.

(14) 경전차들이 먼저 나가서 양쪽 날개 쪽에 자리를 잡으면, 이것은 적군이 전투를 위한 대형을 준비하는 것을 의미한다.

(15) 적군이 곤경에 처해 있지 않은데도 휴전을 요청하면, 뭔가 계략을 꾸미는 것이다.

(16) 적이 바삐 움직이면서 열병을 하는 것은(대열을 정비하는 것은), 특정 시간을 마음에 두고 일전을 준비하기 때문이다.

(17) 적군의 절반은 전진하고 절반은 후퇴하는 것은, 아군을 유인하려 함이다.

> 杖而立者, 飢也. 汲而先飮者, 渴也. 見利而不進者, 勞也.

(18) 적군이 무기에 의지하여 서 있는 것은, 굶어서 힘이 없기 때문이다.

(19) 물을 길으러 간 녀석들이 진지에 도착하기 전에 먼저 마시면, 적의 군대가 갈증에 시달린다는 의미이다.

(20) 적이 유리한 기회를 보고도 그 기회를 잡으려고 전진하지 않는 것은, 지쳤기 때문이다.

> 鳥集者, 虛也. 夜呼者, 恐也. 軍擾者, 將不重也.

(21) 적진 위에 새들이 모이면, 적진이 비었다는 것을 의미한다.

(22) 밤중에 적진이 떠들썩한 것은, 초조하다는(겁에 질린) 것을 의미한다.

(23) 적진에 어지러움이나 소요가 있으면, 장군의 권위가 약하다는 것을 의미한다.

旌旗動者, 亂也. 吏怒者, 倦也. 粟馬肉食, 軍無懸缶而不返其舍者,
窮寇也.

(24) 깃발들이 흔들리는 것은, 난동이 진행 중임을 의미한다.
(25) 장교들이 분노를 터트리는 것은, 병사들이 전쟁에 지쳤음을 의미한다.
(26) 적군이 사람 먹을 양식을 말에게 먹이고, 짐을 옮길 짐승을 죽여 병사들에게 먹이고, 물을 긷는 데 사용하는 도구를 꾸리는 것은, 적군이 장막으로 돌아갈 의도가 없으며 죽기까지 싸울 결심을 하였기 때문이다.

諄諄翕翕, 徐與人言者, 失衆也. 數賞者, 窘也. 數罰者, 困也. 先暴而
后畏其衆者, 不精之至也.

(27) 적장이(기백이 없는) 유순한 어투로 말을 하고 부하들에게 아첨하는 듯한(비굴한, 눈치 보는) 어투로 말할 때, 그 장군은 부하들의 서포트(support)를 잃은 것이다.
(28) 너무 자주 상을 주는 것은, 자원(장군의 작전이나 아이디어 등을 얘기하는 듯)이 바닥이 났기 때문이다.
(29) 너무 자주 벌을 주는 것은, 적장이 궁지에 몰렸음을 의미한다.
(30) 지휘관들이 처음에는 난폭하게 부하들을 다루다가 나중에는 그들을 오히려 두려워하게 되는 것은, 지능이 모자람(lack of intelligence)의 극치를 보여주는 것이다.

來委謝者, 欲休息也.

(31) 사절단이 공손한 말과 함께 보내지면, 적이 휴전을 원한다는 것을 의미한다.

兵怒而相迎, 久而不合, 又不相去, 必謹察之.

(32) 적군이 성난 듯 행진하며 아군을 향한 채 장시간 있으되 교전을 하는 것도 후퇴하는

것도 아닐 때는, 정신을 바짝 차리고 꼼꼼하게 관찰을 할 필요가 있다.

兵非貴益多也, 惟無武進, 足以併力, 料敵, 取人而已. 夫惟無慮而易敵者, 必擒于人.

전쟁에서는 숫자가 많다고 반드시 유리한 것은 아니다. 너무 성급하게 전진하지 말고, 적의 상황을 면밀히 평가하여, 아군의 병력을 집중하면, 이길 수 있다. 통찰력이 떨어지고 적을 과소평가하는 자는 반드시 사로잡히게 될 것이다.

어? 내가 위에서 33가지 상황이라고 했는데(왜냐하면, 이 부분이 그렇다고들 — 즉, 33가지라고 — 다른 데서 말하므로), 숫자를 세다보니 32개밖에 없네. 어디서 잘못 된 거지? 혹시 알아낼 수 있는 사람, 좀 도와줘.

아마, (26)번에서 문제가 있을 수가 있다. 왜냐하면, (26)번을 "말을 잡아먹는 것은 군량이 바닥이 났기 때문이다; 취사도구를 정돈하여 놓고, 병영에 돌아가지 않는 것은, 궁지에 몰렸기 때문이다"라고 두 가지로 분리해서 해석한 사람도 있는데(인터넷상에 "육손의 손자병법"이라는 사이트에서), 나의 해석과는 거의 반대되는 해석이다. 흐름으로 볼 때, 이 부분이 적군의 문제점을 주로 얘기하고 있기 때문에, 이런 해석도 그럴 듯하긴 한데, 시작을 "말을 잡아먹는 것"으로 해석한 것은 명백한 실수 같고, 따라서 이 부분은 좀 얼렁뚱땅 해석한 것이 아닌가 싶다. 즉, 내가 영문으로부터 해석한 것이 맞지 않나 싶다. 나도 확실히는 모르겠다.

자, 오늘도 여기 정도에서 그만. 이렇게 하면 이번 주 안에 9편은 완성할 수 있을 것 같다. 내일은 오늘 원문해석과 관련 있는 얘기들과 조금 남은 원문부분 해석을 마저 하고 끝내도록 노력.

오늘 강의 끝~.

박상준(9/17, 8:55): 얼마 전에 읽은 "Positioning"이란 책에서는 후발주자가 이미 강력한 위치를 구축하고 있는 선두 브랜드하고 싸울 데에도 절대로 정면충돌은 하지 말라고 하더군요. 정면충돌의 방법은 될 수 있으면 끝까지 뒤로 미루는 것이 낫다는 생각도 드네요.
김언수(9/17, 10:44): 앞에서도 많이 나왔잖나. Indirect approach가 항상 우수하다고. 같은 얘기야. "유도전략"도 마찬가지고.

[Sun Zi Bing Fa #43]
2002/9/17, Seoul

오늘은 화요일. 지금 시간이 오전 11시 조금 넘었다. 오랜만에 날씨가 "죽인다." 나는 이런 쾌청하고 청명한 날씨가 좋더라. 어디론가 훌쩍 떠나고 싶게 만드는 그런 날이다. 요즘 강원도 봉평에서는 메밀꽃 축제가 한창이라는데, 생각해 보니 작년 이맘때(안식년이 막 시작하고 있었지) 그야말로 봉평으로 훌쩍 다녀왔던 생각이 난다. 어머니 모시고. 그 때 한창 건강이 안 좋으시던 때인데 어느 날 TV를 보시고는 "봉평에 한번 가 봤으면......" 하셨거든. 그런데, 막상 가서 보고는 조금 실망은 했다. 사진을 보고 상상했던 것처럼 그렇게 온 천지가 메밀꽃으로 덮여 있는 게 아니었거든. 그냥 요기조기 쬐끔씩. 좀 황량하더라.

그로부터 일년 후인 지금. 학교 연구실에 나와 있다. 학교에만 나와 있으면 왜 이리 피곤한지…….

조금 있다 12시경에는 대학원 신입생 환영회인가 그런 게 있다. 그 외,

다음 주 SMS학회 가서 발표할 자료 만들어야 하고, 내일 있을 대학원과 학부 전략수업 좌석배치도(seating chart) 만들고, 지난 주 학부 퀴즈 본 거 채점하고, 내일 대학원 전략수업 대비 논문 다시 한번 봐야 할 테고. 그리고, 또 오늘은 누가 몇 명이 찾아올지…….

많은 사람들이 교수라면 되게 편하게 먹고 노는 줄 아는데, 의외로 바쁜 일정들을 보내고 있다는 걸 어떻게 설명을 할 수 있을까?

하긴, 나도 옛날에 교수가 되기 전에는 교수가 굉장히 편해 보이긴 하더라만은…… 그래서, 이런 농담 있잖아, 교수와 거지의 공통점.

1. 되기는 굉장히 힘든데 일단 되고 나면 굉장히 편하다.
2. 출퇴근 시간이 일정치 않다.
3. 항상 손에 뭔가를 들고 다닌다…… 등등등.

다 옛날 말이 아닌가 싶다.

오늘따라 사설이 길구먼. 손자병법으로!

"상황판단을 정확하게 잘 하라"는 어제의 내용은, 그래서 진정한 우위를 확보할 수 있다고 판단될 때만 공격하라는 내용을 함축하고 있다고 볼 수 있다.

미국 육군(U.S. Army) 장교들의 상황판단 매뉴얼에는 다음과 같은 내용이 있다고 한다:

    1. Mission (assigned or deduced)

2. The Situation and Courses of Action
   a. Considerations Affecting the Courses of Action
      (other operations, environment, enemy, friendly, etc.)
   b. Anticipated Difficulties
3. Analysis of Courses of Action
4. Comparison of Courses of Action
5. Decision = Commander's Concept or Intent

1. 미션(여기서는 회사의 사명이 아니라 임무, 즉 "미션 임파서블" 할 때의 주어진 작은 규모의 임무가 되겠다.) 그리고, 임무는 명확하게 주어지거나 아니면 상황에 따라 지휘관이 자신의 임무를 추론을 해 내야 한다.
2. 상황과 행동경로
   a. 행동경로에 영향을 미칠 수 있는 요인들을 고려한다.
      (다른 작전, 환경, 적 상황, 아군 등등)
   b. 예상되는 어려움
3. 가능한 행동경로의 분석
4. 대안들의 비교
5. 결정 = 지휘관의 생각이나 의도

어떤 액션을 취할 것인가를 결정하는 과정에는 갖가지 상황을 분석해야 하는데, 상황에 따라서는 재빨리 끝내야 할 때도 있고, 어떤 때는 더 신중하게, 시간을 두고 분석을 해야 하는 경우도 있다.

상식적으로, 개인 대 개인의 상호 작용하는 과정에서는 재빨리 분석을 해치워야 하고, 서면으로 만드는 written plan은 당연히 시간을 더 많이 들이겠지.

개인끼리 부딪히는 경우, 상대방의 상황이라면 주로 얼굴 표정이라든가 하는 바디 랭귀지(body language)가 인디케이터들이 되겠지. 내가 무슨 말을 하는데 상대방이 팔짱을 끼고 있다면, 그것은 무관심 내지 반대의 의미. 내가 말할 때 앞으로 몸을 바짝 내밀고 듣는다면 그것은 받아들일 준비가 된 신호. 양미간에 주름살을 지우는 표정을 짓는다면, 그것은 내가 하는 말에 100% 수긍하지 않고 의문을 갖는다는 의미?

비즈니스 상황에서도 역시 그런 신호들은 눈에 확실하게 보이기보다는 아주 미묘한 것이 보통이겠지. 예를 들어, 제품의 값을 올리려고 할 때, 경쟁자들에게 일단 신호를 살짝 보내보고, 경쟁자들이 그 신호를 거부하는 것으로 판단되면, 제품 값을 올리지 않거나 오히려 내리는 액션을 취할 수도 있다.

포인트는, 리더라면 상황에 대한 관찰력과 판단력이 있어야 한다는 것이고, 상대방을 절대 과소평가하지 말라는 것이 되겠지. 물론, 미야모도 무사시가 예전에 말했듯이("적의 입장이 된다," 기억나?), 상대방을 과대평가할 필요도 없지만.

자, 오늘은 이제 행군편의 마지막 남은 부분.

> 卒未親附而罰之, 則不服, 不服則難用也. 卒已親附而罰不行, 則不可用也. 故令之以文, 齊之以武, 是謂必取.
> 令素行以教其民, 則民服. 令素不行以教其民, 則民不服. 令素行者, 與衆相得也.

병사들이 리더와 인간적으로 친해지기 전에 처벌부터 하면, 불복종하게 된다. 병사들이 불복종하면 유사시에 그들을 사용할 수 없다. 병사들이 인간적으로 친하기는 하지만 징벌을 통한 규율이 없으면 그들을 사용할 수 없는 것은 마찬가지다. 따라서, 병사들은 처음에는 인간적으로 대하여 가깝게 만들되, 강철과 같은 규율로 통제를 해야 한다. 그래야 충성스러운 군대로 만들 수 있다.

일단 내린 명령은 일관성 있게 실행되고 병사들을 엄격하게 감독한다면, 병사들은 복종할 것이다. 명령을 내리기는 하되 실행되는 법이 없다면 병사들은 불복종하게 된다. 명령이 얼마나 원활하게 실행되는가는 지휘자와 병사들 사이의 관계가 얼마나 조화로운가를 반영한다.

손자병법은 처음 시작부터 장군의 리더십을 전쟁의 결과를 결정짓는 요소 중 아주 중요한 것으로 여기고 있다. 그리고, 각 편마다 리더십이나 장군의 실수로 전쟁에 패할 수 있는 상황들을 얘기하고 있다. 이 부분도 예외가 아닌 듯. 어떻게 하면 부하들이 나를 신뢰하면서 그러나 상황에 따라서는 엄중하게 따라오게 하는가 하는 것은 항상 중요하겠다. 지난 번 얘기한 '읍참마속'도 같은 맥락이겠지. 그 때, 제갈량이 마속하고 친하다고, "마속아, 네가 약속을 어기기는 했지만 내가 어떻게 너를 죽이냐. 다음에는 잘 해라" 그러면서 다른 애들한테는 "얘는 평소에 잘 했으니까 이번 한번은 봐주자. 괜찮지, 얘들아?" 이랬다면, 그 다음 다른 사람이 명령을 어겼을 때 처리하기가 아주 애매해지지.

'상과 벌'이 항상 밸런스를 맞춰야 하는 것은 당연한 상식인데, 어떤 것이 먼저인가에 대해서는 논란이 있겠지. 손자는 일단은 상, 그리고 엄중한 벌, 이렇게 말한 것 같고, 보통은 그런 순서로 말을 하는 것 같다. 물론, 리더의 스타일에 따라 상황은 다양해지지만. OB(조직행동론) 배울 때, Managerial Grid란 것 배웠지? 여기서 상은 '인간적인 것', 벌은 '엄격한 업무적인 것'으로 확대해석 한다면(너무 확대해석인가?), 그 이론에 의하면 가장 이상적인 리더는 양쪽을 혼합하는 스타일이고, 사람에 따라 상만을 강조하는 스타일과, 벌만을 강조하는 스타일과, 그리고 이것도 저것도 아닌 사람으로 나눠지겠다.

언젠가 우리나라 회사사람들을 대상으로 서베이를 했는데, 부하들 입장에서 가장 '도움'이 됐다고 답한 리더는 바로 '업무중심'의 리더였던 걸로 나온 것이 기억난다. 당시는 괴로워도 배우는 것이 많다는 뭐, 그런 맥락이었던 것 같다.

나도 개인적으로는 너무 인간적인 면만 강조하는 리더는 효과를 발휘할 수 없을 것 같다는 생각이다. 일단은 리더가 일과 관련하여 능력이 있어야 부하들이 신뢰할 수 있는 것이고, 거기에 인간적인 것을 가미해야 하는 것 아닌가 싶다. 인간적인 관계는 상당히 주관적이라 그것만 의지할 때는 문제의 소지가 있지. 반면, 일 중심은 보통 성과측정이 상대적으로 객관적이라 감정이나 정치가 개입할 소지가 적어지지.

이런 리더십 스타일의 극단을 달린 사람의 예가 옛날 중국에 있었단다.

중국 수나라 때(589년에서 617년) 양수라는 유명한 장군이 있었단다. 그 사람이 군대를 통솔하는 원칙은 단 하나, 군령을 일단 세우고 그것을 위반하는 사람은 기냥 무조건 처형(예외 절대 없음!)하는 것이었다.

적군과 싸움을 할 때마다 양수는 누가 실수하는 녀석 없나를 살펴서 반드시 몇 명은 처형을 했단다. 어떨 때는 그 숫자가 100여 명에 이를 때도 있었단다. [와, 본보기 한번 보이고 겁주려다가 자기네 군사 다 죽이는 것 아냐?] 하여튼, 한번에 최소한 30~40명은 기본으로 목을 날렸다니까…… 그러면서, 자기는 병사들 목이 뎅겅 날아 가고 피가 바닥을 적시면서 흐르는 바로 앞에서 아무 일 없다는 듯이 옆 사람하고 얘기도 하고 껄껄 웃기도 했단다.

아마 그 광경을 지켜본 사람이라면, "워메, 저 인간한테 잘못 걸리면 정말 뼈도 못 추리겠구나" 하면서 단단히 각오를 했겠지.

적군과 대치를 하게 되면, 양수는 보통 300명 정도 병사를 일단 내보내서 공격을 하게 만들었다. 그 병사들이 적의 전투라인을 돌파하면 다들 무사한 거고, 적의 라인을 깨지 못하고 그냥 돌아오면? 그 남은 병사의 숫자가 몇 명이든지 "전부 다, 모조리" 처형을 했다고 한다. [정말 살벌한 인간이네……]

그리고는, 2~300명을 다시 보내고, 임무를 완수하지 못하고 돌아오는 애들은 또 죽이고…… 이걸 몇 번 반복하면, 지휘관이나 병사들이나 모두 두려움에 사시나무 떨 듯 하면서 죽을 힘을 다해 싸웠다고 한다. 그 결과, 양수는 수많은 전투를 승리로 이끌었대.

한 가지 궁금해지는 것은, 그렇게 되면 전부 다 튀어버리지 누가 그 밑에 남아 있나……?

이 양수라는 사람은 좀 특이한 사람이었던 것 같다.

이에 비해 제갈량은 예전에도 설명을 했지만, 사람의 심리를 상당히 잘 이해하고 인간적인 신뢰를 쌓는 것을 중요하게 여긴 듯 하다. 다음은 제갈량이 말하는 수많은 장군의 조건 중 하나.

> [진정한] 장군은 부하들이 우물에서 물을 길러 오기 전에 목마르다고 말하지 않는다. 장군은 병사들의 음식이 준비되기 전에 배고프다고 말하지 않는다. 장군은 병사들을 따뜻하게 할 불을 지피기 전에 춥다고 말하지 않는다. 장군은 병사들이 볕을 피하기 위해 차양을 치기 전에 덥다고 하지 않는다. 장군은 여름에 부채를 사용하지 않고, 겨울에 가죽옷을

입지 않으며, 비가 올 때 우산을 사용하지 않는다. 장군은 다른 사람들과 똑같이 한다.

다시 현대적인 경영상황으로 돌아와서,

이상적인 리더는 직무에 있어서는 탁월한 전문가이면서 같은 정도로 인간적인 면을 잘 조화시키는 사람이다. 뛰어난 리더는 정말로 중요한 것은 어떤 경영기법이 아니라 사람이라는 점을 잘 이해한다. 경영자나 관리자는 사람들이 반드시 좋아해야 할 필요는 없다. 그렇다고 사람들이 싫어해야 하는 것은 물론 아니다. 공정하고 치우침이 없다는 것은 개인적인 감정을 개입시키지 않는다는 것(impersonal)을 의미할 따름이다. 다른 사람을 이끄는 사람은 개인적으로 고뇌하게 만드는 어려운 의사결정을 해야 할 때가 많다. 무슨 이유에서든 의사결정을 하지 않는다는 것은 주어진 권위를 포기하는 것이며, 직무유기에 해당한다.

우리 중에 그 누가 성과와는 관계없이 인간적이나 정치적인 이유에서 그냥 좋아하는 사람이 없는 경우가 있겠냐? 우리는 어차피 인간이니까. 물론 내가 좋아하는 사람이 성과까지 좋을 수도 있다. 그러나, 주의할 것은 인간적인 이유와 정치적인 이유로 나에게서 소외당하는 사람들이 그 상황을 좋은 감정으로 볼 수 없다는 점이다. 여기서 복잡한 문제가 생긴다. 관리자이어야 할 내가 정치가라면 내가 좋아하는 그 사람도 다른 사람들한테는 정치가로 비춰진다. 사람들은 정치를 일삼는 사람이 올바른 정보를 상사에게 전해 줄 리 없고, 그런 정보를 전해 받은 상사 역시 올바른 결정과 명령을 내릴 수 없다고 생각한다. 내가 일한 만큼 성과를 내고 그 보상을 보장받을 수 없는 이런 상황에서 사람들의 일할 의욕이 생길 리 만무하다.

우리는 인간이기 때문에 누군가에게, 무엇인가에게 인간적으로 끌리는 현상을 막을 수는 없다. 방법은 한 가지. 명확하고 객관적인 평가기준을 만들고 그것에 의해서만 사람들을 판단하는 것이다. 개인적인 판단이 개입할 여지가 없도록. 능력 있는 리더는 각각의 업무 프로세스에 대한 성과평가 기준을 명확하게 세우고, 그것들을 명료하게 전달하고 이해시키며, 그 기준에 의해서만 칭찬과 상을 주거나 비판과 벌을 내리는 사람이다. 모두에게 잘 알려진 평가기준을 굳건히 유지하면, 정치적으로 움직일 필요도 없어지고, 정치적으로 누구에게 특혜를 준다는 비판의 여지도 없어진다. 그러나, 우리가 살아가는 이 세상에는 명확하게 정해진 기준 없이 관리자의 변덕스러운 기분에 따라 비판과 처벌을 덮어씌우는 경우가 아주 많이 있다. 그 결과는 물론 혼란과 사기저하이다.

얼마 전에 내가 우리 방의 운영방법을 얘기하면서, '평가척도'를 몇 가지 제시한 것도 이와 무관하지 않다. '화합'이라는 요소 외에는 객관적인 것들임을 알 수 있을 거다.

우리는 살다보면 "도대체 저 인간이 어떻게······" 하는 생각이 들도록 무능한 사람이 성공하는 경우가 있다. 모든 사람이 그의 무능함을 아는데 오직 그의 상사만은 모르고 있는 것처럼. 원래 무능한 사람은 상사가 그 사실을 알기 훨씬 전에 동료와 부하직원들이 먼저 안다. 동료와 부하들이 그 사람을 우습게 여기면, 일을 수행하는 데 매끄럽게 돌아갈 리가 없다. 한 사람의 무능은 자신의 직무수행 효과를 떨어뜨리고, 궁극적으로 조직 전체의 효과를 떨어뜨린다. 리더는 부하들의 성과와 능력을 정확하고 객관적인 기준으로 평가하는 것 외에 그 결과에 의한 과감한 결정을 내려야 한다. 무능한 사람을 내보내는 결정에 대해서 GE의 잭 웰치는 다음과 같이 말했다:

"그 친구 해고하는 데 한 6개월 정도 더 기다렸어야 하는데"라고 말하는 사람을 본 적 있는가? 항상 "그 친구 조금이라도 더 빨리 해고했어야 하는데"라고 말하지.

즉, 나가야 될 사람은 되도록 빨리 과감하게 나가게 해야 한다. 그것이 조직은 물론 본인을 위해서도 옳은 결정이다. 그 사람은 현재의 조직과 일에는 부적당한 사람이며, 자신에게 맞는 일과 장소를 하루라도 빨리 찾아가는 것이 현명하기 때문이다. 무능한 사람은 보통 자신감(security)이 떨어지고, 그런 사람은 자신보다 나은 사람을 밑에 두는 경우가 없다. 무능한 사람이 자신보다 더 못한 사람을 채용하고, 그 사람은 또 자신보다 못한 사람을 채용하고…… 한 사람을 잘못 들여오게 되면 조직 안에서는 짧은 시간 안에 '바보들의 폭발(Bozo explosion)'이 일어나게 된다.

2002년 한국-일본 월드컵의 영웅 거스 히딩크 감독은 색다른 기법을 들여온 것이 아니었다. 인간이 조직생활을 하기 시작한 이래 다 알고 있었던 기본을 실천했을 뿐이다. 물론, 아주 과학적으로. 히딩크는 모든 선수들의 성과지표를 기술, 체력, 심지어 정신력 등으로 세분하고 수시로 점수화하여, 개인별로 "너는 어디쯤 있고, 앞으로 어디로 가야 한다"는 주문과 지도를 지속적으로 했다고 한다. 한국 대표팀 선수들에게서 원하는 것이 무엇인지를 명확하게 요구했고, 그것을 지키지 않는 사람은 아무리 개인적인 기량이 뛰어나도 도태되었다. 페널티킥 실축 같은 한번의, 그러나 결정적인 실수도 포용했고, 실수한 선수들에게 계속 기회를 주었다. 그 선수들은 모두 실수를 만회하고 팀 승리에 기여했다. 꿈같은 월드컵 4강 진출을 이루고 마지막 남은 터키와의 3~4위 전. 역시 인정 많은 대한민국 백성들은 마지막 게임이니 그 동안 한번도 못 뛰고 벤치를 지킨 선수들에게 뛸 기회를 주자고 했다. 어림없는 소리. 경기는 끝나지 않았다. 결국 한번도 못 뛴 선수들이 있었다. 히딩크는 한국 축구를 이기는 축구로 만들기 위해 온 것이지, 인간관계를 개선하려고 온 사람이 아니었다. 마치 동네축구처럼 공만 따라 우루루 우루루 몰려다니던 한국 축구팀은 불과 1년 6개월 만에 냉정한 파워축구(Power Soccer)를 구사하는, 세계에서 4번째로 강한 팀이 되었다. 대~한민국! 짝짝짝 짝짝!

마지막으로 기억해야 할 것은, 리더 스스로의 자기규율(self discipline)이 일차적으로 중요하다는 점이다. 사람이 자신을 제어하지 못하면서 다른 사람들을 제어한다는 것은 불가능하기 때문이다.

다른 사람을 정복하는 자는 강하다; 자신을 정복하는 자는 위대하다
He who conquers others is strong; he who conquers himself is mighty.

여학생들은 he를 she로 바꿔.

이것으로 제9편 행군편 완료. 이제 9개를 마치고 4개 남았다. Nine down, Four to go! 앗싸!

다음은 제10편 지형편(地形篇).

오늘 강의 이것으로 끝~!

10 지형 및 외부환경에 대하여

地形篇(Terrain)

[Sun Zi Bing Fa #44]
2002/9/18, Seoul

수요일 밤이다. 오늘은 아침에 밥도 잘 먹고 기분 좋게 학교를 와서, 대학원 전략수업을 들어가서 전반부 2시간 정도도 잘 했는데, 잠시 쉬고 나머지 수업을 하러 들어가서는 전시간 부분에 대한 질문이나 코멘트를 받는데 갑자기 "핑"하고 돌면서, 앞이 깜깜해지면서, 문자 그대로 눈앞에 "반짝반짝"하는 별같은 것들이 마구 돌아다니는 거 있지. 그런 현상이 거의 10분정도 지속. 이럭저럭 계속해서 수업은 진행했다.

수업 끝나고도 계속 머리가 아프고 기력이 없어서 두통약을 구해 봤더니, 게이코라는 일본학생이 준 일본의 두통약을 두 알이나 먹었는데, 아무런 효과가 없이 오히려 더 아픈 듯한 느낌…… 내가 첫 시간에 기습적인 질문으로 당황하게 했다고 혹시 앙갚음을……?

계속 헤매다가 오후 학부 전략수업 들어가서도 증상 계속. 어떤 여학생에게 이번에는 우리나라 진통제 한 알 얻어 먹었더니 정신이 좀 나는 거 있지. 우리 것이 쎈가봐.

하여튼, 학교에 있다 저녁에 집으로 오면 완전히 진이 쏙 빠지는 느낌이다. 왜 그럴까?

오늘 잠깐만 하도록 하자. 10편을 들어가기 전에, 어제 리더가 자신의 기분에 따라 변덕스럽게 상과 벌을 내려서는 제대로 조직을 이끌 수 없다는 말을 잠깐 했었다. 또, 찾아보니 그 옛날에도 제갈공명이 같은 말을 이미 했더구나.

기분이 나쁘다고(불쾌하다고) 잘못한 것이 없는 사람들에게 해를 줘서는 안 된다. 기분이 좋다고(유쾌하다고) 처벌받아야 할 사람들을 그냥 보아 넘겨서도 안 된다.

기분 좋은 것이 잘못한 사람들을 용서하는 것으로 이어져서도 안 되고, 기분 나쁜 것이 무죄한 사람들을 처벌하는 것으로 이어져서도 안 된다.

기분의 좋고 나쁨은 지 마음대로 하는 것으로 연결되어서는 안 된다. 개인적인 편견은 가치 있는 사람들을 무시하게 만든다. 장군은 개인적인 감정(불쾌함)으로 전투를 시작해서는 안 된다; 전체의 뜻(collective will)에 의해서만 진행되는 것이 절대적으로 중요하다. 개인적인 불쾌감으로 시작한 전투는 반드시 패배로 끝나게 된다.

오늘은 제10편 지형편(地形篇). 그런데, 전체적으로 보면 '지형'을 진짜로 어떻게 읽고 어떻게 이용하는가에 대한 얘기는 초반에만 있고, 그 다음은 리더십의 부재로 인해 일어날 수 있는 군대의 실패에 관한 것과, 나머지는 이미 앞(3편 모공편)에서도 나왔던 것과 유사한 "너 자신을 알고 적을 알고, 이길 수 있는 싸움만 하라"는 내용이 나온다.

그러니까, 손자병법도 자세히 보면 중요한 것들은 계속해서 반복되고 있다는 사실을 알 수 있다. 그 중에서도 가장 두드러지게 보이는 것이 리더십에 대한 강조인 것 같고.

자, 본문으로…….

[싸우는 장소, 싸울 장소를 잘 이해하라]

地形有通者, 有掛者, 有支者, 有隘者, 有險者, 有遠者.

지형은 그 성격에 따라 다음 6가지가 있다: (이 여섯 가지 유형을 표현하는 글이 어려워서 정확하게 어떻게 해석을 해야 할지 잘 모르겠다.)

1. 通(잘 통할 수 있는 지역: accessible ground)
2. 掛(잘못하면 휘말리는 지형: entangling ground)
3. 支(갈라지는 지역: temporizing ground)
4. 隘(압박하듯 좁은 지역: constricted ground)
5. 險(깎아지른 듯 험준한 지역: precipitous ground)
6. 遠(본국에서 멀리 떨어진 지역: distant ground)

我可以往, 彼可以來, 曰通. 通形者, 先居高陽, 利糧道, 以戰則利.

1. 우리나 적이나 똑같이 쉽게 오갈 수 있는 지형을 '통'(잘 통하는 지형)이라고 한다. 이런 지형에서는 높고 볕이 잘 드는 지대를 먼저 점령하고, 보급선이 막히지 않게 확보한 자가 유리하게 싸울 수 있다.

可以往, 難以返, 曰掛. 掛形者, 敵無備, 出而勝之, 敵若有備, 出而不勝, 則難以返, 不利.

2. 들어가기는 쉬우나 나오기는 어려운 지형을 '괘'(잘못하면 휘말리는 지형)라고 한다. 이런 지형에서는 적의 준비가 부족하고 아군이 물이 '확' 뿜어 나오듯이 공격을 하면 이길 수 있다. 그러나, 적이 아군의 공격에 대비하고 우리의 공격이 실패할 경우, 돌아 나오기가 어려우므로 불리한 상황이 뒤따른다.

> 我出而不利, 彼出而不利, 曰支. 支形者, 敵雖利我, 我無出也, 引而
> 去之, 令敵半出而擊之, 利.

3. 아군이나 적 모두에게 들고나기가 불리한 지형을 일컬어 '지'(가지가 갈라진 것 같이 기회를 엿봐야하는 지형)라고 한다. 이런 지형에서는 적이 매력적인 유인책을 쓰더라도 전진하지 말고 물러나는 것이 좋다. 우리의 기동전술 결과 적이 우리를 쫓아 그 지형에서 반쯤 나왔을 때 공격하면 유리하다.

> 隘形者, 我先居之, 必盈之以待敵. 若敵先居之, 盈而勿從, 不盈而
> 從之.

4. '애'(압박하듯 좁은 지역)라는 지형에서는, 아군이 먼저 점령을 하였다면 강력한 수비대로 좁은 길목을 막고 적을 기다려야만 한다. 만약 적이 먼저 그런 지형을 점령하였을 경우, 적이 충분한 병력으로 길목을 장악하고 있으면 공격하지 말고, 약한 수비병력일 때만 공격해야 한다.

> 險形者, 我先居之, 必居高陽以待敵. 若敵先居之, 引而去之, 勿從也.

5. '험'은 깎아지른 듯한 험준한 지형인데, 아군이 먼저 점령하면 반드시 양지바른 고지대에 위치를 잡고 적을 기다려야 한다. 적이 그런 지형을 먼저 차지하면 거기서 떨어져 나오고 공격하지 말아야 한다.

> 遠形者, 勢均, 難以挑戰, 戰而不利.

6. '원': 적군이 우리로부터 먼 거리에 위치하고 있고, 양쪽 군대가 배치되어 있는 지형이 비슷하다면, 싸움을 걸기도 어렵고 싸워서 별로 이로울 것도 없다.

凡此六者, 地之道也, 將之至任, 不可不察也.

이런 것들이 여섯 가지의 지형과 관계된 원칙들이다. 이런 지형에 대해 최고의 주의를 기울여 살펴보는 것이 장군의 가장 중요한 책임이다.

지형과 적합하게 움직일 줄 안다는 것은 군사작전에 있어서 대단히 큰 도움이 된다. 현명한 장군은 전쟁을 승리로 이끌 수 있는 상황을 만들 수 있도록 적의 상황을 정확하게 분석할 수 있어야 하고, 거리와 지형상의 어려움을 계산할 수 있어야 한다. 이런 것들을 알고, 전투에 응용할 수 있는 자는 반드시 이길 것이다. 이런 것들을 모르고, 따라서 응용할 수도 없는 자는, 반드시 패할 것이다.

그리고는, 정옥이가 가르쳐준 원문에는 없는 내용을 영어해석에서는 언급하고 있다.

Conformation of the ground is of great assistance in the military operations. It is necessary for a wise general to make correct assessments of the enemy's situation to create conditions leading to victory and to calculate distances and the degree of difficulty of the terrain. He who knows these things and applies them to fighting will definitely win. He who knows them not, and, therefore, is unable to apply them, will definitely lose.

이 부분은 살펴보니 정옥이가 가르쳐준 원문에는 뒤쪽에 나오는데, 그 원문은 다음과 같다.

夫地形者, 兵之助也. 料敵制勝, 計險厄遠近, 上將之道也. 知此而用戰者必勝. 不知此而用戰者必敗.

손자병법의 버전(version)이 여러 가지 있는 것인지, 아니면 약간의 혼란이 있는 것인지, 그건 잘 모르겠다. 아니면, 다음 부분에는 장군의 어리석음으로 군대가 패할 수 있는 경우들을 설명하고 있는데, 그 다음에 위의 내용이 나오는 것보다는, 여섯 가지 지형을 설명한 다음에 나오는 것이 더 연결이 좋으므로 자의적으로 자리를 옮긴 것인지도 모르지.

오늘은 여기까지만. 힘들어서…….

박상준(9/18,21:55): 진통제보다는 쉬는 게 낫다는 것을 아시겠지만, 암튼 하루에 성분이 다른 진통제 넘 많이 드시는 게 그리 좋진 않은데…… 연구실 식구들이 좀 더 건강해져야 하겠네요. 다들 참…… 안타깝네.
김언수(9/18,22:10): 역시, 전직 제약회사 사람다운 충고를…… 집에 와서 노니까 이제 괜찮다. 아무래도 '다싫기하부공' 병이 아니었는지…….
남대일(9/19,14:51): 모두에게 평안이 깃들기를 기원합니다. 진심으로.
최현진(9/30,19:49): 그때 선생님도 그렇고, 경은 누나, 수희 모두들 연구실 들어와서 책상 위로 쓰러졌었거든요……. 어찌나 안타깝던지 ㅋㅋ 전 생긴 것처럼 건강하잖아요. 수맥에도 끄떡없고.

[Sun Zi Bing Fa #45]
2002/9/19, Seoul

추석연휴 시작을 하루 앞둔 목요일 오후. 저녁 7시에 경영대학원 수업이 있는데, 휴강 안 하느냐는 문의가 많이 오는 모양이다. 분명히 수업한다고 했는데…… 생각해 보니 지방으로 내려가야 하는 사람들은 사정이 딱하기는 하다. 그렇지만 다음 주는 내가 학회 가느라 휴강이고, 그 다음 주는 개천절이라 또 건너뛰고. 할 수 없이 오늘 수업을 강행하기로 했는데, 약 50

여 명 되는 학생들 중 몇 명이나 나타날지 아주 궁금하다.

지금 수희하고 지원이가 옆에서 공부하고 있는데, 수희는 "20명 약간 안 되게" 지원이는 "10명 가량" 나타날 걸로 예측했다. 보경은 가장 낙관적인 25명. 그 결과는 내일쯤 알려 주께. 아마 지금쯤 많은 사람들이 나를 '지독한 넘'이라고 씹으며 찝찝한 마음으로 학교를 향하거나 고향을 향하고 있을 것 같다.

자, 오늘은 어제 해석한 원문을 기준으로 해서…….

이번 편의 제목인 '지형'은 영어로는 Terrain으로 해석한다고 앞에서 밝힌 바 있다. 처음 시작할 때, 이 지형이란 외부환경 중에서도 경쟁과 밀접한 관계가 있는 market place를 의미한다고 말했는데, 또 누구는 반드시 기업의 외부환경만을 의미하는 것이 아니라 조직 내부의 환경도 포함한다고 말한다. 물론, '전략적'인 마인드야 조직 내-외부, 정치적인 상황 등에서 다양하게 적용될 수는 있으니까 양쪽 모두 맞는 말이라고 할 수 있다.

그런데, 도대체 어떤 지형에서 우리가 싸우는지를 알아내려면, 일단 정보수집이 전제가 되어야 하겠다. 지난 편에서 적군과 우리의 상황을 잘 판단해야 한다는 것도 정보수집을 전제로 하고 있고, 이번 지형편 끝 부분에도 일종의 유사한 얘기가 나온다.

정확하게 위에서 언급한 6가지 지형이 비즈니스 상황에서는 어떻게 응용이 되는지는 잘 설명할 수 없다. 그러나, 하여튼 전반적인 포인트는 어떤 경쟁상황에서 뛰어들지 말지를 잘 판단해야 한다는 것이 아닌가 싶다. 예를 들어, 어떤 경쟁은 처음부터 하지 않는 것이 좋고, 일단 발을 잘못 들여 놓으면 빠져 나오기가 어려운 상황이 있겠다. 지형으로 치면 두 번째 '괘'

내지는 세 번째 '지'에 해당하는 상황인데, 항공사들이 가격할인 경쟁을 일단 벌이게 되면 어느 한 쪽이 발을 빼기 힘들게 되면서 모든 player들이 타격을 받는 것을 예로 들 수 있겠다. Southwest와 같이 정말 낮고 든든한 비용구조를 갖추고 있지 않은 회사들이 가격경쟁을 벌이면 멈출 수도 없고 계속하기도 괴로운 그런 상황에 빠져들게 되지.(이 회사 얘기는 나중에 더 해 주께.)

여기서 더 중요한 것은, 결정을 내리기 전에 과연 어떤 상황으로 우리가 들어가려 하는지에 대한 정확한 분석을 위한 정보수집이라고 하겠다.

물론, 이것은 마케팅에서 흔히 하는 단순한 market research를 뛰어 넘어 "반짝"하는 인사이트(insight, 통찰력)가 있을 때 진정한 효과를 발휘하게 되겠지만.

하나 예를 생각해 보자.

1970년대 미국 내 콜라시장에서 펩시는 코카콜라에 비해 확실하게 뒤떨어진 상태였다. 시장조사를 해봤더니 별 뾰족한 게 나오는 것이 없고, 이미 가격경쟁도 상당히 진행되던 터라, 사람들에게 물어봤더니 한번 장(혹은 수퍼마켓)에 가면 콜라를 원하는 만큼 사오는 데 비용상의 문제는 전혀 없는 것으로 나타났다. 그 당시 콜라는 한 병 혹은 6개가 한 묶음으로 되어 있는 6-pack 두 종류로 나눠 있었다. [six pack은 특히 남자들의 복근이 빨래판처럼 잘 형성된 것을 일컫는 말이기도 함.] 시장조사를 아무리 해봐도 사람들이 콜라회사에게 원하는 것이 무엇인가를 알게 해주는 요소가 없었다는 것이다.

그러나, 펩시는 거기서 멈추지 않고 조사원들이 소비자들을 졸졸 따라다니게 만든다. 연구원들이 연구대상 고객들의 집에까지 따라 들어가서 집안에서의 행동을 관찰해 본 결과 뭘 발견했느냐. 소다(Soda, 소프트드링크를 이렇게 부르지)를 얼마나 많이 마시는가를 제한하는 요소가 뭔가를 살펴봤는데, 아무 것도 없더라는 거지. 즉, 얼마나 집으로 사 들고 올 수 있느냐 하는 그 자체가 한계점이더라는 것이었다. 그렇다면, 패키지를 가볍게 만들고 어떻게든 한번에 많은 소다를 살 수 있게 하는 방법을 생각해 내면 되지 않겠냐 하는 생각이 들게 된 거지.

그래서 펩시는 패키징에 초점을 맞추고 어떻게 하면 콜라병을 가볍고 또 운반하기 쉽게 만들 수 있을 것인가를 연구하기 시작했다. 그 결과가 요즘 우리에게는 익숙해진 플라스틱 콜라병이며, 6-pack 대신 12개 혹은 24개가 하나로 되어 있는 멀티팩(multipack)인 것이었지. 이 하나의 아이디어로 펩시가 코카를 상당히 따라잡는 계기가 되었다고 한다. 이러한 혁신은 특히 코카콜라의 강점을 오히려 약점으로 만드는 총기 있는(총명한) 아이디어였지. 이런 아이디어는 아마 코카콜라는 생각해 내지 못했을 거다. 왜냐하면, 코카콜라의 중간허리가 잘록한 녹색 유리병은 오랜 시간동안 코카콜라의 상징으로 자리를 잡아 이전에는 그러한 병 모양과 재질이 바로 브랜드를 대표하는 효과를 가지고 있었기 때문에, 그러한 장점을 무력화시킬 수 있는 아이디어를 만들어낼 리가 있겠냐.

또한, 이런 아이디어는 소비자들한테 "뭘 원하십니까" 하는 질문을 한다고 나올 수 있는 것도 아니다. 늘 말하지만 소비자들은 자신들이 뭘 원하는지 모를 때가 더 많거든. 그래서 소니도 소비자에게 물어보는 시장조사에 의존하는 대신 우리가 혁신적인 제품을 만들어 소비자에게 교육시키고 설득시킨다고 하지 않았냐.

이러한 기발한 아이디어는 다른 사람의 경험을 잘 지켜보고 분석하면서 거기에 일종의 통찰력(insight – 갑자기 번득하는 아이디어로, 심리학에서는 aha experience라고 하지.)이 있었기 때문에 나온 것이고, 열린 마음으로 현상을 관찰하고, '왜'라는 질문을 할 수 있는 호기심을 발동시켰기 때문에 가능했던 것이다.

......

9월 20일 금요일 오후 1시. 학회 준비를 하기 위하여 학교에 나와 있다.

그런데, 일단 어제 하던 걸 마무리는 해야겠기에.

참, 어제 경영대학원은 어떻게 되었느냐. 우리의 예상을 깨고 3명 빼고 전부 다 나타났더라. 그러니까 50명 넘게. 완전히 놀랬다. 학생들도 서로 놀라는 눈치.

물론, 어제 여러 가지 이벤트가 있을 예정이기는 했다. 일단 출석을 3번 이상 빠지면 F니까 출석의 부담도 작용했을 것이고, 연습 삼아 퀴즈를 보기로 했으니까(성적에 포함되지는 않지만) 그것도 아마 부담이 되었을 테고, 그리고 좌석배치를 결정하기로 했었기 때문에 "좋은"(?) 자리를 차지하기 위해서는 또 왔어야 했을 테고.

그러나, 나는 다르게 생각했거든. 내가 이미 게시판에 "혹시 고향에 가느라 못 오는 사람들은 100% 이해한다"는 글을 올렸고, 출석은 3번까지는 빠질 수 있으니 이번이야말로 한번을 써먹을 가장 좋은 타이밍이고, 퀴즈야 다른 사람한테 물어보면 될 테고, 좌석이야 어차피 작은 교실이니 거기가 거기니까. 이런 이유로 몇 명 안 올 줄 알았거든.

어쨌든 이번 학기 사람들은 열성이 있는 것 같다. 미안하기도 하고 감동도 하여, 원하는 사람들은 전부 '진성반점'에서 딱 1시간 동안만 술 한잔 사준다고 제안을 했다. 결국은 예닐곱 명만이 따라 나섰지만, 전가복과 야채소고기와 함께 60도짜리 '이과두주'(캬~!) 몇 잔씩 기울였더니 딱 12만원 나오더라. 50명(12만 X 10 = ?) 다 갔으면 나 어제 완전 거덜날 뻔했다.

하여튼 어제 밤은 'nice surprise'를 경험했다. 그럴 때는 선생할 기분 나거든······.

오늘은 길게 말 못 하고 어제 얘기한 '통찰력'에 대해 약간 더 설명. 좀 재미있는 현상이거든. 대학원 공부할 때 특히 중요한 능력이고.

이거는 내가 학부 1학년 때 심리학 개론을 들으면서 배운 걸 기억하는 건데(그러니까 지금으로부터 21년 전), 따라서 그 내용상의 깊이, 정확성, 세련미는 어느 정도 디스카운트를 하고 읽는 것이 좋겠다.

통찰력, insight란 무엇이냐. 이런 실험이 있대요. 철창에 원숭이를 가둬 놓고(불쌍한 녀석들, 우리하고 닮은 덕에 뻑 하면 실험대상이란 말이야. 미국에서 옛날에 군용헬멧의 강도를 실험할 때 원숭이들한테 헬멧을 씌워 놓고 쇠뭉치 같은 걸로다가 기냥 있는 대로 후려치는 일종의 생체실험을 했었다는 잔인한 얘기도 있다) 철창 천장에 맛있게 생긴 바나나를 달아 놓는다.

그런데, 그 바나나는 원숭이가 아무리 팔을 뻗치고 팔짝팔짝 뛰어도 닿지 않는 높은 위치에 달아 놓는다. 그리고, 철창 안에는 어떤 도구를 넣어 주느냐. 갈고리 혹은 지팡이처럼 생긴 막대(약간 ? 요렇게 생긴 형태)를 넣어 준다.

그리고, 철창 바깥에는 기다란 일자형 막대기를 놓아둔다. 이 막대기는 원숭이가 팔을 뻗쳐서는 닿을 수 없는 위치에 둔다.

자, 모두들, 상황을 머리 속에 그려보도록. 그리고, 원숭이가 어떻게 바나나를 따먹을 수 있을지 생각해 보도록.

일단 원숭이는 처음에는 당연히 바나나를 따먹기 위해 팔짝팔짝 뛰고 난리를 떤다. 그러다가, 안 되는 걸 알고는 가만히 앉아 있다고 한다. [짱구를 굴리는 중?]

그러다가, 갑자기 원숭이는 바닥에 있는 갈고리형 막대기를 집어 그걸로 바나나를 떨어뜨리려는 시도를 한다. 그런데, 애초에 이 갈고리의 길이는 바나나에는 닿지 않는 정도이다. 원숭이는 다시 가만히 앉아 있는다. [다시 짱구 굴리는 중]

그러다가, 갑자기 이번에는 철창 밖으로 팔을 뻗쳐 긴 막대기를 집으려고 애를 쓰는데 그게 그렇게 쉽게 안 되지. 이번에도 안 되는 걸 깨달은 우리의 손오공 친척은 또 가만히 앉아 있는다. [팽그르르, 팽그르르, 또 짱구 굴리는 소리]

그러다가, 갑자기 그 갈고리형 막대기를 집어서는 철창 밖에 있는 긴 막대기를 "쏙" 끌어당기고, 갈고리형 막대를 놓고는 그 긴 막대기로(이번에는 바나나에 충분히 닿는 길이) 바나나를 쳐서 떨어뜨려 맛있게 먹는다. [오, 예~! 난 왜 이렇게 똑똑한 거지. 아~ 빠나나 되게 맛있다…… 원숭이 스스로 감탄 중]

이렇게 가만히 짱구를 굴리다가 뭔가 번득하는 아이디어에 의해 액션을 취하는 학습의 현상을 통찰력(insight)이라고 한단다. "멈췄다가 - 생각 - 액션 - 멈췄다가 - 생각 - 액션" 이런 과정을 거치면서 배우는 과정을 말한다. 그런데, 보통의 학습과는 다른 것이 중간중간 단절된 부분이 있고 점진적으로 학습이 진행되는 것이 아니라, 팍팍 건너뛰는 진보를 보인다는 점이지.

그래서 통찰력의 다른 이름이 aha(아하) experience.

아르키메데스가 목욕탕에 들어가다가 물이 넘치는 걸 보고 "떵요~" 부력의 원리를 깨닫고 벌거벗은 채로 "유레카"(Eureka — 알았다, 됐다 등의 의미?)를 외치며 밖으로 뛰쳐나간 사건도 통찰력과 관련이 있는 것 아닐까?

"떵요~" = "아하!" = "유레카?"

대학원에서의 공부도(특히 논문 쓸 때) 여러 관련 연구들만 죽어라 요약하고 나열해서는 발전을 할 수가 없다. 다른 연구들을 정리하는 과정에서 그 연구들 사이의 관계와 공통점 및 모순점, 그에 기초한 뭔가 새로운 곳, 비어 있는 곳, 변형시킬 곳들을 찾아내는 능력, 그것이 바로 통찰력이며 대학원 공부에서 가장 중요한 능력이라고 할 수 있다. 물론, 통찰력은 위의 실험에서 본 것처럼 갑자기 오는 것 같지만, 사실은 그것이 아니라 원숭이처럼 가장 기본적인 것들부터 차근차근 쌓아가면서 거기에 '지능과 판단력과 창의력'을 가미해서 이루어지는 것이다. 말로는 설명하기 어려운 것이다.

영화 스타워즈를 보면 거기서는 제다이 기사(Jedi knight)들의 인사가 "포스가 함께 하길(Force be with you!)" 아니냐. 우리끼리의 인사는 아마도 "통찰력이 함께 하길(Insight be with you?)"이 되어야 할 듯.

이제 학회 준비 좀 해야겠다. 프랑스까지 가서 창피당하지 않으려면.

모두들, 무지무지 즈~을~거~운 추석 보내길…….

오늘 강의 끝~.

김수희(9/20,17:47): 저도 어제 예상외로 너무 많은 사람들이 와서 놀랐다니까요……. 통찰력이라..전에 학부 수업시간에 학생들이 예기한 적 있는데..통찰력과 직관력은 타고나는 건지 아님 개발할 수 있는 건지.. 노력도 필요하긴 하지만 타고나는 부분이 많다고.. 그러고 보니 이것도 느낌표 이론과 관련된 것 같네요…….^^

남대일(9/20,19:4): 수희야 턱은 괜찮니? 난 이제 많이 좋아진 기분이다.

김언수(9/20,19:27): 원숭이 실험을 잘 보면 결국 'trial and error' 과정을 거치면서 과거의 실패를 되풀이하지 않고 새로운 것을 시도하는 데서 답을 찾는 것을 볼 수 있다. 따라서, 노력에 의해서 가능한 것. 물론 해답을 찾아내는 스피드라든가 하는 것은 타고나는 능력과 관계 있겠지만.

김수희(9/21,19:6): 대일 오빠~ 좋아지셨다니 다행이네요^^ 오빤 초기단계라 조금 조심하면 금방 좋아지실 수 있을 거예요(장기간의 병으로 진단까지 ^^)전 워낙 안 좋은 상태라 계속 아프죠 뭐ㅠ.ㅠ 오늘은 턱도 아프고 머리도 아프고 귀도 아파서 빨리 수술 날이 왔으면 좋겠어요..

[Sun Zi Bing Fa #46]
2002/9/23, Paris, France

전략경영학회(SMS: Strategic Management Society) 발표를 위해서 오늘 저녁 파리에 도착했다. 서울에서 파리로 오는 거는 뉴욕에 가는 거보다는 좀 낫다. 뉴욕은 직행의 경우 보통 14시간 내지 15시간이 걸리는 지루하고 피곤한 길인데, 파리로 오는 길은 12시간 조금 덜 걸렸으니까 오갈 만 하다.

여기 날씨는 청명한 가을 날씨를 보이고 있고, 우리나라보다는 기온이 좀 낮아서 쌀쌀한 저녁이다. 저녁 7시경에 호텔에 도착했다. 아직은 내가 어디 정도에 있는지 방향감각도 전혀 없다. 대강 씻고 배가 고파서 저녁을 먹고 들어왔다. 호텔 근처에 각종 음식점이 많이 모인 곳이 있더라.

내일(화요일)과 모레(수요일)는 학회에서 주로 시간을 보내게 되겠다. 내일은 여기저기 들을만한 발표를 찾아다니고, 모레는 오전 10시 반부터 12시 15분까지 내가 발표하는 시간이다.

비행기에서 거의 잠을 못 잔 탓에 지금 피곤해서 자고 싶지만(한국 시간 23일 오후 1시 30분 출발, 현재 한국 시간은 24일 오전 6시경), 저녁을 너무 많이 먹었는지 배가 너무 불러서 시간 때우기 위해 잠깐 글을 쓴다.

지난번에는 지형을 분석하고 위치를 잘 잡기 위한 전제조건인 정보 분석하는 얘기하다가 좀 옆길로 새서 통찰력(insight)에 대해서 잠깐 얘기하고는 끝이 났었다.

미국 낚싯대 시장에서 일본회사들의 활약이 두드러진다고 한다. 사람들이 낚시를 많이 즐기는 지역에 보통 2인 1조로 픽업트럭을 타고 다니면서 낚싯대와 릴을 깨끗이 청소해 주겠다고 하면서, 낚시 장비와 관련하여 원하는 것이나 선호하는 것들에 대해서 물어보는 경우가 많다. 일본회사들이 시장점유율을 증가시킨 것은 우연이 아닐 것이다.

문제는 무언가를 물어볼 때 조심해야 한다는 점이다. 우리에게 꼭 필요한 정보를 고객(실제나 잠재)들이 항상 입맛에 맞게 주는 것이 아니기 때문이다. 그리고 많은 경우에 자기들이 뭘 원하는지도 정확히 모르고, 동일한 단어나 표현에 대해 서로 생각하는 바가 다른 경우도 있기 때문이다.

예를 들어 보자. "찰스 슈왑"(Charles Schwab). 내가 쓴 '교과서의 명작'(^_^, 좀 쑥스럽구먼) 『TOP을 위한 전략경영 2.2』의 9장 경쟁전략 부분을 읽었다면 이 회사에 대해서 좀 알 테고, 『움직이는 전략』에서도 언급을 하고 있는 회사다. 창업자의 이름을 그대로 회사이름으로 사용하는 증권회사이지.

간단하게 말하자면, 이 회사는 객장(branch office)에서의 실제 대면을 통한 투자자문과 같은 서비스를 최소화하고 그 대신 수수료를 대폭 낮추는 전략, 즉 "discount broker" 전략으로 성공한 회사이다. 그러니까, 이 회사의 특징 중의 하나는 되도록 물리적인 객장을 만들고 유지하는 데 돈을 적게 쓰자는 것이 되겠다.

이 회사는 인터넷 확산으로 이트레이트(e*trade)와 같은 순수 온라인 증권회사가 생기는 것에 대응하여 기존의 증권회사들 중에 가장 먼저 온라인 영업을 시작하는데, 그러다 보니 객장을 만들 필요는 더욱 없다고 생각을 하게 되었다.

우리나라도 요즘은 어떻게 변했는지 모르지만, 아무리 사이버 거래를 하려고 해도 처음 계좌를 만들 때는 일단 객장을 직접 방문을 해야 한다. 그러나, 미국에서는 계좌를 개설하는 것도 온라인으로 할 수 있다.

이와 관련하여, 객장을 얼마나(그러니까 최소한으로) 열 것인가에 대한 정보를 얻기 위해, 찰스 슈왑은 시장조사를 했단다. 사람들한테 물어 보기를 "증권거래를 시작하기 위하여 계좌를 개설할 때 객장(branch office)으로 갈 필요가 있다고 생각하십니까" 하는 식으로 물어 봤대. 그랬더니, 대부분의 사람들이 "no"라는 대답을 했다고 한다.

즉, 회사로서는 사람들이 필요 없다고 하는 객장에다 굳이 돈과 시간과 사람을 투입할 필요가 없다고 판단을 한 것이지. 그런데, 실제 사람들의 행동은 어땠는가. 계좌를 개설하는 사람들의 대부분이 온라인으로 한 것이 아니라 branch office를 직접 방문하여 해결했다는 사실.

그러니까 이것은 사람들이 회사가 생각하고 있는 'branch office'와 뭔가 다른 의미로 생각했거나, 아니면 질문에 대답할 때하고 직접 행동할 때하고 다르게 움직였다는 것을 의미한다. 따라서, 사람들한테 물어보고 답을 얻었다고 해서 무조건 그걸 따르는 것도 때로는 위험하다는 것을 알 수 있다.

아마도 그래서, 소니의 전회장 아키오 모리타가 "사람들은 자신들이 뭘 원하는지 모른다"고 했고, "우리는 시장조사에 의존하지 않는다"고 했는지도 모르지.

이 얘기를 하다 보니, 관련되는 실험이 생각난다. 내가 옛날에 MBA하면서 조직행동론 시간에 들었던 것이 어렴풋이 생각이 나는데, 학자의 이름은 잊어버렸고 하여튼 다음과 같은 실험이었다.

백화점에서 계단이나 에스컬레이터에서 사람들이 나오는 정면에 진열대를 설치하고 청바지를 두 그룹으로 쌓아 놓는다. 그러니까, 사람들의 오른쪽에 한 무더기, 왼쪽 편에 또 한 무더기. 이 청바지들은 동일한 제품이다. 그러고는, 사람들이 어떤 쪽의 청바지를 더 많이 집어 들어 살피는지를 관찰한다. 사람들이 어느 쪽을 더 많이 집게?

답은 오른 쪽에 있는 무더기.

자, 이제는 사람들에게 왜 오른쪽에 있는 청바지를 집어 들었냐고 물어본다. 그러면, 나름대로 대답들을 한대. 주로, "오른 쪽 것들이 더 괜찮아 보였다" 뭐 이런 식으로. 그런데, 사실은 모두 동일한 제품들이니 이 대답은 말이 안 되는 것이지. 사람들이 오른쪽 것을 더 많이 집는 이유는 대다수 사람들이 오른손잡이이기 때문이라는군. 그러니, 사람들은 아무 생각 없이 무의식적으로 오른쪽 것을 집은 것이래. 그래 놓고는 막상 왜 그랬냐는 질문에는 '뭔가 답을 만들어' 내는 것이지. 이렇게 나온 답(정보)을 믿을 수 있겠어?

즉, 쓸모 없는 정보와 유용한 정보를 가려내는 능력이 중요하다고 하겠다.

이전에 예를 든, 펩시콜라의 시장조사도 같은 맥락에서 이해할 수 있다. 단순히 질문을 하거나 사람들의 행동을 막연하게 관찰하는 정도로는 유용한 정보를 알아내기 힘들다.

또한, "찔리는 말은 보통 진실일 가능성이 높다"거나 "진실은 아프다 (Truth hurts)"라는 말들이 그냥 있는 것이 아니고, 정보를 수집한다면서도 부정적인 정보에 접하면 일단 "아~ 그건 그런 게 아니고……" 하면서 자기도 모르게 방어적이 되어서 설명부터 하려고 드는 경향이 생기는데, 아예 입 다물고 그냥 듣기만 하는 참을성과 인내도 필요하다.

2002/9/25 (수요일) 여전히 Paris, France

논문 발표가 오늘 끝나고 학회도 끝났다. 오늘 바로 돌아갔으면 좋겠지만, 비행기가 없는 관계로 내일 저녁까지 기다려야 한다. 학회도 끝나고 부담도 없으니 남는 시간에 잠깐 써 본다. 혼자 왔으니 돌아다니기도 뭐하고.

혼자 있기 좀 아까운 상황이다. 원래는 아내와 여기서 만나서 일주일 정도를 보내기로 했었는데 비행기표 스케줄이 꼬이면서 혼자만 오게 됐다. 지난 1992년인가 에도(내가 미국 학교에 있을 때) 같은 학회로 파리근처를 왔던 적이 있다. 믿거나 말거나 그 때는 에펠탑도 못 보고 그냥 돌아갔었다. 그때는 루블 박물관만 혼자서 봤다. 이번에는 볼까 싶지만, 또 혼자인데다, 내가 워낙 돌아다니는 걸 싫어하다 보니, 이번에도 호텔방 구경만 실컷 하다가 가는 거 아닌가 모르겠다.

얘기를 더 진행하기 전에 여기서 일어난 몇 가지 일.

우선, 오늘 발표하는데 누구를 만났는가 하면, Jamal Shamsie를 만났다. 민재는 누군지 알거다. 영화산업 쪽에 페이퍼를 제법 쓴 사람인데, 민재 논문에도 많이 인용이 된 사람이다. 그 사람의 말인즉, 우리의 연구에 관심이 많다면서 한동안 얘기를 나눴고, 자기가 쓰는 논문에 우리 거를 인용하겠다면서 발표 자료 등을 가지고 갔다. UCLA에 있다가 막 Michigan State University로 옮겼단다. 머리도 벗겨지고 나이는 나보다 많아 보이기는 하는데, 타이틀이 '조교수'인 걸 보니 실제로는 나보다 나이가 어릴 수도 있다.

그리고, 또 한 가지. 아콜 그룹(Accor Group)이라고 들어본 적 있는지? 나도 처음 들어봤다. 여기 와서. 그렇지만 노보텔, 소피텔이라면 들어 봤겠지. 서울에도 노보텔이 두 군데 있고, 예전 앰배서더 호텔이 지금은 소피텔인 걸로 알고 있다.

이 Accor Group은 프랑스 회사로서 노보텔로 시작하여, 지금은 소피텔과 미국의 '모텔 6' 체인, Red Roof Inn 모텔 체인 등 1-star 호텔에서 5-star 고급 호텔에 이르기까지 모든 라인을 망라하는 전세계 80개국에 2,400여 개의 호텔을 가지고 있는 회사더라고. 그 회사 회장 겸 CEO가 학회에서 연설하는 걸 듣고서야 이런 사실을 알았다.

매리어트(강남 버스터미널에 있는 높은 빌딩 있잖냐)나 힐튼에 비해 브랜드 네임이 그렇게 알려지지 않은 것이 단점이라면 단점이고 회사측에서도 브랜드 네임을 통일하고 알리기 위한 작업을 하고 있다고 한다. 그 회장의 주장으로는 그 어떤 호텔 체인보다 가장 글로벌한 회사란다. 예를 들어, 매리어트 호텔의 경우는 전체 매출의 80%가 미국에서 나오는 미국 중심의 회사지만, Accor Group은 유럽에서 50%, 미국에서 30%, 그리고 아시아 및 나머지에서 20%를 벌어들이는 진정한 글로벌한 회사라는 것이다. 우리가 근처에 두고도 잘 모르는 회사에 대한 정보라 한번 올려 본다.

마지막 한 가지. 10년 전 파리에 왔을 때는 지하철을 탈 기회가 없어서 이번에서야 알은 건데…… 여기는 지하철 정거장에 서면 모든 문들이 자동으로 열리는 것이 아니라 열차 안팎에서 문을 열 수 있는 단추나 손잡이가 있더라고. 어제는 멍청히 문 열리기를 기다리며 서 있다가 내리는 곳을 놓칠 뻔했다. "어, 왜 저쪽 문은 열리는데 내 앞에 있는 문을 안 열리는 거지?" 하면서…… 왜 그런 식으로 만들어 놨을까는 모르겠지만, 아마도 굳이 아무도 내리거나 타지 않는 문을 쓸데없이 열었다 닫았다 하는 낭비를 줄이기 위한 것이 아닌가 생각이 들었다.

2002/9/26 (목요일), 빠리 샤를 드골 공항

이제 드디어 집에 가기 위해 공항에 와 있다.

요즘 이 손자병법 강의는 왠지 일기 내지는 기행문 비슷한 쪽으로 흘러가는 듯한 경향이 있지 않냐? 요 며칠 새는 내가 학회 때문에 짬짬이 쓰느라 그렇고, 이전 몇 번은 일단 학교로 복귀를 하고 나니 안식년 때처럼 한가하게 글을 쓰고 있을 시간이 없어서 그렇다. 시간이 계속해서 쪼개지는 것을 아마도 읽고 있는 너희들도 느낄 것이다.

이제 얼마 남지 않았는데 여기서 멈추기는 아쉽고 해서, 시간이 날 때마다 조금씩 쓰는 것이니 이해하도록. 다만, 글이 본류에서 벗어나 다른 데로 새지만 않도록 하면 좋겠다.

지금 시간이 오후 8시 가까이 됐다. 비행기 출발 시간은 저녁 9시 50분. 그러니 아침에 일어나서부터 지금까지 시간을 때우느라 고생했다.

최대한 느즈막하게 일어난다고 일어난 것이 아침 9시. 아주 천천히 준비하고 짐 싸고 했더니 11시 가량. 일단 체크아웃을 하고 짐은 호텔에 맡겨둔 채로 어디를 갔느냐 하면, 지난번 왔을 때 못 본 에펠탑으로 갔다. 그리고, 탑을 봤다. 그리고, 그게 다였다. 그리고는 걸어서 샹젤리제 거리로 갔다. 개선문이 있는 곳부터 시작해서 옛날에도 한번 와 본 곳인데 그냥 죽 걸어서 콩코드 광장까지 갔다가 다시 왔다. 그러고는, 다시 호텔 쪽으로 왔다. 재미 별로 없었다.

돌아가기 전에 꼭 한번 먹어 보고 싶었던 것이 있었는데, 그것이 뭐냐 하면 '핫도그.' 지난번 왔을 때 거의 매 끼니를 그걸로 해결했었는데, 값도 싸거니와 맛도 아주 인상이 깊었었거든. 여기 핫도그는 프렌치 바게뜨 위쪽을 갈라서 그 사이에 소시지를 넣은, 길이 약 25㎝가량 되는 길쭉한 모양이다. 아주 간단하지. 예전에는 그게 그렇게 맛있었거든. 오늘은 이미 점심을 먹은 후라 배가 하나도 안 고팠지만, 예전을 생각하며 하나 사먹어 봤다. 그런데, 그 때 그 맛이 아니더라고. 내 입맛이 변했나. 아니면, 배가 불러서 그랬나?

하여튼, 오늘은 그렇게 시간을 천천히 죽이다가 지금까지 왔다. 한국에서는 보기 드문 현상이라고 할 수 있지.

오늘은 날씨가 아침부터 흐렸고 낮에는 계속 비가 왔다. 비를 맞고 다닐 수는 없어서 샹젤리제 거리에 있는 신문판매대 같은 곳에서 우산을 하나 샀는데, 아무래도 바가지 쓴 것 같다. 허름한 우산 하나에 12 유로. 우리 돈으로 15,000원 정도 되려나? 그 점원 녀석이 얼마냐는 내 질문에 가격을 말하는데 지가 쑥스러운 표정을 짓더라니까…… 비가 그치고는 그냥 버리려고 하다가 아까워서 들고 간다.

여기서부터는 다시 손자병법의 내용으로 돌아가자. 그동안 너무 '외도'를 했던 것 같다.

지난번에 말했듯이 지형편의 첫 번째 부분은 그야말로 지형에 대해서 얘기하지만, 나머지는 그렇지가 않다. 이번에 볼 부분은 지형이라기보다는 장군의 잘못으로 군대가 패배하게 되는 상황 여섯 가지를 얘기하고 있는데, 그 한자들의 의미가 비슷비슷해서 명확한 구분이 잘 안 된다.

> 故兵有走者, 有弛者, 有陷者, 有崩者, 有亂者, 有北者. 凡此六者, 非天之災, 將之過也.

[군대가 패하게 만드는 여섯 가지 상황이 있는데,] 병사들이 떼 지어 도망가는 경우, 불복종하는 경우, 추락하는 경우, 무너지는 경우, 혼란스러워지는 경우, 패주하는 경우가 그것이다. 이 여섯 가지 중에 그 어느 것도 자연이나 지형적인 원인에서 오는 것이 아니라, 장군의 잘못으로 인해 오는 것이다.

> 夫勢均, 以一擊十, 曰走.

모든 상황이 동일한 경우, 하나의 군대로 열 배의 군대를 공격한다면 그 결과는 도망(flight)이다.

> 卒强吏弱, 曰弛.

병사들은 강한데 장교들이 약할 때, 군대는 불복종하게 된다.

吏强卒弱, 日陷.

장교들은 용맹스러운데 병사들이 약하다면, 그 군대는 추락하게 된다.

大吏怒而不服, 遇敵懟而自戰, 將不知其能, 日崩.

상급장교들이 화가 잔뜩 나서 불복종을 하는 상태이고, 적을 만났을 때 분노의 느낌 때문에 스스로의 판단으로 성급하게 교전에 임하며, 장군은 그들의 능력을 알지 못할 때, 그 결과는 군대의 무너짐(collapse)이다.

將弱不嚴, 敎道不明, 吏卒無常, 陳兵縱橫, 日亂.

장군이 무능하고 위엄과 권위도 없으며, 군대는 관리가 엉망이고, 장교들과 병사들 사이에 갈등이 심하며, 군열이 가지런하지 못할 때, 그 결과는 혼란(disorganization)이다.

將不能料敵, 以少合衆, 以弱擊强, 兵無選鋒, 日北.

장군이 적의 힘을 제대로 측량하지 못하고, 적은 수의 군대로 대규모 군대를 공격한다든가 약한 군대로 강한 군대를 치고, 적의 선봉을 공격하여 무력화시킬 습격 정예부대를 제대로 골라내지 못하면, 그 결과는 패주이다.

凡此六者, 敗之道也, 將之至任, 不可不察也.

이 여섯 가지 상황 중의 하나라도 발생하면 그 군대는 패배의 길로 달려가는 것이다. 이러한 상황들을 주의 깊게 검토하는 것은 장군이 담당해야할 가장 중요한 책임이다.

2002/9/27, Seoul

다시 돌아왔다. 정신이 멍멍하네. 내일 수진이 결혼식 가야 되는데…….

이제 이번 강의는 빨리 마무리짓고 잠자리에 들어야겠다.

위에서 논의한 여섯 가지 상황이 정확하게 우리말로 어떻게 표현이 되는가는 그렇게 중요한 것은 아니겠다. 우리는 이제까지 손자병법의 문자적인 내용의 해석에 초점을 두어 온 것이 아니라, 경영전략을 공부하는 우리에게 손자병법이 줄 수 있는 시사점을 찾는 데 그 초점이 있으므로…….

파리에 있는 동안 책을 몇 권 샀는데, 그 중의 하나가 Samuel Griffith라는 사람이 1963년에 출판한 손자병법 해석본이다. 원문의 의미를 해석하고, 손자병법의 역사적 배경이라든가 하는 부분에 중점을 둔 책이다.

이 책 안에는 한 때 원규가 잠깐 언급한 것처럼, "과연 손자병법이 손자 혹은 손무가 만든 것이냐 아니냐," "손무라는 인물이 아예 존재한 적이 없느냐 아니냐," "사마천이 사기에서 손자병법이 BC 500년경에 써졌다고 해서 그런가보다 하는 것이고 춘추시대에 써졌다고 하는 것이지, 여기저기 내용에 보면 춘추시대에는 써질 수 없는 상황이 많이 있다"든지 하는 얘기들도 자세히 하고 있다.

그러나, 이런 것들은 다음에 시간이 있고 관련부분이 나온다면 언급하겠거니와, 역사학자들이나 한학자 분들에게 맡기는 것이 전문성을 고려할 때 옳은 것 같다. 우리는 현 시대에서의 그 의미들을 최대한 뽑아내도록 노력해보자.

그럼에도 불구하고, 이번 부분에 대해서는 그 원래의 내용자체에 대한 해석을 하는 과정에서 얻는 것들도 많이 보이는 고로, 다음 강의에서는 위의 본문 내용을 조금 더 자세히 들여다보도록 하자.

오늘 강의는 이것으로 끝~! 다들 내일 수진이 결혼식에서 만나자.

제상민(9/28,8:16): 시간 가는 줄 모르고 읽었습니다. 아침에 멍한 상태로 회사에 출근했는데 글을 읽고 나니 다시 힘이 솟습니다.

김언수(9/28,9:0): 제상민씨, 출근을 상당히 일찍 하네? 오늘 토요일인데. 잘 지내지?

배보경(9/28,21:54): 뭔가를 남겨야 선생님 기운 나실 것 같고 또 짤릴까봐 한 줄 답변...... 지난 주 자꾸 이름이 헷갈리는데 틱낫한 저 류시화 엮음의 책을 잠시 봤어요. 파리 얘기여서...... 처음 제가 파리 갔을 때 재미없었는데 샹제리제를 걷는 것.. 두 번째 갔을 때는 정신 차리고 걸으니 괜찮더라고요. 오늘 수진이 결혼식에서 선생님으로부터 자극 받아 논문 진전이 좀 있었습니다. 계획도 좀더 빡세게 잡고...... 감사. 식구들 모두 출장 중.. 저 논문 쓰라고 아이는 아빠와.. 혼자 밥 먹는 것 집이라도 재미없네요..

김언수(9/28,23:29): 보경, 공부를 하던 뭐를 하던 뭘 이루려면 무언가의 희생은 있어야 하는 것 같네요. No pain, no gain! No cross, no glory!

약한 리더십은 최선의 전략을 망칠 수 있다

작성자 김경은 (keunkim7)
번호 611 조회수 10
작성일 2002-10-11 오전 10:32:25

약한 리더십은 최선의 전략을 망칠 수 있다는 손자의 말을 선생님 책에서 본적이 있습니다. 조직의 필요에 의해서 새로운 CEO가 영입되고 그에 의해 이전과는 다른 변화의 바람이 조직의 구석구석을 파고들어야 하는 순간에 가장 필요한 것은 조직 내부를 장악할 수 있는 강력한 리더십의 구축이 아닐까 생각해 봅니다. 조직이 발전할 수 있는 최선의 전략을 마련해 놓고도 그러한 전략을 효과적으로 실행해 나갈 수 있는 리더십이 부재한다면, 최선의 전략은 성과와 연계될 수 없을 것이기 때문입니다.

변화를 성과로 연계시켜야 한다는 새로운 리더의 강력한 전략적 리더십이 직원들에게 긍정적인 위기의식과 공감의 커뮤니케이션으로 다가가지 못한다면, 그리고 그러한 작은 변화의 움직임이 단기 성과로 연결되는 증거를 보여줌으로써 장기적으로 모두가 성공하는 혁신이 될 수 있다는 것을 보여주지 못한다면 변화의 결과가 오히려 성과를 낮추게 될 수도 있지 않을까요? 리더는 변화 자체를 서두르기보다는, 자신이 가지고 있는 조직의 방향성과 변화에의 방법론을 직원들이 바로 자신들의 아이디어인 것처럼 느끼고 행동할 수 있도록 코치할 수 있는 워밍업 단계를 중요하게 생각해야 할 것 같습니다. 너무 성급하지 않도록요.

1학기 때 조선공업과 관련된 모 기업의 변화 움직임에 대해 담당자로부터 들은 적이 있습니다. 진입 장벽이 아주 높은 산업에 종사하고 있는 이 기업은 대기업의 계열사였다가 현재 독립 법인으로 새 출발을 한 상태입니다. 새로운 CEO가 영입되어 많은 변화의 노력을 하고 있는 것으로 알고 있습니다. 노키아가 목재 및 펄프를 위주로 다각화를 하였다가 실패하고 이동통신 사업으로 완전한 변신을 시도해 성공했던 것처럼, 이 회사도 현재 사업에 대한 근본적인 철수 전략을 생각했었다고 합니다.

새CEO는 부임해 내부를 정리하고 장악하는 워밍업의 시간을 갖기 전에 이런 큰 이슈를 들고 조직을 긴장시켰던 것 같습니다. 철수를 찬성하는 쪽은 거의 없었다고 합니다. 저항이 아주 심했기 때문에 그대신 다음 작업으로 전략과 조직문화를 재정비하는 프로젝트를 진행했습니다. 처음에는 철수가 아닌 새 제품에 대한 개발 정책과 혁신에 조직원들도 많은 동조를 했던 것 같습니다. 그런데 이러한 프로젝트들이 지연되고(사실 변화를 시도하기 위해서는 진단과 평가 및 조사가 많잖아요.) 단기적 성과가 저조하게 보이면서 많은 혼란이 생기기 시작했다는 얘기를 들었습니다. 변화를 지향하는 프로젝트들의 단기적 성과는 지속적인 변화의 동인으로써 반드시 필요한 것이라 생각해요.

우연히 특정 공기업의 CEO 임기가 2년이라는 것을 들었습니다. 반면 직원들 대부분은 거의 이 조직에서 평생을 종사하는 사람들이지요. CEO의 취임 후, 조직 내부를 정비하고 변화를 향한 새로운 프로젝트를 임기 2년 내에 시작하거나 또는 끝낸다는 것은 거의 불가능하다고 합니다. 이 공기업은 IMF이후로도 변화를 거의 경험하지 않았다고 합니다. 많은 변화에 대한 시도들이 이러한 조직에 제대로 반영되지 않고 있는 이유는 많이 있겠지만, 혁신을 시도할 수 있는 리더의 영입과 변화를 충분히 이끌어낼 수 있을 만큼의 임기 등의 제도적 뒷받침이 필요하다는 생각이 들었습니다.

요컨대 변화를 향한 움직임, 그리고 그것이 지속될 수 있도록 하는 변화관리는 갈수록 중요한 이슈가 되어 가고 있습니다. 스마트한 전략의 수립뿐만 아니라, 그것을 멋지게 이끌어나갈 수 있는 리더의 중요성이 더욱 절실해져 가고 있는 시기인 것 같네요.

[Sun Zi Bing Fa #47]
2002/9/28, Seou

지금은 토요일 밤. 낮에 수진이 결혼식에서 몇 사람은 만났고, 평소 잘 못 보던 사람들도 오늘은 보려나 했었는데…….

10편 지형편이 꽤 오랫동안 계속되는데 오늘, 내일 사이에는 어떻게 마무리를 지어보도록 하자.

어제 공부한, 군대가 무너지는 상황 여섯 가지 중에 몇 가지를 더 자세히 보자.

[3번째 상황]

吏强卒弱, 曰陷.

장교들은 용맹스러운데 병사들이 약하다면, 그 군대는 추락하게 된다.

여기서 군대가 추락한다고 대강 해석을 하기는 했는데, 한자 함(陷)은 함몰하다, 침몰하다, 추락하다 이런 의미들이다. 그러니까, 병사들이 약하고 별 영양가가 없는 상태라면, 아무리 뛰어난 장교들이 그들을 움직여보려고 애를 써도, 마치 늪에 빠져서 아무리 열심히 움직여도 아래로, 아래로 빠져드는 것처럼(이게 바로 "함") 소용없어진다는 의미이겠지.

[6번째 상황]

將不能料敵, 以少合衆, 以弱擊强, 兵無選鋒, 曰北.

장군이 적의 힘을 제대로 측량하지 못하고, 적은 규모의 군대로 대규모 군대를 공격한다든가 약한 군대로 강한 군대를 치고, 적의 선봉을 공격하여 무력화시킬 습격 정예부대를 제대로 골라내지 못하면, 그 결과는 패주이다.

옛날 중국 군대가 움직일 때는 보통 이렇게 했단다. 모든 군대가 한데 모여 캠프를 치게 되면, 장군은 모든 캠프에서 정신력이 강하고 용맹한 친구들을 골라냈다고 한다. 이 사람들은 그 민첩함과 강인함으로 다른 사람들과 구별이 되고, 무술 실력이 보통사람들의 수준을 뛰어넘는 핵심적인 인물들이지.

이런 사람들을 모아서는 특수부대 내지 엘리트 부대(elite troops)를 만드는 거지. 10명 중에 한 명만을 추려냈다고 한다. 그러니까, 만 명의 군대에서는 천명만을 골라내는 거지. 이들을 다른 말로는 또 shock troops라고도 하는데, 이들의 역할은 적군의 선봉을 치는 우리의 최선봉 부대가 되는 것이다. 우리의 결단력을 더 강화하는 효과와 더불어 적군의 예봉을 무디게 만드는 효과를 동시에 노리는 거다.

회사들도 무슨 큰 프로젝트를 할 때는 보통 태스크포스팀을 구성하는데, 위와 같은 효과를 노리는 것이므로 가장 우수한 인력을 배치해야 한다. 그런데, 현실에서는 가장 뛰어난 사람들은 당장 하는 일이 바쁘다는 이유 등 갖가지 이유로 오히려 제일 한가하고 '영양가 없는' 사람들이 배치되는 경우가 상당히 자주 있다. 그런 사람들이 만들어내는 전략이나 계획 등이 얼마나 효과를 볼 수 있겠냐? 손자병법에서는 이런 팀을 제대로 골라내지 못하면 반드시 실패한다고 하잖냐. 이 내용에 대해서는 『움직이는 전략 Strategy on the Move』에서 더 자세하게 다루고 있으니 관심 있는 사람들은 참고하도록……

자, 그러면, 이제 남은 부분들을 보자.

> 夫地形者, 兵之助也. 料敵制勝, 計險阨遠近, 上將之道也. 知此而用戰者必勝. 不知此而用戰者必敗.

지형과 적합하게 움직일 줄 안다는 것은 군사작전에 있어서 대단히 큰 도움이 된다. 현명한 장군은 승리로 이끌 수 있는 상황을 만들 수 있도록 적의 상황을 정확하게 분석할 수 있어야 하고, 거리와 지형상의 어려움을 계산할 수 있어야 한다. 이런 것들을 알고, 전투에 응용할 수 있는 자는 반드시 이길 것이다. 이런 것들을 모르고, 따라서 응용할 수도 없는 자는, 반드시 패할 것이다.

이 부분은 이미 며칠 전에 위에서 해석을 소개했다. 위치가 다른 경우들이 있는가보다. 그리고, 손자병법의 종류도 많이 있고, 시간이 지나면서 일종의 해설을 곁들인 문서들이 나돌면서 그 해설들이 원문인 것처럼 된 경우도 있다더구나. 그리고, 어떤 해석에서는 그 흐름으로 보아 어떤 문구의 위치가 어색한 경우 더 잘 어울리는 부분으로 옮기는 경우도 있고.

> 故戰道必勝, 主曰無戰, 必戰可也. 戰道不勝, 主曰必戰, 無戰可也. 故進不求名, 退不避罪, 唯人是保, 而利合於主, 國之寶也.

따라서, 만약에 상황이 우리가 반드시 이길 상황이면, 비록 왕이 싸우지 말라는 명령을 내리더라도 장군은 싸우기로 결정할 수 있다. 만약에 도저히 이길 수 없는 상황이라면, 비록 왕이 싸우라고 명령을 내렸더라도 장군은 싸울 필요가 없다. 고로, 전진하되 개인적인 명성을 구하지 않고 후퇴하되 불명예나 처벌을 두려워하지 않으며, 오직 백성들을 보호하고 왕에게 가장 이롭게 하는 것만을 목적으로 하는 장군은 그 나라의 소중한 보물이다.

이 부분도 어떤 번역에서는 여기가 아니라 다음에 해석할 부분 다음에 나오는 경우도 있다.

앞부분은 우리가 손자병법 공부 처음 시작할 때 소개했던 "두 후궁 이야기"에서도 나왔잖니. "어떤 명령은 왕의 명령이라도 따르지 못할 것이 있다"는 손무의 말. 이런 말은 여기 말고도 다른 곳에서도 나온다.

그런데, 이런 부분 때문에 이 손자병법이 BC 500년경 즉, 춘추시대에 써졌다는 주장은 말이 안 된다는 분석도 있다. 이 내용은 뭘 말하느냐, 장군이 왕에 의해 고용된 professional이라는 의미인데, 춘추시대에는 professional general이 없었으며, 왕족 등 가족들이 장군까지 다 해먹었던 시대라는 것이다.

그런데, 리델 하트의 전략에서도 이런 유사한 내용이 나온다. 즉, 군대의 지휘관들은 대통령과는 또 다른 입장이라는 것이지. 손자병법에서 말하는 장군과 왕의 관계와 동일하다. '간접적인 방법'을 신봉하는 리델 하트는 그래서 또 어떤 분석을 하냐 하면…… 특히, 남북전쟁 때 북군이 여러 가지 간접적인 방법으로 남군을 괴롭히는데, 그 중의 하나가 남군 부대의 가족들이 있는 후방을 때리는 것이다. 상당한 심리적인 동요를 가져왔다고 한다.

그리고, 끝 부분의 '소중한 보물'이라는 것에 대해서 다른 사람(영어로 Tu Mu라고 쓰는데 누굴까? 원규나 정옥이는 알 것 같은데……)은 "그런 사람은 몇 명 안 된다"고 부연설명을 하고 있다.

여기 내용도 결국은 "이길 수 있는 싸움만 싸워라"는 가르침의 연장인 것 같다.

이와 관련해서는 특히 조직 내에서 정치적인 싸움에 말려들 때 생각을 해 볼 필요가 있다. 이게 한번 말려들면 골치 아프거든. 그렇다고 조직생활을 하면서 어떤 형태로든 정치적인 사안에서 완전히 격리될 수도 없다. 그것은 곧 내가 조직의 중심이 아닌 변방에서 돌고 있다는 뜻이기도 하니까.

여기서 '정치'라고 하니까 아주 부정적인 의미로 들리지만(이것은 우리나라 정치인들의 책임이 아주 큰 것 같다), 자신이 맡은 일을 잘 하려다 서로 충돌이 생겨 정치적인 갈등이 생기는 경우도 많다. 조직이 클수록 정치적인 충돌들이 많이 생기는 것은 또 당연하고…….

다음은 자동차 회사 포드에서 일어난 상황을 묘사한 것인데, 시대와 국가 상황, 조직의 종류를 막론하고 모두 적용이 되는 것 같다:

"재무파트 사람들의 파워가 점점 커지면서 창의적인 일을 하는 사람들은 점점 취약한 위치에 들게 되었다. 창의적인 업무를 하는 사람들은(작게는 제품개발, 크게는 전략) 그들이 얼마나 뛰어난 사람들이건 반드시 실수를 하게 되어 있다. 예를 들어, 제품개발을 하는 사람들이 완벽한 경우는 없다. 어떤 제품 모델이든 성공하는 것이 있는가하면 실패하는 것도 반드시 있다. 대조적으로, 재무를 담당하는 사람들은 아주 조심스럽다. 그리고, 그들이 특정 제품과 연결이 되는 경우는 결코 없다. 그들은 아무 것도 만들어(create)낼 필요가 없다. 그러다 보니 회의에서 재무담당 사람들은 항상 공격을 하지 방어를 하는 적이 없다. 반대로, 제품개발 쪽 사람들은 항상 방어를 하며 공격을 하는 법이 없다."

맞는 말이지? 그래서, 회사에서 재무가 너무 강하면 미래지향적인 전략을 구사할 수가 없다고 하는 것이지. 재무적으로 계산이 딱 떨어지게 안 나오니까.

그런데, 조직 내부의 정치에 휘말릴 때 기억해야 할 것은, 자신의 position을 방어는 하되 상대방을 너무 공격할 필요는 없다는 점이다. 특히, 공격을 할 때는 어떤 프로세스나 시스템의 문제점을 공격해야지 특정 개인을 공격하는 것은 상당히 위험! 위에서 인용한 예도 재무를 담당하는 사람이 인간적으로 나빠서 그런 것이 아니라 그들이 맡은 기능이 바로 그런 것이기 때문이니까.

쉬운 예를 들어, 회계나 재무의 기능 중에 하나는 "돈을 아끼는 것"이라고 할 수 있겠다. 가까운 친구들하고 여행을 갈 때 보통 한 사람이 돈을 모아서 관리를 하지. 그 사람은 이제 회계/재무 담당자가 됐다. 그런데 재미있는 것은, 일단 그렇게 돈을 맡으면 평소에는 분명히 통도 크고 돈 쓰는 것에 인색하지 않던 친구가 "야, 배고프다, 밥 먹자. 야, 우리 이거 하자, 저거 하자" 그러면 꼭 "안 돼, 우리 돈 얼마 안 남았어" 하는 식으로 나온다는 것이지. 왜냐하면, 그게 우리가 그 친구에게 부탁한 역할이니까. 그런 걸 가지고 "아~ 그 짜식 참 쪼잔하네" 이런 식으로 나오면 친구 사이가 어떻게 되겠냐?

다시 돌아가서, 개인을 공격하는 것은 일단 옳지 않은 경우가 많고, 또 인간사라는 것은 알 수 없는 것이라서 누가 알아? 내가 공격하고 깔아뭉갠 그 사람이 나중에 나의 보스가 될지…… Yikes!

자~, 다음 내용.

> 視卒如嬰兒, 故可以與之赴深溪. 視卒如愛子, 故可與之俱死. 厚而不能使, 愛而不能令, 亂而不能治, 譬若驕子, 不可用也.

장군이 그의 부하들을 부모가 어린아이 다루듯이 대하면, 그들은 아무리 깊은 골짜기라도 장군을 따를 것이다. 장군이 병사들을 자신의 사랑하는 아들처럼 다루면, 그들은 죽기까지 리더 곁을 지킬 것이다. 그러나, 장군이 응석을 받아주는 부모처럼 관대하면서도 병사들을 유사시에 사용하지 못하고, 병사들을 소중히 여기면서도 명령을 내리지 못하거나 규칙을 어겼을 때 처벌하지 않는다면, 병사들은 버릇없는 아이들에 비유할 수 있다. 아무데도 쓸모가 없다.

이와 유사한 내용은 앞에서도 나왔고, 뒤에서도 또 나온다. 사람들을 이끄는 장군의 리더십에 관한 것이다. 즉, 상과 벌은 항상 밸런스를 맞추어야 한다는 것이지. Chang Yu(이건 또 누구지?)라는 사람은 아주 단적으로 말한다. "부하들은 뛰어난 지휘관을 사랑도 하는 동시에 두려워도 한다. 그게 전부다."

그러면서, 어떤 예를 드느냐하면 조조가 자신이 내린 명령을 스스로 어기고는 상투를 자른 사건을 예로 든다.

즉, 다들 아는 얘기이겠지만, 조조가 어떤 지역에 들어가서 곡식을 절대 쓰러트리거나 피해를 입히지 말라는 명령을 내렸다. 그러다가, 조조가 탄 말이 뭔가에 놀라서 조조를 태운 채로 논으로 들어가 곡식을 다 밟아버리지. 조조는 자신의 목을 베어버리라는 명령을 내린다. 부하들이 가만 있겠냐. "절대 아니 되옵니다" 하면서 눈물로써 말렸지(이럴 때, 부하들이 "장군, 룰은 룰입니다요, 안녕히 가소서" 이렇게 나오면 어떻게 되는 거지?). 조조는 못 이기는 척하면서 대신에 목을 베는 것의 상징으로 자신의 상투를 싹둑 잘라내지. 이렇게 상징적인 처벌을 스스로에게 내림으로써 모든 군사들에게 그야말로 "지위고하를 막론하고"(우리 정부나 정치인들한테서 이런 말을 너무나 자주 많이 듣는데 그대로 한 적이 없는 것 같지? 아예 말을 하질 말지……) 군대의 명령이 엄격하게 적용된다는 메시지를 보내게 되지.

조조의 라이벌 제갈공명 선생이 또 가만 있을 수 없지. 다음과 같이 말했다.

> 상벌의 규칙이란 잘하는 사람들에게는 상을 주고 잘못하는 사람들에게는 벌을 준다는 것을 말한다.[Surprise! 이렇게 당연한 말씀을 하시다니……] 잘하는 사람에게 상을 주는 것은 성과와 성취를 진작하기(높이기) 위함이요, 잘못하는 사람에게 벌을 주는 것은 배신을 방지하기 위해서다.
> 상과 벌이 공정하고 한쪽으로 치우치지 않아야 하는 것은 반드시 지켜야 할 아주 중요한 원칙이다. 상이 주어지는 것

을 알 때 용감한 병사들은 그들이 무엇을 위해서 죽는지 알 게 된다; 처벌이 주어지는 것을 알 때 악한들은 무엇을 두려 워해야 할지 알게 된다.

그러므로, 보상은 이유 없이 주어져서는 안 되며, 처벌은 제멋대로 내려서는 안 된다. 보상이 아무런 이유 없이 내려 지면 열심히 일하던 사람들이 분개하게 되고, 처벌이 자의적 으로 내려지게 되면 강직한 사람들의 원성을 사게 된다.

그리고, 지난번에 처벌로만 부하들을 움직이는 살벌한 장군의 얘기를 한 적이 있는데, 이번에는 그 정반대의 사람. 위에서 말한 "자식처럼 부하를 대하는" 전형이다.

이거는 원나라 유기가 설명하는 리더십의 예인데, 춘추전국의 '전국' 시 대에 Wei나라의 장군 Wu Qi(우리말 발음 부탁해!)가 있었는데, (예전에 제갈 공명이 말한 대로) 그는 최하위 병졸들과 같은 음식을 먹고, 같은 의복을 입 었다고 한다. 앉을 때 방석을 깔지도 않고, 행군을 할 때는 말도 타지 않고 걸었다고 한다. 그는 자신의 장비와 소모품들을 직접 들고 다니며, 병사들 과 모든 노역과 고난을 함께 했다고 한다.

한번은, 병사 한 명이 팔에 고름이 생기는 부상을 당하여 괴로워하고 있 었다. 그걸 본 장군은 몸소 입으로 고름을 빨아냈다. [아혹, 더러워라! 장군 해먹기도 쉽지 않군.]

그 병사의 어머니가 그 소식을 듣고는 대성통곡을 하기 시작했다.

사람들이 묻기를, "당신의 아들은 병사고, 장군님이 직접 고름을 빨아 상 처를 치료해줬는데, 영광이면 영광이지 울기는 왜 우노?"

그 어머니가 말하기를, "작년에 Wu장군이 내 남편한테도 똑같은 짓(?)을 하더니, 내 남편이 확가닥해서는 한 걸음도 물러나지 않고 싸우더니 결국 은 적의 손에 죽고 말았지 않은가. 이제 장군이 내 자식도 똑같이 대해 주었다니, 내 아들놈이 언제 어디서 죽을지 그 누가 알겠는가. 그러니, 내가 울 수밖에······."

Wu Qi는 이런 식으로 자신에게는 엄격하고 다른 사람에게는 항상 공정하고 의롭게 처신하여, 수많은 병사들의 마음을 얻었다. Wei의 왕이 그를 장군으로 임명하고, Wu Qi는 주변 나라들과 76번에 걸친 큰 전쟁을 치르는데, 그 중 64번을 완벽한 승리로 이끌었다고 한다.

그런데, 이 사람은 아마 이런 인간적 것 외에 기본적인 능력과 규율에 대한 엄격함도 갖춘 사람이었을 거다. 일단 군사들을 이렇게 대하니 나머지 것들도 잘 먹혀들었겠지.

다음 내용,

> 知吾卒之可以擊, 而不知敵之不可擊, 勝之半也. 知敵之可擊, 而不知吾卒之不可以擊, 勝之半也.
> 知敵之可擊, 知吾卒之可以擊, 而不知地形之不可以戰, 勝之半也. 故知兵者, 動而不迷, 擧而不窮. 故曰: 知己知彼, 勝乃不殆, 知天知地, 勝乃可全.

우리 군대가 적을 칠 능력이 있는 것을 알지만, 적이 과연 우리의 공격에 취약할 것인지는 알지 못한다면, 우리가 이길 찬스는 절반에 지나지 않는다. 적이 우리의 공격에 취약할 것인지는 아는데, 우리가 적을 공격할 능력이 있는지를 알지 못한다면, 우리가 이길 가능성은 역시 반반이다. 적에 대한 공격이 먹혀들 것을 알고 우리가 적을 공격할 능력도 있는 것을 알지만, 지형상의 문제 때문에 공격이 효과적이지 못하다는 것을 모른다면, 우리 승리의 가능성은 역시 반반이다. 따라서, 전쟁에 경험이 많은 자들이 움직일 때는 실수나 혼동이 없다; 그들이 액션을 취할 때는 무궁무진한 방법과 아이디어로 당황함이 없다. 그래서 말하기를, "적을 알고 자신을 알면 절대 패하지 않는다" 고 하였고 "[거기다가] 기후를 알고 지형을 알면 승리는 완벽하다" 고 하였던 것이다.

"적을 알고 나를 알아라"는 앞에서의 가르침이 반복되고 있다. 여기서는 적의 상황뿐 아니라 환경적인 상황까지도 잘 알아야 한다고 확장을 하고 있는 것이 약간의 차이. 특히 이런 정보들을 얻기 위해서는 마지막 13편에서 말하는 스파이들의 활용이 결정적으로 중요해지는 것이지.

브라질 사웅 파울로에 있는 필립스(Philips) 지사에서는 일본혈통의 비서를 채용했는데, 그 비서의 역할은 일본 도쿄에서 공수해온 일본 신문들을 읽어내는 것이라는군. 무슨 말인지 알지?

건설장비업체 캐터필라의 본사는 내가 공부했던 일리노이주의 피오리아(Peoria)라는 도시에 있다. 그들도 일본 신문들을 구해다 보는데(일본에는 고마쯔 등 경쟁사들이 있지), 그 이유는 일본 회사들이 매일 항공편으로 피오리아에서 나오는 신문(따라서, 캐터필라에 대한 기사가 잔뜩 있는)을 공수해서 읽고 있는 것을 알기 때문이라는군.

정보원(information source)은 널려 있다. 현실적으로 '귀한 정보'는 어떤 비밀스러운 정보보다는 이미 밖에 널려 있는 정보들을 어떻게 가져다가 분석하는가에서 더 많이 나온다고 한다.

예를 들어, 웬만한 산업마다 그 산업과 관련된 전문저널이나 잡지(trade magazine)들이 있다. 그런 잡지들의 편집인들이라면 그 산업 안에서 무슨 일이 벌어지고 있는지 훤히 알고 있는 경우가 많다고 한다. 광고회사, PR회사들도 또 다른 소스가 될 수 있고. 그러니까, 우리한테 경쟁사에 대한 모든 것을 미주알고주알 알려주는 공급자는 조심할 필요가 있다. 걔는 우리 얘기를 경쟁자들한테 그대로 옮기고 있을지 모르니까…….

이미 서양에서 학술적인 연구는 많이 되어 있고, 우리나라도 전문경영인들의 이동성(mobility)이 증가하면서 경영인들이 어떤 사람인가를 분석하는 것도 좋은 정보의 원천이 될 수 있다. 왜냐하면, 사람들은 이전에 경험해 본 것들을 또 사용하는 경우가 많으니까. 이사회 구성을 봐도 그렇고. 예를 들어, 어떤 사외이사(A회사)가 다른 어떤 회사(B회사)에서 또 사외이사를 한다면, B회사의 전략을 분석함으로써 A회사의 전략이 어떻게 될지를 간접적으로 알 수도 있다고 한다. 그러니까, 회사와 개인의 과거 역사(history) 즉, 배경, 경험, 그 당시의 상황 등을 분석하는 데서 경쟁자에 대한 많은 정보를 얻을 수도 있다.

여기까지는 "적을 알고" 부분인데 상대적으로 쉬운 부분이라고 할 수 있다. 현실적으로 정말 어려운 것은 "나를 알면" 부분이다. 조직에서 직위가 높을수록 자신에 대한 정확한 피드백을 받는다는 것은 상당히 어렵다. 특히 조직내부에서 그러한 정직한 피드백을 기대하기는 어렵지. 알지? "Truth hurts!"

그러니까, 평소에 비판에도 귀를 기울이고 감정적으로 반응하지 않는 역량을 기를 필요가 있다. 그래서, 나도 학기 중에도 그렇고 되도록 '부정적'인 비평을 해달라고 학생들에게 주문을 많이 한다. 일부러. 그리고, 너희들도 비평이나 조언을 할 것이 있으면 언제라도…… [그런데, 나한테 부정적인 코멘트 했던 애들은 왜 이렇게 또렷이 기억이 안 지워지는 거지? 아~ 괴롭다! ── 요거는 농담인거 알지?^_^]

아니면, 회사의 경우 외부인을 사용하는 방법이 있지. 특히, 조직의 문제를 진단해 내는 데 내부인을 너무 개입시키는 것은 안 좋은 아이디어인 경우가 많다.

마지막으로,

> Now, the key to military opeartions lies in cautiously studying the enemy's designs. Concentrate your forces in the main direction against the enemy and from a distance of a thousand li you can kill his general. This is called the ability to achieve one's aim in an artful and ingenious manner.

고로, 군사작전의 핵심은 적의 디자인을 주의 깊게 연구하는 것에 있다고 볼 수 있다. 적에게 가장 큰 타격을 줄 수 있는 방향으로 군대를 집중하라, 그러면 일 천리 밖에서도 적장을 죽일 수 있다. 이것이 바로 "목적을 교묘하고, 재치 있게 달성하는 능력" 이라고 일컫는 것이다.

이 부분은 Michaelson이라는 사람의 영문 해석에만 이 부분에 위치해 있고, 다른 영문번역이나 한자 원문들에는 다음 11편 구지편에 있으므로, 그 때 다시 언급을 하기로 한다.

드디어 제10편 지형편도 완료. 이제 10 down 3 to go! 다음은 제11편 구지편(九地篇).

오늘 강의도 이걸로 끝~.

11 | 9가지 지형에 대하여

九地篇(The Nine Varieties of Ground)

[Sun Zi Bing Fa #48]
2002/9/29, Seoul

오늘은 일요일, 어제는 별로 피곤한 줄 모르고 돌아다녔는데, 그리고 밤에도 별로 졸리지 않기에 새벽 1시쯤 잠자리에 들었는데, 오늘 아침에는 못 일어나겠더라구. 온 몸이 욱씬욱씬! 원래 교회를 갔다가 학교로 갈 계획이었는데, 일어나기를 11시쯤 일어나는 바람에 1시30분 예배를 갔다 왔다. 오늘은 집에서 체력을 회복하는 것이 현명할 듯. 지금도 정신이 흐릿하다.

참, 오늘 교회에서 설교를 듣는데, 오늘 공부한 얘기 중에 병법과 관련된 부분이 나오더라구. 성경에 나와 있는 최초의 대규모 전투에 관한 것으로 창세기 14장의 내용이다.

여기서 창세기란 성경 맨 앞에 나오는 부분이다. 이제까지 세계에서 가장 많이 팔린 베스트셀러가 성경이라니까, 종교유무 내지 종류와 관계없이 상식으로라도 좀 알아둘 필요는 있는 듯하다.

성경은 창세기(Genesis, 제너시스), 출애굽기(Exodus, 엑소더스), …… 이렇게 나가는 구약성경(Old Testament)이 39편(혹은 39개의 책)이 있다. 구약성경의 제일 마지막 편은 말라기(Malachi, 말라카이)이다. 구약이란 예수님 오시기 전(B.C.: Before Christ) 시대를 커버하는 책들이다.

그렇다면, 예수님이 오시는 때부터 해서 그 이후에 써진 책들을 당연히 신약성경(New Testament)이라고 하는데, 우리가 많이 들어본 마태복음(Matthew, 매튜), 마가복음(Mark, 마크), 누가복음(Luke, 루크), 요한복음(John, 존)으로 시작해서 요한계시록(Revelation)을 끝으로 하는 27개의 책으로 구성되어 있다.

보통 성경을 읽어 보려는 사람들은(나도 교회 다니기 전에 몇 번 시도를 했었다) 신약부터 시작하는데, 문제는 신약의 가장 처음인 마태복음을 본 사람들은 알겠지만, "누가 누구를 낳고, 누가 누구를 낳고" 이런 설명이 처음부터 한동안 나가는데 여기서 대부분 좌절하는 것 같다. 나도 그랬고……
따라서, 흥미로 읽어볼 사람들은 보통 요한복음을 먼저 읽는 것이 좋다고 한다.

그러니까, 성경은 [구약 + 신약]해서 전체 66편으로 이루어져 있다. 이걸 기억하는 방법은 구구단 외우듯이 3×9 = 27(삼구이십칠), 이렇게 외운다. 즉 구약 39편, 신약 27편, 그걸 더하면 66편. 어때? 재미있지? 아닌가…….

하여튼, 그 66편 중에 가장 처음이 창세기이다. "태초에 하나님이 천지를 창조하시느니라……" 이렇게 시작하지. 이 창세기의 14장에는 지금의 이스라엘 부근에 널려 있던 나라들이 일종의 동맹군으로 갈라져서 싸우는 얘기가 나온다.

그런데, 영화로도 나왔던 소돔과 고모라(나중에 멸망함)를 포함한 동맹군 쪽이 상대방에게 크게 패한다. 그 와중에 이 부분의 주인공이며 성경에서 중요한 자리를 차지하는 아브람(혹은 아브라함)의 조카인 "롯"이라는 사람이(소돔에 살고 있었거든) 함께 잡혀가 버리게 된다.

아브람은 이 전투에 전혀 관심이 없었지만, 자신의 조카가 잡혀갔다는 얘기를 듣고 평소 자신의 집에서 기르고 연습(훈련)시킨 사병(私兵, private army) 318명을 이끌고 상대방 동맹군을 추격한다. 개인이 318명이라는 사병을 거느린 것을 보면 아브람의 부(富)가 어느 정도 됐는지 짐작할만하기는 하지만, 상대방은 4개국이 합친 동맹군이었으니 그 숫자가 비교가 되지 않을 정도로 열세였을 거란 것도 알 수 있다.

그러나, 아브람은 대승을 거두고 조카는 물론, 다른 나라들이 빼앗긴 재물과 포로들을 다 찾아온다.

물론, 하나님이 함께 하는 사람이라 하나님이 승리를 허락하였으므로 그런 결과를 거둔 것이기는 하지만, 인간의 이니셔티브 또한 완전히 말살하지 아니하는 것이 하나님이라(어떨 때는 좀 그래 줬으면 싶을 때가 많다. 어찌하여 이렇게 저렇게 안 해야 할 것들은 많이 만들어 놓으시고, 또 인간에게 의지를 주셔서 그것들을 깨트리게 하시는지...... 아담과 이브가 선악과 따먹은 것만 해도 그래. 이 동산에 있는 것은 전부 따먹어도 되지만, 이 나무만은 절대 건드리지 마라 그러셨지. 인간이 그걸 안 건드리겠냐? 하지 말라면 더 하는 게 인간인데. 하나님이 그걸 모르셨을 리도 없고...... 어떨 때는 원망스럽다니까.), 인간이 너무 멍청하면 또 소용이 없는 거라.

아브람이 손자병법을 읽었을 리는 없지만, "숫자만으로 전쟁의 우위를 가져다 주는 것은 아니라"는 원칙을 이미 알고 있었던 게야. 그리고, "상대방의 정보를 수집하라", "상대방의 허를 찌르라" 등등의 원칙도 알고 있었고.

성경에 자세한 상황은 나오지 않지만 14장 14~15절에 뭐라고 되어 있느냐 하면, "...... 단까지 쫓아가서 그 가신들을 나누어 밤을 타서 그들을 쳐서 파하고......" 이렇게 되어 있다.

즉, '단'이라는 곳은 전쟁이 일어났던 곳에서 상당히 떨어진 곳이었나본데, 적군은 설마 여기까지 누가 따라오랴 했겠지. 그리고, 318명밖에 안 되는 부대지만 그걸 다시 나눠서 (몇 그룹으로 나눴는지는 모르지만) 상대방을 공격할 때 여러 방향에서 공격하여 혼란을 가중시켰고, "밤을 타서"라고 했으니 상대방이 긴장을 풀고 있는 틈을 타서 기습을 하여 허를 찔렀다(게다가 적은 대규모 군대를 상대로 큰 승리를 거둔 뒤이고 멀리까지 이동한 뒤라 이런 기습을 예측하지 못했겠지). 그 결과 상대방이 몇 명이었는지는 모르지만 318명의 인원으로 대승을 거둔다.

우리가 요새 공부하고 있는 손자병법의 가르침과 별 차이가 없다. 그리고, 리델하트가 말하는 간접적인 방법과도 일맥상통하고…… 만일 아브람이 백주 대낮에 318명을 한 무더기로 이끌고, "와, 다 죽여라!" 이런 식으로 소리치며 적 군대와 정면으로 부딪쳤다면? 결론은 예수님도 없고, 오늘의 인류도 없다.

자, 이제 오늘의 주제인 제11편 구지편(九地篇)으로 가자. 제목 그대로 아홉 가지의 지형과 그에 대한 대처요령에 대한 내용이다. 중간에 co-ordination의 중요성에 대해서 나오기는 하지만, 이번 편은 상당히 일관성 있게 아홉 가지 지형에 대해 논의하고 있다. 길이도 상당히 길다.

본문 내용을 일단 볼까?

[유리한 지형을 선택하라]

> 用兵之法, 有散地, 有輕地, 有爭地, 有交地, 有衢地, 有重地, 有泛地, 有圍地, 有死地.
> 諸侯自戰其地, 爲散地. 入人之地不深者, 爲輕地. 我得則利, 彼得亦利者, 爲爭地. 我可以往, 彼可以來者, 爲交地. 諸侯之地三屬, 先至而得天下衆者爲衢地. 入人之地深, 背城邑多者, 爲重地. 山林, 險阻, 沮澤, 凡難行之道者, 爲泛地. 所從由入者隘, 所從歸者迂, 彼寡可以擊我之爲者, 爲圍地. 疾戰則存, 不疾戰則亡者, 爲死地.
> 是故散地則無戰, 輕地則無止, 爭地則無攻, 衢地則合交, 重地則掠, 泛地則行, 圍地則謀, 死地則戰.

군대를 운용하는 것과 관련하여 지형은 다음 아홉 가지로 분류할 수 있다.

1. 散地(산지) 흩어지는 땅 — 영어로는 dispersive ground로 해석
2. 輕地(경지) 가벼운 땅, 변경의 땅 — frontier ground로 해석
3. 爭地(쟁지) 다투는 땅 — key ground로 해석
4. 交地(교지) 주고받는 땅 — open ground, communicating ground로 해석
5. 衢地(구지) 네거리 길, 갈림길 — focal ground(초점이 되는 지형)로 해석
6. 重地(중지) 무거운 땅 — serious ground(심각한 지형)로 해석
7. 泛地(범지) 물에 뜨는 땅, 물이 가득 찬 모양 — difficult ground(어려운 지형)로 해석
8. 圍地(위지) 둘러싸인 땅 — encircled ground
9. 死地(사지) 죽은 땅 — desperate ground, death ground(필사적인 지형, 죽음의 지형)로 해석

1. 제후(왕)가 자신의 영토 안에서 싸우면 그는 흩어지는 땅에 있는 것이다. [흩어지는 땅이라고 한 이유에 대해 "조조"는 집이 가까우므로 장교와 병사들이 집에 가고 싶어하기 때문이라고 설명한다.]
2. 그(제후)가 적의 영토에 진입은 하였으되 깊이 침투하지 못했을 때, 그는 변경에 있는 것이다.
3. 점령하기만 하면 적에게나 우리에게나 똑같이 유리한 지형은 다투는 지형 혹은 핵심적인 지형이다.
4. 적에게나 우리에게나 똑같이 접근이 용이한 지형은 주고받는 지형 혹은 열린 지형이다. [이 지형은 다른 사람의 부연설명에 의하면 평평하고 넓어서 쉽게 들고 날 수 있고, 전투를 벌이기에도 충분히 넓고 요새를 만들기도 적당한 지형을 말한다.]
5. 세 나라가 인접해 있는 즉, 세 나라에 둘러싸여 있는 지형을 초점이 되는 지형이라고 한다. 이곳을 먼저 수중에 넣는 자는 인접한 나라들의 지원을 얻을 수 있다.
6. 군대가 적 영토 깊숙이 침투하여, 많은 적의 도시와 마을을 뒤에 두고 있을 때, 무거운 땅 혹은 심각한 지형에 들어와 있는 것이다. [조조는 그러한 지형에 들어가면 다시 돌아 나오기 힘들다고 하였다.]
7. 숲이 많은 산속, 험준한 지형, 늪지대, 좁은 협곡 등 가로질러 행군하기가 힘든 지형을

어려운 지형이라고 한다. [어떤 사람은 한자(汜地) 원래의 뜻에 충실하여 홍수에 취약한 지형으로 그 의미를 제한하기도 한단다.]

8. 접근하기가 힘들고, 거기서 빠져나오는 통로는 꼬불꼬불해서, 적은 수의 군대로 많은 수의 적을 깰 수 있는 지형은 둘러싸인 땅이다. [이런 지형에서는 복병을 숨기기에 좋고 그럴 경우 상대방을 확실하게 깰 수 있다고 한다.]

9. 군대가 죽을 각오를 하고 결사적으로, 시간을 끌지 말고 싸울 때만 전멸을 면할 수 있는 지형은 죽음의 지형이다. [앞에는 산이 가로막고, 뒤에는 강이 있으며, 보급품이 바닥이 난 상황이라고 구체적으로 설명하는 이도 있다. 이럴 때는 재빨리 움직이는 것이 중요하며 시간을 끄는 것은 위험하다고 한다.]

그러므로, 흩어지는 땅(散地, 산지)에서는 싸우지 마라; 변경(輕地, 경지)에서는 멈추지 마라.

- 핵심지역(爭地, 쟁지)을 먼저 점령한 적은 공격하지 마라; 열린 지형(交地, 교지)에서는 우리의 전열이 흩어지지 않게 해라.(커뮤니케이션이 막히지 않게 하라)
- 초점이 되는 지형(衢地, 구지)에서는 이웃한 나라들과 제휴를 해라; 심각한 지형(重地, 중지)에서는 약탈로 물자를 모아라. [어떤 사람은 마지막 부분을 정반대로, "약탈을 하지 말라"고 한다. 왜냐하면, 적의 영토 깊숙이 들어갔을 때는 그 지역 사람들의 마음을 사로잡고 지원을 받는 것이 중요하기 때문에 약탈로 민심이 돌아서게 하지 말라고 한다.]
- 어려운 지형(汜地, 범지)에서는 계속 밀어붙여라; 둘러싸인 땅(圍地, 위지)에서는 책략을 사용하라; 그리고, 죽음의 땅(死地, 사지)에서는 용감하게 싸워라.

비즈니스에서 유리한 지형을 택한다는 것은, "되도록이면 경쟁이 없고, 자원을 집중하였을 때 수익성이 높은" 경쟁공간(battle ground)을 선정하는 것을 의미하겠다. 그리고, 그 경쟁공간을 우리가 컨트롤하려면 뭔가 독특한 차별성을 보여줘야 할 것이고, 고객들이 그런 차별성에 기꺼이 돈을 쓸 마음을 갖도록 해야 한다.

미국의 컨티넨탈 항공사(Continental Airlines)는 거의 문을 닫을 지경에 이르렀을 때 Gordon Bethune이라는 사람을 외부에서 최고경영자로 영입한다. [이 회사에 대한 자세한 정보는 『움직이는 전략』 시작 부분에 있는데……]

이 사람이 회사의 상황을 분석해 보니 잘 하는 게 하나도 없더란다. (그러니까, 당연히 회사가 도산을 하지.) 고객들을 대상으로 조사를 해 봤다. 그랬더니, 그들이 원하는 것이 다양하게 나오겠지. 정시 도착—출발, 깨끗하고 안전한 항공기, 기내식…… 등등. 거기서 더욱 더 파고 들어가 보니, 항공사로서의 가장 중요한 요건은, 아주 상식적이지만, '비행기가 정시에 도착하고 출발할 수 있는가' 이었단다.

따라서, 컨티넨탈은 정시운영 성과(on-time performance)를 회사가 가장 집중해야 할 요소이며 싸움터로 선정했다. 그리고는, 정시운영 성과와 종업원 보상 프로그램을 연계했다. 그로부터 얼마 지나지 않아 컨티넨탈은 정시도착 부문에서는 1위를 차지하게 되었다.

그런데, 비행기는 제시간에 오는데 짐이 제시간에 오지 않는 문제가 여전히 남아 있었다. 그래서, 회사는 이제 보상 시스템에 승객뿐 아니라 짐까지도 제시간에 오갈 수 있는가를 포함시켰다. 물론, 종업원들에게도 메시지는 정확하게 전달됐지.

하와이의 하일로(Hilo)라는 곳에는 Big Island Candy라는 회사가 있단다. 그렇게 큰 메이저 회사는 아닌가봐. 그래서 이 회사는 유통방식을 결정하는 데 있어서 시장점유율을 많이 보유하고 있는 대규모 경쟁자들과의 직접적인 경쟁(그 쪽들은 규모의 경제가 있다보니 뻑 하면 디스카운트로 경쟁자들을 죽이려고 하겠지)을 피하고 나름대로 독특한 '싸움터' (battle ground)를 선택했다.

그것은 무엇이냐, 하와이에는 항상 여행객들이 많이 있잖아. 그래서 이 회사는 여행객들을 대상으로 Big Island Candy 전용매장이나 공장을 방문하는 프로그램을 만들고 그들에게 다른 소매상점에서는 살 수 없는 독특한 브랜드의 캔디들을 제공하는 데 초점을 맞추었다고 한다.

그러니까, 구지편 시작하는 부분에서 말하는 것은 우리가 지금 들어가려고 하는, 혹은 이미 들어와 있는 지형이 어떤 것인지를 알아내고 지형을 선택하여 들어가든지, 혹은 그에 대응하는 액션을 취하라는 것이다. 대응액션에 대해서는 뒤쪽에 나온다.

자~, 오늘 강의는 이 정도로 끝낼까? 몇 시간 남지 않은 일요일 모두 푹 쉬기를…….

내가 내일과 모레는 바쁜 일이 있어서 아마 건너뛰게 될 것 같다. 이제는 어느덧 10월로 들어가네.

아하. 그렇군요.

작성자 최현진
번호 613 조회수 25
작성일 2002-10-01 오전 7:24:04

시장에 강력한 경쟁자가 있으면 '우회하는 전략'을 사용하라고 말씀하셨잖아요.
제가 1998년도에 전략수업을 들을 때 K-Mart에 대한 사례분석을 했었거든요. 그 당시 K-Mart는 기업의 역량이나 자원적인 측면 등 거의 모든 면에서 가장 강력한 경쟁자인 Wal-mart에 뒤지고 있던 상황이었거든요.

그런데 internet을 뒤적거리다가 흥미로운 사실을 발견했는데, 그 당시 할인유통업체들은 supercenter라는 대단위 규모의 할인유통체인의 개념을 새로 도입해서 전국적으로 그 체인 수를 늘려가고 있었는데, Wal-Mart가 진출한 supercenter 시장에 K-Mart도 거의 흡사한 지역에 진출을 시도했다는 것이죠.

그 당시에 저는 K-Mart가 거대한 경쟁자를 피하기 위해서 지역적 우회전략을 사용해야 한다고 했었는데…… 지금 생각해보니까 유통업체에서 그런 지역적 우회전략이 실효성이 있는지 의문이 가는데요.

선생님이 쓰신 글처럼 K-Mart가 핵심지역을 먼저 점령한 적은 공격하지 말아야 하는지, 죽음의 지형의 예처럼 필사적으로 싸웠어야 할지 지금도 영~ 감이…….

솔직히 전 K-Mart가 멋지게 Wal-Mart를 누르고 산업의 선두기업이 될 수 있는 전략을 쓰고 싶었거든요. 우회적인 방법말고 선두기업과 경쟁할 수 있는 방법은 없나요???

[RE] 손자병법 중에서 현진이 생각에 대해서……

작성자 남대일
번호 613 조회수 27
작성일 2002-10-01 오전 11:08:04

오랜만에 Academic한 글을 쓴다.

K마트에 관해서는 원래 K마트가 업계 선두주자였고 월마트가 후발주자였지. 오히려 월마트가 K마트와의 큰 출혈을 피하는 형식으로 우회 전략을 쓴 것으로 볼 수 있다.

좀더 얘그를 하면, 애초에 K마트는 사람이 많은 대도시 위주의 영업을 펼치고 있었던 반면, 월마트는 중소도시를 거점으로 한 할인점이라는 사업 모델로 시장에 진입하기 시작했지. 당시 K마트는 업계의 1위였으며, 이미 월마트의 움직임을 간파하고 있던 상황이라 월마트를 시골의 하찮은 업체 라고만 생각하고 그 존재를 무시해 버리는 실수를 범한다. 그러나 월마트는 물류와 재고 관리를 포함한 몇몇 분야에서 탁월한 역량을 보이며 마침내 K마트의 시장을 잠식하기에 이른다. K마트가 경쟁에 필요한 기술에 눈을 돌렸을 때는 이미 1위 자리를 빼앗긴 후였다.

그나마 K마트의 경우 일관된 전략을 유지하지도 못했다. 포춘지의 기사를 참고하면 1980년대와 1990년대 K마트는 CEO가 바뀔 때마다 격심한 전략적 변화를 겪게 되었다고 한다. 1980년대에는 Sports Authority, Office Max, Borders bookstore 등과 같은 다각화에 몰두하다

1990년대 새로운 경영진이 취임하자 앞서 시도한 다각화 기업들을 모두 청산하고 supply chain의 효율화에 집중, IT에 엄청난 규모의 투자를 한다. 마지막 CEO인 Chuck Conaway는 이전의 모든 전략을 버리고 월마트만을 최고의 적으로 규정하고 제살 깎아먹기식 가격전쟁을 벌이다 결국은 파산에 이르게 된다는 얘그지.

끝으로 현진이의 궁금증인 후발 기업이 선두기업을 따라잡는 전략의 경우는 와해성 기술(disruptive technology)에서 실마리를 찾을 수 있을 것 같다. 선발기업이 자신만이 구축해온 성공신화에 묶여(managerial trap—페퍼교수 성공기업의 딜레마 참고) 새로운 혁신 기술의 성장을 살피지 못할 때 기술의 breakthrough를 이룬 후발 기업에 의해 선두기업이 첸-지 되는 거지. IBM의 컴퓨터 시장이 그랬고 2차 전자 시장에서 소니와 산요가 명암이 엇갈리게 된 것도 그런 사례지. 이런 건 좀더 찾을 수 있겠다.

사실 후발 기업이 기존의 강력한 장애물을 뚫고 선두기업으로 진입하는 것은 이와 같은 와해성 기술 이외에는 나도 아직 생각이 없다. 참고하길 바란다.

최현진(10/1,14:12): 음, 그렇군요... 오늘 수업시간에 나온 야근데 기업의 성공요인이 실패요인으로 작용할 수 있다는 얘기네요…….

• **남대일**(10/1,14:22): 그렇쥐. 오늘자 동아일보에 실패학에 관한 야그가 실려있으니 참고해도 되겠다. 그럼 수고.

옳지, 그렇게 서로 의견을 나누고 도와주고 해야지……

작성자 김언수
번호 613 조회수 33
작성일 2002-10-05 오전 11:38:40

내가 프랑스 다녀온 이후 연속적으로 바빴다. 이번 주말을 계기로 정신 좀 차리고 다시 정상적으로 생활해야지.

지금은 토요일 오전 11시 15분 경. 오후 1시부터 3시까지 대학원 종합시험 감독을 들어간다. 지금 우리 방에서는 지원이와 찬욱이가 각각 석사와 박사 시험을 보고 있는데, 잘들 하고 있겠지? 한 걸음 떨어져서 머리를 좀 써야 하는 문제를 냈는데…….

그리고, 3시부터는 경영대학원 논문세미나 학생 3명이 오기로 되어 있고. 오후 5시부터 11시까지(와, 되게 길다) 63빌딩에서 경영대학원생들 워크샵이 있어서 참석하기로 되어 있다. 토요일도 없어요…….

어쨌든 현진이의 질문에 대일이가 훌륭하게 대답했는데, 내가 조금 부연 설명을 할까 싶어서.

강력한 경쟁자가 선두의 위치에 있을 때 우회하지 않고(이거는 "간접적인 방법을 쓰지 않고"라는 의미로 말했겠지? 현진아?) 이길 수 있는 방법은 없는가 하는 것이 질문이었다.

일단 그러한 사례가 있는지는 잘 기억이 나지 않는다. 언뜻 보면 직접적인 공략인 것처럼 보이는 것도 자세히 살펴보면 그 내용은 간접적인 공격인 경우가 많거든. 리델 하트도 역사적인 전쟁사를 통해 직접적인 방법을 구사해서 성공한 예가 오직 여섯 번밖에 없다고 했는데, 그것도 더 자세히 분석하면 직접적인 공격을 하기 전까지 이미 간접적인 방법으로 적을 약화시켰다고 하고 있다.

예를 들어, 일본이 미국 자동차 시장에 들어가서 성공하는 얘기. 언뜻 보면 '자동차'라는 동일한 제품을 파는 회사들끼리 충돌한 것이니 직접적인 방법인 듯 하지. 그러나, 그 내용을 보면 일본은 당시 미국 자동차들이 경쟁하던 기반인, 대형이며 파워가 좋고, 따라서 연료소모도 높고, 무게도 무거운 자동차를 만드는 전략을 직접 공격하지 않았다. 일본은 일단 고객 측면에서 기존의 미국 자동차 회사들이 별로 신경을 쓰지 않던, 상대적으로 나이가 어린 First Time Buyers 즉, 태어나서 차를 처음 사는 애들을 겨냥했다. First time buyer가 자신의 첫 번째 자동차를 타보고 만족스러운 경험을 하면, 그 다음 차를 바꿀 때(나이도 좀 많아지고, 소득도 좀 높아지고, 따라서 더 비싼 자동차를 사게 될 확률이 있겠지) 같은 브랜드로 바꿀 확률이 많다는 배팅을 한 것이지.

그리고, 기술이라는 측면에서도 유연생산(토요다를 필두로 해서) 방식을 도입하고, 디자인 과정에서 부품의 수도 줄임으로써 자동차 생산 시간과 비용(임금을 포함)을 획기적으로 줄여 좋은 품질의 자동차를 경쟁력 있는 가격으로 내놓은 것이지.

물론, 70년대말을 지나면서 두 차례의 오일쇼크로 연비가 높은(그러니까, 작기도 하고, 연료소모도 적은 일본 자동차들) 자동차들을 선호하게 되는 환경적인 요인도 있었고.

반대로, 일본 자동차 회사들이 미국 자동차 회사들과 같은 방법으로 같은 자동차를 만들어 승부하려고 했다고 상상해 봐라. 오늘의 일본 자동차 산업이 있겠는가…….

한국이 반도체 시장에서 일본을 따라잡는 과정은 몰라, 혹시 같은 걸 더 잘해서 이긴 경우인지. TFT-LCD도 혹시 그런지 몰라. 브라운관도 그렇고.

언뜻 우리가 알기에 이런 것들은 시설투자와 수율(yield: 같은 양의 재료를 써서 누가 더 많은, 쓸만한 제품을 많이 만들어내는가)로 승부를 내는 걸로 알고 있으니까. 그런데, 이것도 아마 자세히 들여다 보면 직접 맞붙은 것은 아닐꺼다.

즉, 가만히 생각해 보면……

정의상(by definition), 간접적인 방법을 사용하지 않고 직접적인 경쟁을 한다는 것은 상대방과 "똑같은 것"을 한다는 얘기가 된다. 그런데, "똑같은 것"을 해서 상대방을 이기려면 그걸 "더 잘하는" 수밖에 없다. 그런데, 상대방은 high ground(브랜드 인지도, 기업명성, 경험, 자원……)를 차지한 선두 주자이다. 그 '똑 같은 것'을 누가 더 잘 할 확률이 있겠냐?

따라서, 가능성도 별로 없는 정면승부보다는 우회적인 방법 즉, '다른 것'을 하는 거지.

예전에 이런 비유가 있었다. 비즈니스에서의 승부를 마라톤이나 달리기와 유사한 게임이라고 생각하는 경향들이 있다고. 만약 비즈니스가 이런 게임이라면 항상 1등은 한 명밖에 없게 된다. 그리고, 모든 사람이 같은 게임의 룰에 의해, 같은 목표를 향해 뛴다.

그런데, 과연 비즈니스는 이런 것인가.

생각을 바꿔서, 만약에 나 혼자만 나머지와는 다른 골인 지점을 정해서 거기를 간다면? "에이, 그런게 어디에 있어. 그러면, 혼자 또라이지……" 이런 반응이 나오겠지.

그러나, 생각해 봐라. 왜 미술에서는 '거장'이 그렇게 여러 명인지. 다빈치가 있는가 하면, 모네가 있고, 피카소가 있는가 하면, 칸딘스키가 있고, 달리도 있고 마티스도 있다. 잭슨 폴락이 있는가 하면, 폴 클리도 있다. 내 아내가 좋아하는 조지아 오키피도 있고, 그녀를 잇는 아그네스 마틴도 있으며, 또 미키 리(이거 누구게……?^_^)도 있다. 이런 사람들은 다른 시대 사람들인 경우도 있지만 동시대 사람들도 많다. 거장들이 같은 시대에 여러 명 존재할 수 있고 그 사람들을 각각 따르는 무리들이 있다.

마라톤과는 다르지. 마라톤으로 치자면 마치 골인 지점이 하나가 아니고 여러 개이며, 그 여러 개의 골인 지점을 향해 나름대로 사람들이 방향을 잡아서 뛰되 각 그룹에서 물론 선두가 한두 명이며 나머지는 추종하는 세력들이다.

비즈니스도 오히려 이런 것이 아닌가 하는 것이지. 아니, 우리 전략의 입장에서 본다면 이런 것이어야 하고, 이런 것으로 만들어야 하는 것이지. 전략의 궁극적인 관심사는 지속적인 경쟁우위를 어떻게 만들어 내느냐, 즉, 우리는 남과 어떻게 차별화될 것이냐이니까.

이 얘기는 이 정도로 하고, announcement 하나.

10월 19일 토요일 오후 2시부터 학교에서 '정기 방 세미나'가 있다. 학기초에 재학생들이 다 모여서 내가 제안하고 함께 합의를 한 것이다. 이번 세미나에서는 박사과정 논문을 준비중인 엄기용, 송원규, 김영진, 박찬욱, 그리고 석사과정 장지원의 발표가 있다.

각자 이제까지의 진전사항과 앞으로 진행계획을 발표하고, 나머지 사람들은 건설적인 비평과 질문을 함으로써 논문을 쓰는 사람에게도 도움을 주고, 앞으로 논문을 쓸 사람에게도 도움이 되고자 하는 것이 목적이다.

그리고, 졸업생들도 가능한 한 참석을 바란다. 개별적으로 연락이 갈 테니 가부간의 결정을 해 주기 바라고. 이미 논문을 쓴 사람들이므로 조언도 많이 해 줄 수 있을 것이고, 사회에 나가 "녹슬기 시작하는" 머리에 다시 기름 치는 기능도 있다.

그리고, 무엇보다도 공부를 하기 위해 모인 우리인 만큼 공부를 중심으로 선후배간이 서로 뭉치는 기회를 만들자는 것이 가장 핵심목적이다.

이제까지 우리가 뭉치는 구심점은 "먹고 마시고 노는 것"이라는 지적이 있었다. 물론, 우리의 이러한 아름다운(?) 전통은 그대로 살려서 세미나 끝난 후 계속된다. 이때 참가여부는 각자 선택이다. 그러나, 세미나에는 전원

필참이 원칙이다.

  그리고, 이미 언급을 한 김에 지난 모임에서 합의를 한 우리 방의 장기 비전 및 운영원칙 등을 아래에 소개한다. 뭐 읽어 보면 대강 알겠지만, 모르는 사람들을 위한 자세한 설명은 차후에 하기로 한다.

  다만, 이런 것을 만든 이유는 우리 502방도 같은 목적을 달성하기 위해 모인 하나의 조직인 만큼, 우리가 공부하고 가르치는 개념들을 적용하지 않는다는 사실이 좀 이상하다고 생각해서였다.

Our Credo

우리는 민족중흥의 역사적 사명을 띠고 이 땅에 태어났다……. 성실한 마음과 튼튼한 몸으로, 학문과 기술을 배우고 익히며, 타고난 저마다의 소질을 계발하고, 우리의 처지를 약진의 발판으로 삼아, 창조의 힘과 개척의 정신을 기른다……. 공익과 질서를 앞세우며 능률과 실질을 숭상하고, 경애와 신의에 뿌리박은 상부상조의 전통을 이어 받아, 명랑하고 따뜻한 협동정신을 북돋운다. 우리의 창의와 협력을 바탕으로 나라가 발전하며, 나라의 융성이 나의 발전의 근본임을 깨달아, 자유와 권리에 따르는 책임과 의무를 다하여 스스로 국가 건설에 참여하고 봉사하는 국민정신을 드높인다……. 길이 후손에 물려줄 영광된 통일 조국의 앞날을 내다보며, 신념과 긍지를 지닌 근면한 국민으로서, 민족의 슬기를 모아 줄기찬 노력으로, 새 역사를 창조하자. (어디서 많이 듣고 보던 것이지? 이렇게 훌륭한 문장이 있는데 굳이 새로 만들 필요 있겠냐. 그냥 빌려 쓰면 되지. 요점은 좀 더 큰 시야를 가지고, 통 크게 살아라하는 것이다.)

502 Values

Integrity

Hard-working

Harmony and trust (doing one's share)

502 Vision

아래 말은 언제, 어디서나, 그 누구에게서나 듣는 것:
저는 귀하의 기관에서 키워낸 인재에 대해 대단한 만족과 신뢰를 가지게 되었습니다.(I have a great deal of confidence in the material you turn out at your institution.)

502 평가기준

1) 과목에서의 학점,
2) (다른) 교수들의 수업성과에 대한 피드백,
3) 학위논문 및 페이퍼의 quality(내용 및 형식에서),
4) 방 사람들과의 화합

Our Contract

언제라도 방에서 나갈 수 있고, 언제라도 방에서 내보낼 수 있다.
그런 경우, 세부전공과 지도교수는 바꿀 수도, 바꾸지 않을 수도 있다.

502 SOP

- 전략관련 과목 이수, 석사 최소 3개, 박사 최소 5개.
- 학기 중 매달 방 세미나와 학기말 formal presentation
- 방 책 관리 철저(없어진 책들이 많음)

- 방에 최소한 한 명은 항상 있도록 로테이션 일정 정할 것.
- plant 매주 월요일 물 줄 것.

박진석(10/7,15:4): 와, 빨랑 졸업하길 잘했네요....... 근데, 방 책 관리, 로테이션 일정, 식물 물주기는 예나 지금이나....... 우하하.

남대일(10/7,16:1): 그러게요. 마치 *Built to Last*를 보는 듯함. 우리 연구실도 그런 초우량 연구실이 되어야쥐요.

김언수(10/7,16:22): 졸업생들도 여기서 자유로울 수는 없지, 모두에게 위의 내용들은 다 적용된다. 노는 거는 제외하고 학문적인 세미나 등 모임에 지속적으로 비협조적으로 나오는 졸업생은 우리 방의 멤버이기를 포기하는 것으로 간주....... ^_^

남대일(10/7,17:23): 근데 교수님. 토요일 그 시간은 좀 어려울 것 같은데... 지난번 수진 누나 결혼식에도 일찍 갔듯이 2시~6시까지 스터디가 있습니다. 시간 조절이 안 될까요? 일요일이나 평일날로....... ^_^

김언수(10/7,18:4): 나야 일요일도 상관없지만, 다른 사람들이 문제지...... 일요일까지 공부한다고 불러내면 좋아할까? 이거는 지난번 모였을 때 정한 스케줄이라, 곧 개별적으로 한번 일정들을 알아보고 변경할 수 있으면 변경하도록 하지 뭐.

소민재(10/7,18:43): 세미나 잘 하세요.(침울~ -.-)

⟳ 아니 선생님 이렇게 중요한 내용을......

작성자 소민재
번호 613 조회수 19
작성일 2002-10-07 오후 4:33:18

제목에 힌트라도 주시지…….

저는 그냥 "그래 가슴 뿌듯하다 제자들아" 뭐 그런 내용인 줄 알고 안 읽고 지나칠 뻔했는데…… 음…… 방이 커지니 좀 더 organize가 되어가네요. 이런 것에 있어 우리 방도 조직성장모형을 따라가나요? 선생님은 시스템 들어오면 골치 아프다고 싫어하셨는데…… 아직까지 그 생각은 변함없으신지 궁금하기도 하네요.

저도 '조직인'이 되어 보니 배운 것이 도둑질이라고 경영학적으로 군 조직을 바라보게 됩니다. '보안 상' 군에 대한 비판적 발언을 할 수 없게 되어 있으니 자세한 내용을 말할 수는 없지만, 명확한 비전, 비전의 공유, 그리고 그 결과로 발생하는 올바른 조직문화가 아쉽기만 합니다. 이런 '비영리 조직'일수록 비전의 공유가 중요한 법인데…… 소위 '군대식 방식'에 대한 군인들의(난 뭐지?) 선입견이 변화의 큰 걸림돌인 것 같습니다. 이건 사회에서도 마찬가지잖아요……. "야 군대식으로 하자!" "여기가 군대냐?" 등등. 군대식에 대한 사회적인 선입견이 너무 커서 군의 정신적 현대화에 지장을 초래하는 것 같습니다. 군 위탁생이 이런 부분을 연구한다면 재미있을 텐데요. 한번 추천해 보세요.

앗! 얼른 밥 먹으러 가야지.

그럼 이만!

김언수(10/7,18:6): 내가 이상적으로 생각하는 건, "general한, 그렇지만 명확한 방향과 테두리, 그리고 그 안에서는 개인의 개성과 자율성을 최대한 살리는 것"이다. 말이 쉽지 실제로는 어렵지만, 그런 생각을 가지고 만들어 본 것이다. 나는 우리 조직이 같은 군인이라도 민재네 조직 말고(미안^_^), Navy SEAL이나 그런 유사한 특공대 조직처럼 운영이 됐으면 좋겠다. Navy SEAL에 대해서는 민재의 설명을 듣도록 하자! 자, 소소위, 바톤 받아라!

소민재(10/7,18:55): 허걱!

Navy SEAL

작성자 소민재
번호 613 조회수 14
작성일 2002-10-07 오후 8:05:24

먼저 우리 연구실이 SEAL팀과 같이 되었으면 좋겠다는 말씀은 "죽도록 공부한다"는 뜻입니다. 다음 사진들을 보시면 그 말의 뜻이 잘 이해가 되실 겁니다.

* 출처 : http://www.navyseals.com/community/navyseals/training_buds.cfm
http://www.sealchallenge.navy.mil/buds.htm

위 두 사진은 SEAL 훈련 프로그램 중 하나를 촬영한 것입니다. "두 손과 두 발을 모두 묶은 상태에서 최소 50m를 무슨 수를 써서라도 가야 하는" 훈련입니다. 우리나라에서도 동일한 훈련을 하고 있습니다.

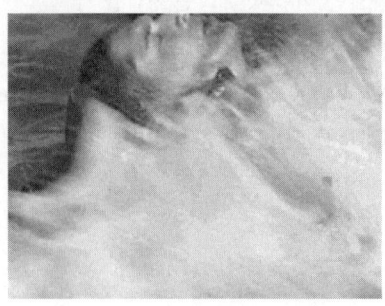

그 다음 그림은 사람을 묶어 놓고 모터보트로 질질 끌고 다니는 훈련입니다. 영화에서 자주 볼 수 있는 쉽게 상상이 가는 장면입니다. 그렇지만 직접 당한다면 얘기가 다르겠지요?^^

이것들뿐만 아니라 칼 한 자루 주고 일주일을 무인도에 버리는 생활훈련, 상륙용 고무보트를 머리에 이고 일주일간 갯벌에서 밥 먹고, 싸고, 살게 하는 훈련 등을 '실제로' 하고 있습니다.

이런 것들은 SEAL 팀의 기초훈련, 더 정확히 말하면 BUD/S 훈련의 일환입니다. BUD/S란 Basic Underwater Demolition/SEAL의 약어입니다.

이 훈련의 이름에는 해군 특공대의 역사를 알 수 있는 힌트가 있지요. 원래 해군 특공대는 상륙군(해병대)의 작전을 위해 먼저 적진에 침투하여 폭파공작 등을 수행하는 특수전 전문조직 UDT(Underwater Demolition Team)로 시작되었습니다.

이것이 발전되어 SEAL(SEa, Air, Land)이 된 것이지요. (이런 배경 때문에 지금도 우리나라는 해군 특수부대를 UDT/SEAL이라고 부릅니다. 그러나 엄밀하게 말하면 UDT는 SEAL안에 포함되지요.)

기존의 UDT가 수중폭파 등 주로 바다에서의 작전을 수행했다면 SEAL은 말 그대로 육해공 어디에서나 작전을 할 수 있는 팀입니다. 그래서 우리나라 SEAL팀도 육군 특전사, 공수부대, 해병대, 공군 구조대 등 다양한 군 기관에서의 위탁교육을 통하여 전천후 작전수행 능력을 배양하고 있습니다.

그래서 SEAL 팀은 "우리가 특공대 중 최고이다"라는 자부심이 대단하며, 실제로 모 육군 특전사 대위도 "해군 SEAL의 훈련이 가장 모질고 견디기 어려웠다"고 토로한 바 있다고 합니다.

따라서 502가 Navy SEAL과 같이 되고자 한다면 먼저 '울트라 캡숑 빡센 공부'가 선행되어, "우리가 연구실 중 최고이다"라는 자부심이 이글이글 타올라야 할 것 같습니다. 이런 기본적인 전투체력, 기술과 더불어 SEAL팀은 각자 전문적인 기술을 가지고 있습니다. 폭파전문, 통신전문, 저격수 등

등의 기본훈련기간이 지나면 모두가 직별에 맞추어 훈련을 합니다.

우리 연구실에 적용해 보자면 전략경영 공부에 더하여 "각자가 전문분야에 대한 독자적 지식"을 가져야 한다는 의미가 될 것 같습니다. 예를 들어 대일이 형이 이비즈를 연구하고, 상준이 형이 턴어라운드를 연구한 것처럼 각자가 전략경영에서 나름의 전문성을 가지는 것으로 생각해 볼 수도 있고, 더하여 경영학적 지식에 더하여 무언가 technical한 전문성을 습득하는 것도 생각해 볼 수 있습니다.

마지막으로 teamwork이 필요하겠지요. 우리 방의 평가기준에 '방 사람과의 화합'이 포함되어 있는데 정립되고 수정되어 가는 방의 mission을 위해 team이 될 때 SEAL 팀처럼 움직일 수 있을 것입니다.

이 부분이 사실 좀 어렵기도 한데, SEAL과 같은 경우 서로가 서로의 목숨을 책임지고 있지만 연구실은 그런 위기감은 경험하기 힘들겠죠. 그러나 shared vision이 있다면 충분한 상승효과를 누릴 수 있을 것 같습니다.

즉석에서 생각해본 502와 SEAL팀에 대한 짧은 글이었습니다.

재미 있으셨나요? ^^

Navy SEAL의 의미에 대하여……

작성자 김언수
번호 613 조회수 14
작성일 2002-10-07 오후 8:31:04

일단, 민재야, 니가 올린 그림이 전혀 뜨지를 않는다.

그리고, "죽도록 공부시키겠다"는 민재의 해석은 100% 정확하지는 않다.

공부를 하는 것은 내가 항상 말하지만, 여러분이 당연히 해야 하는 부분으로, 그거 할려고 학교 왔잖아. 그 부분은 여러분에게 맡기고…….

내가 네이비 씰(Navy SEAL)을 언급한 것은:

일단 그 이름이 의미하는 것처럼 SEAL은 물개라는 뜻이기도 하지만, 육해공(Sea, Air, Land)을 짬뽕한 조어로 때와 장소를 가리지 않고 활약하는 특수부대이다. 그러니까, 여러분도 언제, 어디서나 개개인이 발군의 실력을 발휘하며, 뭉쳤을 때는 더욱 가공할(?) 힘을 발휘하는 사람들이 되라는 의미이다.

그리고, 아마 민재가 올렸을 그림은 무자비하게 훈련을 받는 모습이 아닐까 싶은데, '지옥훈련'이라는 용어의 의미를 가장 확실하게 살려주는 것이 바로 네이비 씰이기도 하다. 그만큼 되기도 어려운 것이 씰이다. 따라서, 우리 방에 오는 사람들은 아무나 오지 않는다는 의미이기도 하고, 다들 tough한 사람으로 기르고 싶다는 의미이기도 하다.

네이비 씰로 선정된 사람들은 의외로 중간 정도의 키와 체격으로 겉으로 보기에는 그렇게 특별나 보이지 않는 사람들이라고 한다. 우리가 "코맨도"와 같은 영화에서 보듯이 아놀드 슈왈제네거 같은 근육질의 인간들이나, 철인 삼종경기 혹은 올림픽 십종 경기 챔피언 같은 사람들도 지원을 하지만 거의 훈련과정에서 떨어져 나간다고 한다.

이것은 정신적인 깡과 지독함이 더 중요하며, 또한 개인적인 탁월성만으로는 네이비 씰이 될 수 없다는 것을 의미하기도 한다. 이와 관련한 네이비 씰의 또 하나의 전설(?)같은 전통이 네이비 씰은 부상당하거나 죽은 동료를 적진에 남겨놓고 나온 적이 단 한번도 없다고 한다(따라서, 물론 육체적인 강인함도 중요하다, 동료를 메고 뛰어야 하는 경우도 많으니까. 내가 항상 체력/체격 관리를 강조하는 것 알지?). 즉, 팀웍이 죽인다는 것이다. 각자의 맡은 역할과 전문성이 있기는 하지만, 상황에 따라서(한 사람이 부상당했다거나 죽었다거나)는 다른 사람들이 무리 없이 그 역할을 take over할 수 있도록 훈련이 되어 있다는 것이다.

그것이 '팀(team)'을 연구할 때 가장 성공적인 팀 가운데 네이비 씰이 들어가는 이유다. 이 외에도 운동팀, 특수 화재진압팀, 작은 오케스트라, 자동차 경주 pit stop 인력 등 많은 팀들의 가장 중요한 공통점은 서로 "양보한다는 점"이다. 이것은 신뢰가 있어야 가능하고, 또 양보하기 때문에 신뢰가 생기는 그런 관계다. 그래서, 우리 방의 중요한 value 중 하나가 trust인 이유다. 그리고, 그 설명이 최소한 자신의 역할은 미루지 않고 다 해내는 (doing one's own share) 것으로 되어 있는 이유이다.

소민재(10/7,21:11): 선생님 제가 수정하고 있는 글을 보셨군요. 혼란을 드려서 죄송합니당.
김언수(10/9,20:33): 그래, 내가 너무 먼저 건너 뛰었나보다, 미안…… 그러고 보니 너의 내용과 내가 올린 내용이 상당히 비슷하지?

♻ 교수님의 말씀과 관련된 페이퍼로

작성자 소민재
번호 613 조회수 14
작성일 2002-10-07 오후 6:54:26

HBR에 게재된 Bruce Henderson의 "Origin of Strategy"가 있습니다.
핸더슨은 보스턴컨설팅의 창립자이기도 한데 개인적으로 아주 좋아하는 이론가입니다. 그의 글에 보면 나름대로 전략의 본질에 대해 논하면서 선생님께서 말씀하신 '서로 다른 존재가 되는 것'에 대해 언급하고 있습니다. (Porter의 What is strategy?에서도 같은 일을 더 잘하려고 하는 것을 operational effectiveness라고 하면서 이를 버리고 차별화를 택하라고 열변을 토했던 것으로 기억합니다.)

전통적으로 전략은 경제학적인 '경쟁'의 패러다임에 기반하여 연구되었지만 얼마 전부터 흐름이 많이 달라지고 있는 것 같습니다. 새로운 패러다임에 기반하면서도 naive하지 않은 그런 전략의 본질에 대한 새로운 해석이 있다면 소개해 주십시오.

촌구석에서도 구해서 읽어보고 싶습니다.

김언수(10/7, 20:45): *What Management Is* (책이름, 2002년 출판) 추천

[Sun Zi Bing Fa #49]
2002/10/12, Seoul

지난번 강의를 한 후로 시간이 훌쩍 지나가 버렸다. 벌써 10월하고도 12일. 하루 이틀만 쉬고 계속할 줄 알았는데, 이렇게 2주일이 지나가네. 그래서, 모멘텀이 중요하다는 것인가 봐. 일단 열을 받고 탄력을 받아 속도가 나기까지는 항상 시간이 걸리니까.

지금은 조용한 토요일 오후. 아침부터 점심때까지는 학부 전략수업 보강을 3시간 했고, 졸업생 여학생들 4명이 찾아와서 한두 시간 이야기하다가 조금 전에 갔다. 수업 끝나기 1시간 전쯤에 아예 강의실로 오라고 해서, 사회생활의 선배로서 학생들의 질문에 대한 답도 간단히 하고, 나름대로의 조언도 해 주는 시간을 수업 마지막 부분에 가졌다.

그 학생들은(이제 학생들이 아니지) 96학번들로 내가 한국 와서(95년 가을) 바로 다음 학기부터 지도교수를 맡았던 아이들이다. 풋풋한 신입생이던 아이들이 어느덧 졸업들을 하고 직장 생활도 2~3년씩을 한 어른들이 되어 학교로 찾아 왔다.

그 때 내 나이가 '방년' 35세.^_^ 참으로 세월은 빠르게 지나간다. 아직도 그 아이들 입학할 때는 물론, 내가 대학 입학할 때(1981년)도 기억이 생생한데…….

오늘 졸업생 중 한 사람이 말한 것이 기억이 남는다. "나는 이 회사가 내 회사라고 생각하며 일한다. 그렇지 않다면 일하는 것이 너무 괴로울 것이다. 커미트먼트는 스스로 만드는 것이다."

정말 좋은 말이라고 생각한다. 가만 있어도 내 회사가 너무 사랑스러운 경우가 얼마나 있겠냐. 마음에 맞지 않는다고 불평만 하고 있을지, 아니면 그러한 상황에서도 내가 최대한 배우고 능력을 발휘하겠다고 마음먹을지는 자신의 선택이며, 그러한 선택에 따라 성과가 달라질 것은 분명하다.

인텔의 앤디 그로브 회장이 관련 있는 말을 했다.

"어디서 일하든지 당신은 직원(employee)이 아니다. 당신 자신이 바로 사장인 일인 회사(one person business)를 운영하고 있는 것이며, 전세계에 퍼져 있는 수백만 개의 유사한 비즈니스들과 경쟁하고 있는 것이다. 아무도 당신의 미래와 커리어를 책임질 수 없다. 당신의 커리어는 당신만이 독점적인 소유권을 가지고 있는 것이다. 생존의 열쇠는 매일매일 부가가치를 더해가는 것이다."

캬~, 공자 말씀 아니냐?

자, 오늘은 오랜만에 손자병법으로 돌아가 보자. 지금 11편 구지편(九地篇)을 하고 있다.

지난번에는 지형의 9가지 유형이 어떤 것이 있으며, 그것을 먼저 알아내고 적절한 지형을 택하라는 내용이었다.

계속되는 본문의 내용을 보자.

> 所謂古之善用兵者, 能使敵人前后不相及, 衆寡不相恃, 貴賤不相救,
> 上下不相收,
> 卒離而不集, 兵合而不齊. 合於利而動, 不合於利而止.
> 敢問:「敵衆整而將來, 待之若何.」曰:「先奪其所愛, 則聽矣.
> 兵之情主速, 乘人之不及, 由不虞之道, 攻其所不戒也.」

예로부터 전쟁에 뛰어나다고 하는 자들은 어떻게 하면 적 부대의 전방과 후방이 서로 연합하지 못하게 할지를 알고 있는 자들이다. 또한, 큰 부대와 작은 부대가 서로 협력하지 못하게 할지를 아는 자들이며, 장교들과 그의 부하들이 서로 지원(support)하지 못하게 하며, 높은 자들과 낮은 자들이 서로 연락을 유지하지 못하도록 하는 자들이다.

[계속해서 전쟁에 뛰어난 자들은] 적 군대가 흩어져 있으면 다시 모이지 못하게 한다. 혹시 한데 모인다 하더라도 적을 혼돈 속으로 몰아넣는다. 앞으로 움직이는 것이 이로울 때만 전진하며, 그렇지 않을 때는 움직이지 않는다.

누군가가 "나를 공격하려고 하는, 군열이 잘 정비된 적을 어떻게 대항해야 합니까" 라고 묻는다면, 나는 "적이 소중하게 아끼는 것을 빼앗아라, 그리하면 적은 네가 원하는 대로 끌려올 것이다" 라고 대답한다.

속도는 전쟁의 엑기스(essence)다. 적의 준비부족을 이용하라, 적이 예상하지 못한 경로로 진격하라, 그리고 적이 경계하지 않는 곳을 공격하라.

우리에게 탄탄한 조직이 필요한 만큼, 상대방은 organize를 못하게 하는 것이 중요하다는 의미이다. 아무리 우수한 사람이 많고 군사의 숫자가 많더라도 내가 예전에 설명한 것처럼 ― 군대가 동시에 힘을 모으느냐 아니면 흐지부지하게 개인별로 애를 쓰느냐 — organize를 못하면 소용이 없으니까.

특히, 장교와 부하들, 높은 자들과 낮은 자들이 서로 연결되거나 지원하지 못하게 한다는 것은, 비록 적이 군대를 한군데 모으고 집중을 하더라도, 내부적인 분란을 일으키게 해서 무력화한다는 의미라고 한다. 이것은 제일 마지막에 공부할 스파이의 역할과도 관계가 있겠다. 스파이를 표현하는 간첩할 때 한자 '間'은 '사이 간'이 아니냐. 즉, 간첩의 중요한 역할 중의 하나가 적들 사이에 틈을 벌리는 것이 포함되어 있음을 암시하는 듯.

상대방을 혼돈 속으로 몰아넣는다는 것에 대하여 Meng이란 사람은 다음과 같이 말한다.
"기만적인 작전을 다양하게 구사하라. 서쪽에 나타나는가 싶으면 동쪽으로 진군하고, 북쪽으로 적을 유인하는가 싶으면 남쪽을 공격한다. 적이 아주 돌아버리도록 만들고 혼란스럽게 만들어서 병력을 여기저기로 분산하게 만들어라."

이 부분은 예전에 봤던 미국 남북전쟁 때 북군이 썼던 방법과 상당히 유사하다. 결국에는 남군이 하도 많이 예측하지 못한 방법으로 당하고 나서는 "셔먼 장군"이라는 이름만 듣고도 혼비백산했다니까.

마지막 부분에는 다시 속도에 대한 언급이 있다. 이제까지 스피드에 대해서는 여러 번 언급을 했는데, 여기서는 스피드야말로 전쟁의 요소 중 가장 중요한 엑기스라고 하고 있다. 물론, 아무 때나 쓸데없이 내는 스피드가 아니라, 결정적인 기회가 주어졌을 때 지체 없이 움직이는 것을 의미하는 것이겠지.

이 다음의 전개는 그 순서에 있어서 여러 가지 버전들이 있는 듯 하고, 어떤 해석자의 경우는 원문의 흐름이 좋지 않다는 이유로 서로 연결이 잘 되는 부분들을 재구성한 경우도 있다.

해석한 사람들마다 순서가 제멋대로라 아주 혼란스럽다. 그러니까, 혹시 손자병법을 해석한 다른 책들을 보면 여기에서의 순서와 다를 수도 있다.

그러나, 공통적인 내용은 일단 전쟁이 붙으면 '승리가 유일한 선택' (victory as the only option)이 되는 상황을 만들라는 것이다.

凡爲客之道: 深入則專, 主人不克.

적을 침략하는 군대에게 일반적으로 적용되는 원칙은 다음과 같다. 즉, 적지 깊숙이 침투하게 되면 군사들은 자연적으로 한데 뭉치게 되고, 방어하는 쪽이 당해내지 못하게 된다.

掠於饒野, 三軍足食. 謹養而勿勞, 倂氣積力, 運兵計謀, 爲不可測.

기름진 지역에서는 약탈을 통해 군사들에게 충분한 양식을 공급한다. 병사들을 주의 깊게 살피고 쓸데없이 지치지 않게 하라. 군기가 바짝 들어 있도록 유지하고 에너지를 아끼도록 하라. 군사를 움직일 때는 상대방이 이해하기 불가능하거나 어려운 계획을 구사하라.

投之無所往, 死且不北. 死焉不得, 士人盡力. 兵士甚陷則不懼, 無所往則固, 深入則拘, 不得已則鬪.

병사들을 퇴각할 구멍이 없는 곳에 던져 넣어라. 그러면, 그들은 도망하기보다 죽음을 택할 것이다. 죽기를 각오하고 싸우면 뭔들 못 이루겠는가? 장교들과 병사들은 한데 뭉쳐 최대한의 능력을 발휘한다. 자포자기의 필사적인 상황에서는 두려움도 없다. 빠져나갈 길이 없는 것을 알면 오히려 흔들리지 않는다. 적의 영토 깊숙이 들어갔을 때 군사는 서로 뭉치며, 구원의 손길이 없는 것을 알면(따라서, 다른 선택의 여지가 없는 것을 알면) 그들은 육탄전이라도 벌이게 된다.

是故其兵不修而戒, 不求而得, 不約而親, 不令而信.

따라서, 그런 상황에서는 시키지 않아도 정신을 바짝 차리고 경계하며, 묻지 않아도 장군의 뜻에 따르며, 구하지 않아도 충성을 바치며, 요구하지 않아도 신뢰를 바치게 된다.

여기서는 위기감, sense of urgency를 조성하는 것을 말하고 있다. 그래서 기업도 전략을 변화하거나 대규모 변화 프로그램을 들여올 때 가장 먼저 관리해야 하는 것이 위기감의 조성이라고 하는 것이지.

그렇지 않으면, "에이, 귀찮게 또 뭐야"하는 반응들을 보이는 것이 보통이기 때문이다. 따라서, 사전에 그리고 변화하는 도중에 지속적으로 "왜 우리가 변하지 않으면 안 되는가"를 주지시키는 것은 아주 중요하다.

禁祥去疑, 至死無所之. 吾士無余財, 非惡貨也. 無余命, 非惡壽也.

미신을 금지하고 헛소문을 제거하면, 죽음과 직면한 상황에서도 아무도 도망하지 않을 것이다. 우리 군사들은 풍부한 재물을 가지지 않았지만, 그것은 그들이 재물이나 세상적인 것을 경멸하기 때문은 아니다. 우리 군사들은 오래 살기를 기대하지 않지만, 그것은 그들이 장수하는 것을 싫어하기 때문은 아니다.

하늘의 운행, 즉 기후와 절기 등 과학적인 것들에 대한 이해는 있어야 하지만, 미신적인 것에 대해서는 경계하는 가르침이 많이들 있다. 제갈공명도 그런 말을 했었고. 미신과 루머(소문)가 횡행하는 군대는 곧 무너질 조짐을 보이는 것이라고…… 비즈니스에서는 더 말할 필요도 없겠지.

그런데, 우리나라에서 정치하는 사람들이 그렇게 점들을 많이 본다니까…… 뭐, 할 말이 없다. 자신이 깨끗하고 능력이 있으며, 유권자들을 설득하고 이끌 확실한 정책과 방향이 있다면, 점을 볼 필요가 뭐가 있겠냐? 즉, 점을 본다는 것은 그런 객관적인 '실력'에 자신이 없다는 반증이라고 보겠다.

'운칠기삼(運七技三)'이라는 말들을 많이 한다. 모든 일이 이루어지는 것에는 운이 70% 작용하고 기술(능력)이 30% 작용한다는 의미로 쓰이지. 물론, 이거는 화투라든가 하는 도박하는 사람들이 즐겨 쓰는 말이기도 하고. 그런데, 도박조차도 운보다는 기술이 더 많은 비중을 차지한다는 것이 정설인데, 하물며 비즈니스를 포함한 다른 일들이야 오죽하겠냐. 만약 운칠기삼이 진실이라면 우리 모두 공부 때려 처야지, 회사들은 기획실 다 없애야지. 그리고; 남는 시간에 "모두들, 기도합시다" 이러고 있어야지, 안 그래?

운에 의존하는 것처럼 불안한 것도 없잖아? 그리고, 운도 준비된 사람이 더 잘 알아차리고 잡아낼 수 있다고들 하지. "Luck is the residue of design. 행운은 계획의 여분이다."

왜, 유명한 말이잖아. 『TOP을 위한 전략경영 2.2』 1장 시작하는 부분에도 인용하고 있는데, 브루클린 다저스(현재는 박찬호가 있었던 LA 다저스, 처음에는 뉴욕 브루클린을 연고지로 시작했다가 나중에 캘리포니아로 옮긴 거다)의 경영자였던 Branch Rickey가 한 얘기다.

흑인으로서 처음 인종차별의 장벽을 넘어 메이저 리그 선수가 된 재키 로빈슨과 계약을 체결한 후 한 말이란다. 재키 로빈슨이 첫 번째 흑인 메이저 리그 선수가 된 것이 운이었을까? 아니면, 피와 땀을 쏟은 노력의 결과였을까? 여러분이 판단하도록.

그리고, 이것은 어쩌면 선택의 문제인지도 모르겠다. 여러분의 성공(학업, 커리어, 가족, ……)을 운에 맡길 것인지, 아니면 스스로의 노력과 계획에 맡길 것인지. 마치, 전쟁의 결과를 운에 맡길 것인지, 아니면 적절한 전략과 병사들의 훈련 등 계획에 맡길 것인지를 선택하는 것처럼.

뒷부분과 관련하여서는, 다른 가르침에 이런 말이 있단다. "장교들과 병사들이 세상적인 부유함을 원하게 되면 어떤 대가를 치루더라도 그것을 지키려고 들 것이다."

즉, 우리 군사들이 재물을 탐하지 않고, 오래 살기를 기대하지 않는 것은, 오직 그들의 해야 할 일 즉, 승리하는 것에만 관심을 두기 때문이다.

마치, 고상한 미션을 가지고 있는 회사들이 돈 버는 것을 경멸하는 것이 아니라, 기업 본연의 역할인 고객을 위해 가치를 창출하는 업에 충실하기 위한 것이고, 그 본업을 잘 수행할 때 돈은 따라온다는 주장과 연결이 된다고 볼 수 있다.

따라서, 이러한 개인적이고 세상적인 것들보다 싸움에서의 승리를 우선순위로 여기는 군대는 그 반대인 군대보다 이길 확률이 많은 것은 분명하지 않니?

같은 맥락에서, 그렇다면, 돈을 지상 최고의 목표로 삼는 회사보다는 미션을 수행하는 것을 더 중요하게 생각하는 회사가 경쟁에서도 이길 확률이 더 많지 않니? 우리가 언뜻 생각하는 것 – 돈 버는 것을 위주로 하는 회사가 기업윤리니 미션이니 하는 것에 신경을 쓰는 회사보다 성과가 더 높을 것이다 – 과는 반대의 결과가 나오지?

[Sun Zi Bing Fa #50]
2002/10/12, Seoul

49번 강의를 조금 길게 했더니, 한번에 다 프리첼에 써지지가 않아서 두 개로 쪼갰다. 어쨌든, 손자병법 강의 제 50회를 넘고 있다.

> 令發之日, 士卒坐者涕沾襟, 偃臥者淚交頤. 投之無所往者, 諸劌之勇也.

군대가 행군을 시작하는 날, 어떤 병사들은 흐르는 눈물로 앉은 자리에서 옷깃을 적시는가 하면, 누운 자리에서 눈물이 뺨을 타고 흘러내리는 병사들도 있다. 그러나, 그들을 퇴각할 수 없는 상황에 던져 넣으면 Zhuan Zhu(Chuan Chu)나 Cao Kuei(Ts'ao Kuei)와 같은 불사의 용기를 보여줄 것이다.

원문에는 이런 사람들에 대한 언급이 없는데, Michaelson의 해석이나 Griffith의 해석에는 이런 이름들이 언급되어 있다. 한글번역에도 "전제"와 "조귀"라는 사람의 이름을 언급하는데 위의 한자 본문에는 그런 내용 없잖아. 그런데, 정옥아, 이 사람들 누구냐?

처음 전쟁이 시작되어 진군명령을 받게 되면, "이제 정말 전쟁이구나, 나는 과연 살아서 고향에 돌아올 수 있을까"하는 생각에 눈물이 절로 나오게도 되겠지. 하지만, 그런 약한 마음을 먹었던 병사들이라도 도저히 빠져 나갈 수 없는 절망적인 상황에서 이래 죽으나 저래 죽으나 마찬가지라는 생각이 들면 악다구니 같이 덤벼들어 가공할 힘을 발휘할 수 있다는 의미이다.

그러고 보니, 약간 옆으로 새는 얘기지만, 오래 전에 원규가 해 준 얘기가 생각난다. 삼성전자 시절 신입사원 연수 때 일어났다던 일. 왜 있잖아, 신입사원들한테 전쟁 났다고 뻥치고 진짜 차출되는 것처럼 해 가지고 놀려 먹었다는 일화. 논문 준비로 바쁜 줄은 알지만, 다시 한번 자세하게 얘기해 줄래?

[저녁 7시 30분경]

저녁을 학교 근처에서 먹고 다시 연구실로 돌아 왔다. 오늘은 무슨 바람이 불었는지 직장 다니는 졸업생(이번에도 여학생) 2명이 더 왔다 갔다. "언수 선생님을 ♡하는 정은이와 혜원"이라는 푯말이 붙은, 자그마한 플랜트 화분과 함께. 이런 맛에 선생한다니까……^_^ 오늘은 이래저래 기분 좋은 날이다.

이제 바깥은 완전히 깜깜해졌다. 아까 하던 거 조금 더 계속해 볼까?

> 故善用兵者, 譬如率然. 率然者, 常山之蛇也. 擊其首則尾至, 擊其尾則首至, 擊其中則首尾俱至.
> 敢問 : "兵可使如率然乎." 曰 : "可." 夫吳人與越人相惡也, 當其同舟而濟, 遇風, 其相救也, 如左右手.

능력 있는 장군이 이끄는 군대는 "슈아이 란(솔연)"에 비유할 수 있다. 슈아이 란은 상산(常山)이란 곳에 사는 뱀인데, 요놈은 머리를 치면 꼬리로 반격하고, 꼬리를 때리면 머리로 반격하고, 중간을 치면 머리와 꼬리로 동시에 반격을 하는, 아주 "껄쩍지근한" 놈이다.

누가 "군대가 과연 슈와이 란과 같은 즉각적이며 잘 조화된(coordinated) 반응을 할 수 있겠습니까" 하고 묻는다면, 나는 "물론 할 수 있지"라고 대답한다. 왜냐하면, [예를 들어 오나라와 월나라는 서로 적이지만, 한 배를 타고 강을 건너다 폭풍을 만나면 오른 손이 왼 손을 돕듯이 손이 척척 맞게 서로 돕지 않겠는가. [이것이 바로 그 유명한 사자성어 "오월동주(吳越同舟)"가 되겠다.]

Colonel Ardant du Picq는 팀웍에 대해서 다음과 같이 설명했다.

> 네 명의 용감하지만 서로 잘 모르는 사람들은 감히 사자를 공격할 생각을 못한다. 그러나, 덜 용감하지만 서로를 잘 아는, 즉, 서로에게 의존할 수 있으며 그 결과 서로를 도와줄 것임을 확신하는, 네 사람은 과감하게 사자를 공격할 것이다. 이것이 바로 군대를 조직하는 법을 한 마디로 표현하는 것이다.

그런데, 이러한 팀웍을 능력 있고 용감한 사람들이 구사한다면 더욱 강력한 힘을 발휘하겠지. 안 그래? 그것이 바로 네이비 씰(Navy SEAL)의 경쟁력인 것이다. 우리 방 사람들도 그러한 팀웍을 발휘했으면 하는 것이 나의 바램이며, 그래서 우리 방의 value 중 하나가 integrity와 harmony인 것이지.

是故方馬埋輪, 未足恃也.

따라서, 말의 다리를 묶고, 전차바퀴를 땅에 묻는 것에만 의존하는 것으로는 불충분하다.

이건 갑자기 또 무슨 소린가? 지금 필사적인 상황에 빠져서 용감하게 싸우는 것을 얘기하고 있는 중이므로, 아마도, 절망적인 상황에서 "여기서 죽는다"는 각오로 말을 버리고, 전차도 버리고, "나도 죽지만 적도 죽인다"는 육탄전의 태도만으로는 이길 수 없고, 마치 위기상황에서 오나라와 월나라가 손발을 척척 맞추며 서로 돕는 것처럼, 슈아이 란이 몸의 한쪽을 공격당하면 나머지 몸 부분으로 반격하듯이, 서로 coordinate하고 support할 수 있어야 이길 수 있다는 의미인 것 같다. "말의 다리를 묶고……" 이 부분이 우리가 흔히 말하는 마지노선(Maginot Line)을 의미하는 듯.

우리 방에 있는 '파스칼 세계대백과사전'에 의하면(이제야 이걸 써먹는구나), 마지노선은:

「프랑스가 독일과의 국경에 만든 난공불락을 자랑하던 정교한 방어용 장벽. 1927년부터 30년까지 약 200억 프랑의 막대한 비용을 들여 근대 과학의 정수(精粹)를 모아 구축하였다. 건설을 주장한 당시 육군장관 A. 마지노의 이름을 따서 명명되었으며, 주요 기능을 견고한 지하실에 집약하고 지하연락 통로를 완비한 점이 특징이다. 프랑스는 라인란트의 주둔군을 철수시킨 뒤 이 요새선에 의해 독일에 대한 안전을 확보하려 하였다. 그러나 제2차 세계대전에서는 1940년 6월 독일군에게 돌파당해 전차공격에는 견고하나 공군력에는 무력함을 드러냈다.」

齊勇如一, 政之道也, 剛柔皆得, 地之理也. 故善用兵者, 携手若使一人, 不得已也.

병사들의 용기를 균일한 수준으로 배양하고 유지하는 것이 군사작전의 중요한 원칙이며 목적이다. 강한 자와 약한 자가 모두 힘을 얻기 위해서는 지형의 이점을 살려야 한다. 고로 뛰어난 장군은 군대를 부리되 마치 한 사람의 손을 붙잡고 이리저리 자유자재로 이끄는 것과 같이 전 군대를 움직인다.

조직(organization)만 잘 되면 아무리 많은 사람이라도 마치 한 사람이 움직이는 것처럼 질서정연하고 일사분란하게 움직일 수 있다는 말은 앞에서도 나왔고, 미야모도 무사시도 같이 주장하였는 바, 조직, 조직구조, 조직운영 노하우의 중요성을 알려주는 구절이다.

將軍之事：靜以幽, 正以治.

장군이라는 사람은 조용하고 차분하여 그 생각의 깊이를 알 수 없어야 하고, 공정하여 확실한 통제를 할 수 있어야 한다.

能愚士卒之耳目, 使之無知.

그는 장교들과 병사들이 듣고 보는 것들을 헷갈리게 하여, 자신의 계획에 대해서 도통 감을 못 잡도록 만들 수 있어야 한다. [조조가 말하기를 "군사들은 성공을 축하하는 데는 장군과 함께 할 수 있으나, 작전을 짜는 데는 함께 할 수 없다"고 하였다.]

易其事, 革其謀, 使人無識. 易其居, 迂其途, 使人不得慮.

다른 사람들이 자신의 전략을 꿰뚫어 볼 수 없도록, 자신의 방법과 책략을 바꾼다. [이전에 따랐던 액션과 예전에 사용했던 지난 책략들은 그대로 사용하면 안 되고 항상 바꿔야 한다. Unconventional한 접근방법을 강조한다. 즉, 의외성 강조.] 야영지를 계속 바꾸고 정도를 벗어나 멀리 돌아가는 행군 루트를 선택함으로써, 다른 사람들이 그의 의도를 예측할 수 없게 만든다.

帥與之期, 如登高而去其梯. 帥與之深入諸侯之地, 而發其機, 焚舟破釜, 若驅群羊. 驅而往, 驅而來, 莫知所之. 聚三軍之衆, 投之於險, 此謂將軍之事也. 九地之變, 屈伸之力, 人情之理, 不可不察也.

[그는] 병사들이 모일 날짜를 정하고, 병사들이 집결한 후 돌아갈 길을 차단하는데 마치 병사들이 높은 곳으로 올라간 후 아래에서 사다리를 치워버리듯이 한다. 그는 부하들을 적의 영토 깊숙한 곳까지 이끌고 간 후 한껏 땡겼던 활의 방아쇠를 놓듯 자신의 계획에 따라 병사들을 풀어놓는다. 자신들이 타고 온 배는 태워버리고 취사도구는 다 깨부숴버린다. 자신의 군사들을 이끄는데 마치 한 무리의 양떼를 이끄는 것처럼 한번은 이 방향으로, 그 다음은 저 방향으로 이끌어, 그 누구도 어디로 가는지를 알 수 없게 한다.

이 내용은 요즈음 비즈니스에서 강조하는 자율, 그리고 직원들에게도 기업의 방향과 의도를 정확하게 알려줘야 한다는 움직임과는 경향과는 반대되는 설명이다. 어떻게 설명해야 할까?

이거는 어떻게 해석들을 하는지 너희들한테 한번 맡겨 보고 싶다. 각자 생각하는 바를 말해 주도록.

이 11편 구지편은 원문과 해석본들 사이에 순서가 뒤죽박죽이어서 그거 알아내는 데만 시간이 많이 걸려서 상당히 진행이 더디다. 지난 며칠 동안 선뜻 손을 대지 못한 이유 중의 하나가 참고로 하는 책들의 순서가 너무 많이 뒤섞여 있고, 원문의 해당부분도 알아내는 것이 골치 아픈 것 같아서 그렇기도 했다.

오늘은 이 정도까지만 하고, 내일까지는 11편을 대강 끝낼 수 있으면 좋으련만.

오늘 강의 이것으로 끝~. 집에 가고 싶다.

제 생각

작성자 박상준
번호 620 조회수 10
작성일 2002-10-13 오전 1:44:16

  모든 조직원들이 기업의 방향과 의도를 명확히 알고 그에 따라 자율적으로 행동할 수 있다면 정말 좋을 것 같습니다. 그리고 어쩌면 조직의 성장목표 중 하나를 이러한 상태로 여겨야 할 것도 같습니다. 그렇지만, 전제조건이 필요하다고 봅니다.
  조직원들 간의 상호신뢰가 그것입니다. 상하간, 동료간에 상호신뢰가 없는 상태에서 자율적인 조직원들에게 방향과 의도가 모두 알려진다면, 누구는 다른 의견을 낼 수도 있을 것이고, 오히려 이러한 방향과 의도에 반대를 하는 세력도 발생할 수 있을 것입니다. 그러다 보면 그러한 방향과 의도대로 움직이기 전에 이러한 내부적인 의견을 조율하는 등의 새로운 장애가 발생할 수도 있을 것이라고 여겨집니다.
  사자를 잡기 위한 약간은 어리석은 팀원들은 서로간의 신뢰가 있기에 사자를 잡을 수 있겠지만, 용감하지만 사자를 잡을 수 없는 팀원들은 서로를 믿지 못합니다(설마 저 사람이 날 구해 줄 수 있을까? 라는 생각을 주로 하겠지요).
  그리고 교수님을 찾아왔던 졸업생이 말한 것처럼 이 회사가 내 회사라고 생각하기는 또한 굉장히 어려운 것이 대다수 회사 직원들의 현실인 것 같습니다. 솔직히 저 역시 짧은 사회 경험들이었지만, 그런 생각을 못했으니까요.
  그리고 그리스의 어떤 철학자(굉장히 유명한 사람이었는데 소크라테스? 플라톤? 둘 다 아닐 수도 있습니다.)가 그랬다는데 민주주의는 우매한 대중들에 의하여 이루어지므로 결과가 안 좋을 것이라고 했다는데, 그 말도 어느 정도 일리가 있다고 여겨집니다. 솔직히 제가 다니던 회사에서는 너무 자율성을 중요시했다는 생각이 들기도 합니다.
  특히 요즘 같이 변화무쌍한 기업경영환경에서 변화가 있을 때마다, 아직

신뢰가 구축되지 않은 조직에서 새로운 변화를 시도할 때마다 의견 조율의 시간을 가져야 한다면 더욱 힘들어질 것 같습니다.

 Kotter는 조직의 변화를 추구하는 데 있어서 우선 변화를 주체할 작은 집단이 필요함을 말합니다. 이러한 집단에 의하여 위기감이 조성되고 일반 조직원들은 반응하여 변화가 이루어지게 됩니다. 여기서도 만약 위기감이 조성되기도 전에 모든 조직원들이 알아 버리면 한마디로 김샌다고도 말할 수 있을 것 같습니다. 그렇지만 어느 정도의 신뢰가 구축된 상태에서는 이런 것들을 명확히 밝히는 것이 훨씬 효율적일 것이라고 생각됩니다.

 예를 들면 우리방 모임의 변화를 들자면 벌써 대일이도 온다고 하고 저도 가려고 하고 있습니다.(동철아 너도 꼭 와라 보고 싶다 닭도리탕 사줄게) 그리고 우리나라 기업을 예로 들자면 세스코 같은 기업은 가능하지 않을까 하는 생각을 해봅니다. 그렇다면 여기서 이 정도의 가설도 가능하지 않을까 하는 생각도 듭니다.

   가설 1: 조직원들간의 신뢰가 충분할 때에 조직원은 자율적
    으로 행동하는 것이 효율적이다.
   가설 2: 조직원들간의 신뢰가 부족할 때에 조직원들은 타율
    적으로 행동하는 것이 효율적이다.

 오래간만에 이런 글을 쓰려니까 그야말로 정말 엉터리라는 생각이 들긴 하지만 쓴 게 아까워서 그냥 둘렵니다. 그리고 원래는 방향과 의도의 개방성이 중요한 변수였는데 이 변수도 빠졌네요. 암튼 잘 정리는 안 되지만 우리방 사람들은 서로 신뢰하기에 잘 이해하리라고 생각하고 이만 정리하렵니다.

 심동철(10/13, 11:2): 닭도리탕 정말 먹고 싶당 흠냐~~~~~
 김언수(10/13, 15:58): 상준이가 제안한 마지막 부분의 명제들은 한번 연구논문으로 검증해 볼만한 가치가 있는 것 같다. 그런데, 상준이가 말하는 신뢰는 아래에

서 내가 설명하는 요소들 중에 '보상시스템'과 관련이 있다. 즉, 내가 어떤 행동을 했을 때 나한테 돌아오는 것이 뭔가를 결정짓는 것이 보상시스템이고, 그 시스템이 적절히 공정하게 만들어져 있다면 자연히 조직에 대한, 다른 사람에 대한 신뢰감이 생기는 것 아닐까?

즉, "이 조직에서는 내가 최대한의 노력을 기울이면 그만큼의 뭔가가 돌아온다"는 등식을 확실히 만들어 준다면, 모두가 최선을 다하고 또한 서로 의지하고 돕게 되지 않을까 싶다. '파이'를 되도록이면 크게 만들어야 모두에게, 무엇보다 나에게 돌아오는 몫도 커질 테니까.

상준이 설명 좋고!

작성자 김언수
번호 620 조회수 6
작성일 2002-10-13 오전 10:47:01

일요일 오전,
동네 목욕탕 갔다 와서 교회 가기 전에 컴퓨터를 켜 봤더니 밤 사이에 상준이가 왔다갔다 보네.

상당부분 동의한다, 상준아. 일단, "이 회사가 내 회사라고 생각하기는 또한 굉장히 어려운 것이 대다수 회사의 직원들의 현실인 것 같습니다"하는 부분에 대해서.

당연하지. 쉬우면 우리가 왜 그런 얘기를 하고 있으며 그런 연구를 왜 하겠냐.

그런데, 거대한 조직이 한 방향으로 일사분란하게 움직이는 방법을 생각해 보면 크게 두 가지가 있을 수 있겠다.

하나는 완전히 군대조직처럼 만드는 것이다. 즉, 아래 사람들은 뭐가 뭔지 전혀 모르게 하고(그러니까, 손자병법과 같은 상황, 군대가 수행하는 전쟁상황이라 이렇게 된 것 같다) 위에 몇 사람들이 방향을 잡고, 밑에서는 무조건 시키는 대로 최대한 빨리, 열심히 움직이게 하는 방법.

이 방법은 물론, 위에 몇 사람이 리더십이 꽝이라든가 엉망이라면 그야 말로 결과는 disaster!

다른 하나는 위에 몇 사람은 방향을 잡되 아랫사람들에게 분명히 알려 주고 각자 최대한의 능력을 발휘해서, 위에서 내려준 방향과 가이드라인을 벗어나지 않고 움직이게 하는 방법. 이것은 요즘 비즈니스에서 많이 강조 하는 경향이 있다.

그런데, 이 두 번째 방법은 "잘만 되면" 그 효과가 첫 번째보다 훨씬 좋겠지만, 잘못되면 그야말로 혼란 그 자체가 될 것이다.

두 번째 방법이 효과를 발휘하기 위해서 필요한 요소들을 한번 생각해 보면: (이거는 "움직이는 전략"에서도 논의하고 있는데……)

일단 방향(회사에서는 비전과 그것을 바치는 전략들이 되겠지)이 제대로 세 워졌다는 가정하에, 최소한 다음의 것들이 동시에 받쳐줘야 할 것 같다.

방향(비전/전략) + 보상 시스템 + 정보 + 훈련 + 권한 + 선발

일단, 방향(비전)이 없으면(방향을 모르면, 다른 말로 왜 내가 이걸 하는지를 모르면) 모든 스텝(step)에서 일일이 방향을 제시해야 하므로 스피드가 느려 질 수밖에 없다.

가야하는 방향을 알았더라도 그 방향으로 사람들의 마음이 움직이게 하 기 위해서는 적당한 보상 시스템이 있어야 한다. 조직이 나가고자 하는 방 향과 합당한 쪽으로 열심히 움직이는 사람에게는 그 만큼의 적절한 인센티 브를 주어야 한다.

방향은 알고 움직일 마음은 있으되 실제로 움직일 능력이 없으면 또 소 용없다. 따라서, 일을 하는 데 필요한 정보와 훈련, 그리고 권한을 주어야 한다.

이 모든 것은 또한 애초부터 조직이 나가고자 하는 방향과 합당한 사람이 들어와 있을 때 더 쉬워질 것이고, 그렇지 않다면 적당한 사람을 필요한 자리에 배치해야 할 것이므로 선발도 중요하다.

따라서, 어떻게 보면, 이 두 번째 방법은 일단 정착이 되면 좋지만, 그런 경지에 이르기까지 더 어려운 것이 아닌가 싶다.

일단, 여기서 잠시 멈춤. 나 교회 갔다 와서 계속 하자…….

다시 계속.

따라서, 생각을 해 보면, 손자병법이 쓰일 당시의 시대적인 배경 등으로 말미암아 우리가 말하는 자율적인 조직은 시기상조가 아니었나 싶다. 물론, "상황에 맞추어 왕의 명령이라도 장군이 듣지 않아야 할 것이 있다"는 구절을 확대하면, 각자가 주어진 역할에 따라 그 상황에서 나름대로 최대한의 판단력을 발휘하여 움직여야 한다는, 어떻게 보면, 오늘날의 임파워먼트와 상당히 관련 있는 말을 이미 하고 있다.

그런데, 뒤집어서 그러면, 한 10,000명 정도 되는 군대에서 전략을 짜는데 그 1만 명 전부가 협력을 하여 동의를 끌어내는 것이 가능할 것이며, 또 바람직할까?

우리가 공부하는 전략이라는 주제는 뭐니뭐니해도 'top down'을 원칙으로 하는 것이라고 생각한다.

전략을 짜는 데 필요한 안목, 경륜이나, 능력, 경험 등을 고려하고, 조직 최하위에 있는 사람이 해야 할 일과 역할을 고려할 때, 모두가 전략적인 이해는 가지고 있는 것이 좋겠지만(그래야 위에서 결정을 내리고 일을 시키면 재빠르게 알아듣지. 이것은 무조건 시키는 대로 해라는 것과는 다르지.) 전략을 결정짓는 것은 위에서 하는 것이 정석이다. 물론 아래에서 각종 정보와 자료를 올려 보내는 것은 당연하지. 그렇다고 그 과정을 'bottom up'으로 오해해서는 안 되겠다.

가만히 보면 어떤 리더들은 임파워먼트와 의견수렴(consensus)이라는 미명(?)하에 의사결정 자체를 아래로 미루는 사람들이 있다. 그것은 직무유기요, 자신의 능력 없음을 반증하는 것이라고 할 수 있다. 혹은, 의사결정에 따르는 책임을 회피하기 위한 시도라고 볼 수도 있고.

얘기가 조금 길어졌구나.

모두들, 일요일 잘 보내라.

[Sun Zi Bing Fa #51]
2002/10/13, Seoul

일요일 저녁 8시경. 아직도 날씨가 덥다. 마치 여름처럼. 이럴 때 감기 조심해야 한다지? 모두들, 건강 조심.

어제에 이어 11편 구지편을 계속 공부하자.

> 聚三軍之衆, 投之於險, 此謂將軍之事也. 九地之變, 屈伸之力, 人情之理, 不可不察也.

군대를 모으고, 위험한(필사적이고 절망적인) 상황에 던져 넣는 것이 장군이 해야 할 일이다. 아홉 지 유형의 지형에 적절한 전술적 변형, 상황에 맞게 전진하고 후퇴하는 능력, 그리고 인간의 본성에 따른 원칙들은 장군이 가장 주의하여 연구하여야 하는 요소들이다.

첫 부분, 군대를 위험한 상황에 던져 넣어 죽기를 각오하고 싸우게 만들어야 한다는 것은 처음부터 무조건 이렇게 해야 한다는 건지, 아니면 위에서 계속되는 내용의 연장으로, 적국 깊숙이 들어갔을 때 이렇게 해야 한다는 건지 확실치가 않다.

[리더가 현명하여 불필요한 싸움을 최대한 피한다는 것을 전제로, 그리고 적절한 전략을 준비하고 평소에 조직을 정비하고, 병사들을 잘 훈련시켰다면] 일단 싸움이 붙으면 반드시 이겨야 하는 것이므로, 그야말로 우리 신라시대 화랑오계의 임전무퇴(臨戰無退, 싸움에 임해서는 물러남이 없다)의 태도를 가지도록 만드는 것이 장군이 역할이라는 의미로 해석한다면 말이 되는 것 같다.

> 凡爲客之道：深則專, 淺則散. 去國越境而師者, 絶地也. 四達者, 衢地也. 入深者, 重地也. 入淺者, 輕地也. 背固前隘者, 圍地也. 無所往者, 死地也.

보통 침략군이 적국으로 들어갈 때, 깊이 들어갈수록 군사는 더 똘똘 뭉치고, 약간 뚫고 들어가면 군사들이 흩어진다. 자기 나라를 떠나, 국경을 넘어 이웃나라로 들어갈 때 絶地(절지: 아슬아슬한 지형)에 들어간 것이다. 사방에 교통할 수 있는 곳은 衢地(구지: 네거리 길, 갈림길)에 들어간 것이다. 적 영토 깊숙이 침투하여 들어갔을 때 重地(중지, 무거운 땅 혹은 심각한 지형)에 들어간 것이다. 쬐금 뚫고 들어갔다면 輕地(경지, 가벼운 땅, 변경의 땅)에 들어간 것이다. 적의 견고한 요새가 뒤쪽에 있고, 앞쪽에는 좁은 통로가 있는 곳은 圍地(위지: 둘러싸인 땅, 포위된 땅)이다. 전혀 오도가도 할 수 없는 곳은 死地(사지: 필사적인 지형, 죽음의 지형)이다.

이 부분은 제일 첫 부분 시작할 때 아홉 가지 지형이 있다면서 설명한 것과 거의 겹친다. 다만, 아홉 가지 모두를 설명하지 않고 6가지만 언급하고 있다. [왠지는 모르겠어.]

그리고, 絶地(절지)라는 엉뚱한 것이 들어 있다. 이 '절지'라는 것은 영어로는 critical ground라고 해석을 하는데, 11편 처음에 나오는 아홉 가지 지형에는 포함이 안 되어 있는 것이다. 그런데, 어디서 많이 본 거라 찾아 봤더니 예전 8편 구변편(九變篇)에 나와 있는 것이 아니겠나. 기억하지? 구변편이 제목이 왜 구변이며, 뭐가 아홉 가지라는 것인지 등이 분명치 않았던 거. 혹시, 11편 구지편과 무슨 연관이 있는 것이 아닐까하는 추측을 했었는데, 이 부분에서 갑자기 다시 등장했다. 구변편에서는 뭐라고 했었냐하면 "절지에서는 우물쭈물 지체하지 말라"고 했었다. 거기서 '절지'란 어떤 지형을 말하는가 하는 설명은 없다.

이번 11편도 혼란스러운 걸로 봐서, 8편과 11편이 뭔가 뒤섞였거나 그랬던 것이 아닌가 싶다.

어쨌든, 특히 11편 구지편은 이래저래 문제가 많은 부분으로 알려지고 있나 보다. 어떤 사람의 해석에는 이 부분이 쓸데없이 반복이 되고 있다고 아예 빼버리는 경우도 있다.

是故散地, 吾將一其志.
輕地, 吾將使之屬.
爭地, 吾將趨其後.
交地, 吾將謹其守.
衢地, 吾將固其結.
重地, 吾將繼其食.
泛地, 吾將進其途.
圍地, 吾將塞其闕.
死地, 吾將示之以不活. 故兵之情: 圍則禦, 不得已則鬪, 逼則從.

따라서, 散地(산지)에서는 [집이 가까워서 군사들이 흩어지기 쉬운 지형이므로] 군대의 의지와 결단력을 한데 모을 것이다. [시작하는 부분에서도 이런 데서는 "싸우지 말라"고 했었다. 일단, 병사들을 단속하는 것이 우선이라는 뜻이겠지.]

輕地(경지)에서는 [적의 영토에 침입은 하였지만 깊이 들어가지 못한 상태이므로] 군대가 서로 가깝게 연결되어 있도록 할 것이다. [앞에서는 이런 데서는 "멈추지 말라"고 했었다. 즉, 더 깊이 들어가라는 의미?]

爭地(쟁지)에서는 [점령하기만 하면 적에게나 우리에게나 똑같이 유리한 지형이므로] 적보다 늦게 출발하였더라도 먼저 도착하도록 서두를 것이다. [앞에서는 이런 지역을 "먼저 점령한 적은 공격하지 말라"고 했었다.]

交地(교지)에서는 [적에게나 우리에게나 똑같이 접근이 용이한 지형이므로] 방어에 각별한 신경을 쓸 것이다. [앞에서는 이런 데서는 "우리의 전열이 흩어지지 않게, 커뮤니케이션이 막히지 않게 하라"고 했었다.]

衢地(구지)에서는 [세 나라에 둘러싸여 있는 지형이고, 이곳을 먼저 수중에 넣는 자는 인접한 나라들의 지원을 얻을 수 있으므로] 동맹을 더 견고히 할 것이다. [앞에서도 이런 데서는 "이웃한 나라들과 제휴를 하라"고 했었다.]

重地(중지)에서는 [군대가 적 영토 깊숙이 침투하여, 많은 적의 도시와 마을을 뒤에 두고 있을 때, 그런 지형에 들어가면 다시 돌아 나오기 힘들기 때문에] 지속적인 물자의 흐름을 확실하게 관리할 것이다. [앞에서도 이런 데서는 "약탈로 물자를 모아라"고 했었다.]

泛地(범지)에서는 [숲이 많은 산속, 험준한 지형, 늪지대, 좁은 협곡 등 가로질러 행군하기가 힘든 지형이므로] 계속 앞으로 밀어붙일 것이다. [앞에서도 이런 데서는 "계속 밀

어붙여라"고 했었다.]

圍地(위지)에서는 [접근하기가 힘들고, 거기서 빠져나오는 통로는 꼬불꼬불해서, 적은 수의 군대로 많은 수의 적을 깰 수 있는 지형이므로] 들어오고 나갈 수 있는 포인트를 막을 것이다. [앞에서는 이런 지형에서는 복병을 숨기기에 좋다면서 "책략을 사용하라"고 했다.]

死地(사지)에서는 [군대가 죽을 각오를 하고 결사적으로, 시간을 끌지 말고 싸울 때만 전멸을 면할 수 있는 지형이므로] 내 군대에게 살아날 찬스가 없다는 것을 확실하게 보여줄 것이다. 왜냐하면, 병사들의 속성이 포위당했을 때 저항하고, 달리 살아날 방법이 없을 때 죽을 힘을 다해 싸우며, 위험에 처했을 때 말을 안 해도 알아서 명령에 따르기 때문이다. [앞에서도 이런 데서는 "용감하게 싸워라"고 했었다.]

여기에서는 아홉 가지 지형에 들어가면 각각 어떻게 대응을 해야 한다는 설명을 하는데, 시작 부분과 그렇게 크게 다를 것이 없다. 그리고, 이왕이면 시작 부분에서 아홉 가지 지형들이 어떤 것들이 있으며 그 내용이 무엇이라는 얘기를 하면서 바로 뒤에 붙여 놓으면 더 자연스럽지 않겠냐?

해서, 어떤 사람은 이 부분을 앞으로 일부러 옮겨서 해석하는 사람도 있다.

그렇게 별다를 것은 없는데, 다만 포위당한 지형인 위지(圍地) 상황에 대하여 Tu Mu라는 사람은 이렇게 말하고 있다.

> 적을 포위하고 있는 경우는 포위당한 쪽에게 빠져나갈 길을 남겨두고 그런 길이 있음을 보여주는 것이 원칙이다. 왜냐하면, 그럴 경우 적은 빠져 나갈 생각에 죽음을 각오하고 싸우지 않기 때문이다. 이렇게 적들이 도망갈 궁리에 바쁠

때 그 상황을 놓치지 말고 (쎄게) 쳐라. 만약, 내가 포위를 당한 처지이고 적이 이런 원칙을 아는 녀석들이라 빠져 나갈 구멍을 넌지시 보여 준다면, 내가 오히려 도망갈 모든 통로와 방법을 차단하여 내 장교들과 병사들이 "이제 죽었구나" 하는 마음에 죽음을 각오하고 싸우게 만들 것이다.

비즈니스 상황에서는 특히 기업이 너무 안 좋은 상황에 빠져 더 이상 지체하다가는 파산할 위기에 빠진 경우, 즉 기업회생(turnaround)이 필요한 경우, "우리 뭔가 빨리 하지 않으면 우리 모두 죽는다"하는 위기감을 만들어 내는 것이 중요하겠다. 가장 최근 우리나라에서 성공적인 기업회생 케이스로 주목을 받은 '한국전기초자'가 회생하는 과정을 보면 이것과 유사하다. [이거는 배보경이 잘 아는데…… 물론, 상준이도 기업회생 논문을 썼으니 잘 알 테고.]

오늘 이 정도만 하자. 어쩐 일인지 지친다. 이번 11편 구지편은 좀 지저분한(?) 느낌이 든다. 그 구성에 있어서나 내용에 있어서 반복도 심하고, 혼란도 심하고.

내일 11편을 한번 끝내 보도록 하자.

오늘 강의 끝~!

한수진(10/14, 17:27): 위기감 정도와 회생하고자 하는 의욕은 포물선 곡선을 그린다고 생각을 하는데요, 즉, 어느 정도의 위기를 넘어서게 되면 이는 회생의 의욕에서 절망으로 빠지게 때문이라 생각이 드는데…… 따라서 비즈니스 상황에서 경영자는 적절함 수준의 위기감을 주는 것이 필요하지만……. 결국 비즈니스 상황에서 경영자는 종업원들이 견딜 수 있으며, 동시에 도전하고 싶은 맘이 생길 수 있는 수준의 위기감 부여가 필요할 듯 합니다.
김언수(10/14,18:28): 와, 오랜만에 한 마디 하는 수진이의 코멘트가 완전 예술이다.

저 오늘 반성했습니다.

작성자 한수진
번호 623 조회수 32
작성일 2002-10-14 오후 5:34:10

조직의 구성원!!!

이는 그 조직에 속해 있다는 것만으로는 부족하다. 그 안에서 주어지는 책임과 의무를 다했을 경우, 조직 구성원으로서의 제 위치를 찾을 수 있는 것이다 라는 생각을 하였습니다.

시작이 거창한데…… 사실은 오늘 교수님과 연구실에서 손자병법에 대한 언급을 들었습니다. 여타 바쁜 여러 가지 일로 인하여, 많은 부분이 소홀했던 것이 사실이었습니다. 그동안은 하나의 일을 가까스로 끝나고 나면, 또 다른 일이 나를 기다리고 있었고…… 전혀 관리를 할 수가 없었습니다. 그러다가 선생님의 말씀을 통해(물론 심각한 것은 아니었지만……) 저를 다시 한번 생각하고, 가다듬을 수 있었던 계기가 되었던 것 같습니다.

이제 조금씩 자리를 찾아가고 있는 중입니다. 박사과정의 학생으로서, 집안의 맏며느리 그리고 주부로서…… 이제 열심히 하겠다고, 스스로 다짐해 봅니다.

최현진(10/14,19:48): 누나는 너무 열심히 해서 탈예요

☯ 반성은 내가 했다.

작성자 김언수
번호 623 조회수 10
작성일 2002-10-15 오전 10:45:33

어제 밤에 니가 올린 글을 보고 응답을 할까 하다가 더 생각을 해 보기로 했다.

웬지 생각을 하게 만드는 글이더라구.

이제까지 내가 나이가 들고, 또 공부를 하면서, 나름대로 생긴 일종의 확신이라면 확신이랄까, 사람을 다루거나, 공부를 가르치거나, 또는 제품을 판매하거나, 가장 좋은 방법은 push가 아니라 pull이라고 믿어왔다.

push와 pull은 물론 마케팅에서 나오는 광보/홍보와 관련된 하위전략의 이름이다.

push는 문자 그대로 상품을 고객을 향해서 밀어붙이는 것이다. 예를 들어, 물건을 유통업자에게 일단 떠맡기면 유통업자는 자신이 살아남기 위해 어떻게든 소매 쪽으로 이동을 시키려고 할 테고, 그 다음은 계속해서 연쇄적으로…… 또, 같은 돈이라면 우리 물건을 파는 수퍼마켓에 인센티브를 줘서 진열장 공간(shelf space)를 최대한 확보, 사람들이 그 가게에 들어서면 일단 우리 물건이 눈에 많이 띄게 하는 것이지. 즉, 고객이 미리 어떤 회사 제품을 사야지 하고 결정하고 들어오지 않는 상황이라면 우리 것이 먼저 눈에 띄게 하자는 것이지.

pull은 반대로 고객이 가게에 들어서기 전에 미리 "뭘 사야지" 하고 결정을 하고 들어오게 만드는 것이지. 그러니까, 같은 돈이라면 광고라든가 홍보 등에 투자를 해서 고객을 미리 설득하는 것이다. 이제 유통업자나 소매점 쪽에서는 오히려 "물건 좀 더 많이 빨리 보내 주세요" 하게 되는 거지.

이 둘 중에 정말 우수한 제품과 서비스이며, 품질에 자신이 있다면 어떤 쪽을 택하겠냐?

물론, 이러한 원래 개념을 변형한 것이기는 하지만,

어떤 사람에게 내가 가까이 다가가고 싶다면, 내가 적극적으로 가는 방법이 있고(푸시), 혹은 상대방이 나에게 오고 싶은 마음이 생기도록 만드는 수(풀)가 있다.

리더십도 마찬가지, 리드(lead)라는 단어 자체가 "이끈다" 하는 의미가 있으므로 애초에 pull의 개념을 내포하고 있다고 믿고 있다.

즉, 진정한 리더는 억지로 사람들을 push해서 움직이게 만드는 것이 아니라(이건 엄격히 말해서 리더가 아니지. 자신의 지위나 파워를 이용해서 사람들이 행동을 바꾸게는 할 수 있기 때문에. 문제는 속으로 "에이, 씨X, 저게 내 상사만 아니면…… 내 선생만 아니면" 이런 생각을 부하들이(우리의 경우에는 학생들이) 할 수 있다는 것.

태도까지 변하게 만들어 진심으로 자신을 따르고 싶어지게 만드는 사람이지. 이것이 바로 pull 아니겠니?

물론, 내가 너희들 공부를 시키고 할 때는 어느 정도의 push도 필요하다. 사람은 아무리 자신이 원하고 결정해서 일을 시작하더라도(예를 들어, 너희들의 대학원 공부) 바쁘게 돌아가다 보면, 애초에 "내가 왜 이걸 시작했었더라?" 하는 걸 잊어버리게 되는 수가 많기 때문이다. 그럴 때는 누군가가 pressure를 줘야지. 그것이 바로 나!

그러나, 궁극적으로는, 직업도 재미가 있어야 하고, 공부도 재미가 있어야 한다는 것이 나의 지론이다. 물론, 아무리 취미로 하던 것이라도 일단 직업이 되면 재미가 뚝 떨어지면서 괴로워지는 법이지.

예를 들어, 우리가 취미로 하는 각종 스포츠, 그걸로 먹고 사는 프로선수들은 얼마나 괴로운 나날들을 보내냐?

그럼에도 불구하고, 어차피 직업이 되어 재미가 떨어진다면 이왕이면 조금이라도 좋아하는 던 걸 해야지, 워낙에 좋아하지도 않는 걸 하면, 얼마나 재미가 더 없겠냐?

이렇게 장황하게 말하는 나의 요점이 무엇이냐?

너희들이 공부를 열심히 안 하거나, 너무 힘겨워 하거나, 이런 프리챌 커뮤니티에 잘 참여하지 않거나, 우리 모임에 잘 나오지 않거나, 혹은 요즘 내가 올리는 손자병법을 읽지 않는 것은……

그런 마음이 생기도록 만들지(pull) 못한 나의 책임이라는 것이 결론이다.

그런데, 오히려 지나가는 말로 수진이에게 "너는 왜 손자병법에 아무런 반응이 없냐"고 한마디 한 것이 일종의 push의 작용을 촉발한 것 같아서, 반성하게 된 것이다.

스스로에게 물어 봤다.

"손자병법이 재미있어 죽겠으면 왜 아이들이 관심을 안 보이겠냐?"

"서로 만나는 것이 좋아 죽겠으면 모이지 말라고 해도 모이지 않겠냐?"

"공부하는 것이 너무 재미있고, 자신의 인생에서 다른 것보다 중요하다고 생각한다면, 어련히 알아서 하겠냐?"

즉, 내가 평소에 비판하던 부모들같이 언행을 하는 것이 아닌가하는 생각이 들었다.

나의 지론이 아이들한테 "공부해라, 공부해라" 아무리 잔소리하고 심지어 공부방에 책을 가득 쌓아 놓고 가둬놓은들 지가 공부하기 싫으면 절대 못하잖아. 현명한 부모는 왜 공부를 하는 것이 필요하며, 자신에게 좋은지를(일종의 비전이지) 참을성 있게 보여주고 설득하는 사람들이라고 평소에 주장했거든.

영어에 이런 표현이 있지. Teaching is one thing, doing is another.

가르치는 것과 그걸 스스로 행하는 것은 별개의 것이다. 일종의 변명 같은 걸로 들리지만 아주 현실적인 얘기이다.

그러나, 나는 남에게 가르치는 것을 스스로가 행할 수 없으면 그것도 속이 빈 것이라고 생각하고 있었기 때문에, 이번에 다시 한번 반성을 하게 된 것이다.

다시 한번, 최소한의 push와(전혀 없지는 않은 점 주의할 것) 최대한의 pull로 너희들을 이끌 것을 다짐한다.

[Sun Zi Bing Fa #52]
2002/10/14, Seoul

월요일 저녁 6시 45분. 현진이하고 저녁을 먹고 연구실로 돌아 왔다.

그동안 술을 안 마셨더니 왠지 많이 말고 쬐끔만 홀짝 마셨으면 하는 술 생각이 나는 거 있지. 그래서, 중국집 진성에서 탕수육에 이과두주(알지? 60도) 나눠 마시고 왔는데, 현진이는 지금 지원이 표현에 의하면(지원이는 웬 남자와 저녁을 먹고 들어 왔단다) 완죤히 '불타는 감자'다. 현진이의 별명이 '팬더'(panda)인 것도 술 마시면 눈 주위만 동그랗게 빨개진다고 해서 붙었다는 군. 별로 많이 안 마셨는데…… 체질인가 봐.

오늘도 어제에 이어 11편 구지편 계속.

> 是故不知諸侯之謀者, 不能預交. 不知山林, 險阻, 沮澤之形者, 不能行軍. 不用鄕導, 不能得地利.

이웃 나라의 계획을 알지 못하는 자는 그들과 동맹관계를 맺을 수 없다. 산악과 숲, 위험한 협곡, 늪지대의 상황을 알지 못하는 자는 군대를 이끌고 행군할 수 없다. 그 지역 출신의 현지 가이드를 쓰지 못하는 자는 지형상의 이점을 얻을 수 없다.

전략적인 제휴라는 것도 맨날 내 쪽에서 "우리랑 제휴 맺어요, 네?"하고 쫓아다닌다면 존심이 상하는 것은 둘째 치고, 제휴관계를 맺더라도 항상 불리한 조건으로 계약을 하겠지. 그러나, 우리가 그들의 전략을 이해한다면 "너희들에게 우리가 얼마나 도움이 될 수 있는지"를 이해시킬 수가 있을 테고, 그 결과 제휴조건도 우리에게 유리하도록 불리하지 않게 맺을 확률이 많지 않을까?

현지 가이드 얘기는 마치 기업들이 외국 시장에 진출했을 때 현지 사람의 도움을 받는 것이 필요하다는 말을 하는 듯 하다. 그치?

四五者, 不知一, 非霸, 王之兵也.

지휘관이 이 중에 한 가지라도 모르면, 그 군대는 패권을 장악하는 왕의 막강군대라고 불릴 자격이 없다.

"이 중에 한 가지라도"라는 말은 위에서 아홉 가지 지형과 그에 대처하는 방법 등을 설명했으므로, "아홉 가지 지형 중에 하나라도 모르면"이라고 해석하는 경우도 있다. 그러나, 여기서 四五者라는 표현은 "이러한 네, 다섯 가지 일"이라는 뜻인데, 그러면 아홉 가지 중에 하나라는 해석과 안 맞잖아?

그런데, 바로 위의 내용은 "(1) 이웃 나라의 계획을 알지 못하는 자는 그들과 동맹관계를 맺을 수 없다. (2) 산악과 숲, 위험한 협곡, 늪지대의 상황을 알지 못하는 자는 군대를 이끌고 행군할 수 없다. (3) 그 지역 출신의 현지 가이드를 쓰지 못하는 자는 지형상의 이점을 얻을 수 없다" 이렇게 세 가지의 경우를 나열하고 있으므로 이것을 지칭하는 것이라고 생각하는 경우가 있나봐. 그래서, 이 표현을 此三者(이러한 세 가지 일)로 이해해야 한다네? 즉, 이 세 가지 중에 한 가지라도 모르면 걔는 장군도 아니다, 뭐 이런 뜻으로 해석.

夫霸, 王之兵, 伐大國, 則其衆不得聚. 威加於敵, 則其交不得合. 是故不爭天下之交, 不養天下之權, 信己之私, 威加於敵, 則其城可拔, 其國可隳.

이제, [위에서 말한 그런] 막강군대가 힘센 다른 나라를 공격할 때는, 적군이 군대를 한데 모으는 것을 불가능하게 만든다. 적군이 완전히 "어매, 기죽어" 하게 압도하고 적의 동맹군이 합류하지 못하게 만든다. 그런 군대는 이웃나라와 동맹을 맺을 필요도 없으며, 다른 나라의 힘을 빌릴 필요도 없고, 다만 스스로의 전략적인 디자인을 통해 상대방을 압도한다. 그런즉, 적군의 성을 뺏을 수 있고 적국을 전복시킬 수 있는 것이다.

施無法之賞, 懸無政之令, 犯三軍之衆, 若使一人.

관습과는 상관없이 상을 베풀고, 관행과는 상관없이 명령을 하달하면, 전체 군대를 마치 한 사람인 것처럼 부릴 수 있다.

갑자기 좀 엉뚱한 소리가 나오는 것 같은데, 다른 사람들도 그렇게 느낀 경우가 있나봐. "이거는 명백히 엉뚱한 자리에 와 있다"라고 주장하는 사람도 있으니까.

어쨌든 그 의미는 전쟁상황에서 잘 싸우는 사람이 있는데 "상이란 이러이러한 절차를 통하여 주는 것이다" 하는 평시의 절차를 따르지 말고, 시의적절하게 상을 과감하게 주라는 의미이며, 장군은 군대를 운용하고 전략을 구사하는 데 관행적인 것을 따를 필요가 없다고 하는 듯.

두 번째 부분은 요즘 많이 강조하는 의외성과 발상의 전환, 관행에서의 탈피(unconventional thinking)와 맞닿아 있는 것이 아닌가 싶다. 관행을 따르면 당연히 적이 우리의 움직임을 예상할 테고, 그러면 영 재미없지…….

犯之以事, 勿告以言. 犯之以利, 勿告以害. 投之亡地然後存, 陷之死地然后生. 夫衆陷於害, 然後爲勝敗.

군대에게 임무를 부여하되 전략적인 디자인을 알려 주지 말 것이며, 군대를 부려서 경쟁우위를 점하되 그 과정에 일어날 수 있는 위험은 알려 주지 말라. 군사들을 위험한 상황에 던져 넣으면 그들은 살아남고, 죽음의 지형에 집어넣으면 하여튼 살아남으리라. 왜냐하면, 그런 상황에 처한 군대야말로 패배에서 승리를 낚아챌 수 있기 때문이다.

이거는 이미 어제와 그저께 같은 내용이 미리 나왔었다.

故爲兵之事, 在于佯順敵之意, 幷敵一向, 千里殺將, 是謂巧能成事者也.

고로, 군사작전의 핵심은 적의 디자인을 주의 깊게 연구하는 것에 있다고 볼 수 있다. 적에게 가장 큰 타격을 줄 수 있는 방향으로 군대를 집중하라, 그러면 일 천리 밖에서도 적장을 죽일 수 있다. 이것이 바로 "목적을 교묘하고, 재치 있게 달성하는 능력"이라고 일컫는 것이다.

이 부분은 이미 지난번 10편 지형편에서도 나왔었는데, 많은 해석 책들에는 11편 이쯤에 있는 것으로 되어 있다.

아마, 이것의 의미는 "능력 있는 전략가라면 적의 계획을 미리 꿰뚫어 볼 수 있기 때문에 천리쯤 떨어져 있어도 이미 적을 패배시킨 것과 마찬가지다" 하는 것 아닐까?

是故政擧之日, 夷關折符, 無通其使. 勵於廊廟之上, 以誅其事.
敵人開闔, 必亟入之, 先其所愛, 微與之期. 踐墨隨敵, 以決戰事.
是故始如處女, 敵人開戶, 後如脫兎, 敵不及拒.

따라서, 전쟁을 시작하기로 결정하는 날, 모든 통로를 차단하고, 통행증은 폐기하고, 모든 使者나 밀사의 통행도 멈추어야 한다. 모든 계획은 궁에 모여서 은밀하게 검토하고 최종적인 준비를 마치도록 한다.

적이 문을 열어 두면(기회를 제공하면: 물론 나를 유인하려는 미끼하고는 구별해야지) 쇄도하라. 적이 중요하게 생각하는 요지는 미리 선전포고하지 말고 점령하라. 전쟁의 원칙은 적의 상황에 따라서 유연하게 대응을 결정하는 것이다.

즉, 처음에는 수줍은 처녀 같은 머뭇거림과 조용함을 보여서 적이 허점을 보일 때까지 기다리고, 기회가 생기면 산토끼와 같은 빠른 스피드로 공격하는데, 적이 대응을 하기에는 너무 늦도록 만들어야 한다.

이거는 예전에 6편 허실편에서 이미 다루었었다. 버전에 따라서는 위치가 다른 경우가 있는가봐. 그 내용으로 볼 때는 적의 상황에 따라 움직인다는 얘기를 주로 하는 앞쪽에 더 맞을 수도 있다.

첫 부분 모든 교통을 끊고 우리끼리 은밀하게 모여 앉아서 전략을 짠다는 것은 앞에서 나온 '나의 계획이 밖으로 알려지지 않게 한다'는 것과도 관련이 있고, 특히 마지막에 나오는 '첩보'와 관련이 있는 듯하다.

중요한 지역은 선전포고 없이 차지하라는 것은 어떻게 보면 상당히 비신사적인 것 같은데, 누구 많이 생각나게 하지 않니? 바로, 우리의 '얄미운 돌이' 미야모도 무사시. 그러니까, 전쟁은 최대한 피해야 하지만 일단 시작되면 인정 사정 없이 이겨야 한다는 뜻을 전달하는 것 같다.

마지막 '처녀와 토끼'의 비유는 이제까지 여러 번 나오는 '스피드'에 대한 종합적인 가르침인 것 같다. 시도 때도 없이 불필요하게 바쁘고 빨리 움직일 것이 아니라, 결정적인 순간에 상대방이 정신 차릴 새 없이, [앞에서의 다른 부분까지 응용하면] 압도적인 파워로 때리라는 것이다.

자, 이렇게 해서 제11편 구지편도 끝이 났다. 이번 편은 상당히 혼란스러 웠지만, 한걸음 물러서서 도대체 경영전략적 관점에서 우리에게 무슨 말을 전해줄 수 있는가를 생각해 보자.

결국, 외부환경은 다양하게 변화하며, 따라서 우리는 어떤 환경에 우리가 처해 있는지를 정확하게 아는 것이 중요하다. 때로는 처음부터 발을 담그지 말고 피해야 할 상황과 환경이 있고, 때로는 잽싸게 움직여서 자리를 잡아야 하는 환경도 있을 것이고, 때로는 직원들을 독려하여 정면돌파를 시도해야만 하는 환경도 있을 것이다.

여기서 외부환경이란 단시 산업환경이나 전반적인 비즈니스 환경뿐만 아니라, 경쟁자들은 무얼 어떻게 하고 있는지도 파악할 필요가 있음을 말해주고 있다.

이것으로 11편도 완료. 다음은 끝에서 두 번째인 제12편, 제목만 들어도 무써운, 화공편(火攻篇). 이제 11개 끝났고 2개 남았다.

Eleven Down, Two to Go. 아자!

오늘 강의 끝~.

* 지금 시간이 거의 밤 8시. 현진이는 언제 그랬었냐는 것처럼 어느새 색깔이 정상으로 돌아와 있다.

↻ 오랜만에 돌아온, "안 바쁜 사람들만 읽는 글"

작성자 김연수
번호 626 조회수 21
작성일 2002-10-15 오후 3:10:44

기업이란 무엇인가

나는 경영학을 가르친다. 사람들은 쉽게 말해서 어떻게 하면 돈을 많이 벌 수 있을까를 가르치는 직업이라고 생각한다. 다른 분야를 공부하는 사람들은 경영학이 마치 장사치와 동의어이고, 술수와 얍삽한 기회만을 노리는 사람들이 모이고, 그런 사람들을 기르는 곳으로 착각하는 경우가 있다.

그게 아니라, 경영학은 어떻게 하면 기업이 원래의 역할을 성공적으로 수행할 것인가를 공부하고 가르치는 학문이다. 여기서 '기업 원래의 역할'이란 무엇인가? 즉, 기업은 왜 존재하는가? 이에 대한 대답을 분명하게 하지 않으면 위와 같은 혼란이 일어난다.

답을 아주 간단하게 알 수 있는 방법이 있다. 돈을 번다는 것을 영어로는 make money라고 표현한다. 즉, 돈을 만든다는 의미이다. 자동차 회사는 뭘 만드는 회사인가? 돈을 만드는 회사가 아니라 자동차를 만드는 회사다. 전자회사도 돈을 만드는 회사가 아니라 전자제품을 만드는 회사다. 자동차를 만들고 전자제품을 만드는 본업을 잘 할 때 돈이 벌리는 것이다. 그런데, 그냥 만드는 것이 아니라 돈 내고 살만한 『가치』가 있게 만들어야 한다.

즉, 정답은 바로 '가치 창출'이다. 누구를 위한 가치인가? 투자자, 종업원, 지역사회, 혹은 국가? 가치창출의 대상은 고객이다. 애초에 기업조직이 만들어졌을 때는 분명히 제품과 서비스로 고객의 필요를 채워주기 위해 생겼을 것이다. 그걸 잘 하는 기업은 당연히 성공하고 돈을 벌게 되어 있는 것이다. 그러나, 언젠가부터 일부 사람들이 "돈을 벌기 위해" 기업을 하기 시작했을 것이다. 그러면서, 헷갈리기 시작한 것이다.

만약에 내 말대로 기업의 본래 존재목적이 돈이 아니라면, 이윤이 목적이 아닌 것을 애초에 아는, 비영리 기업이나 공기업은 더욱 원래의 역할을 충실히 수행해야 한다. 따라서, 예를 들어, 공기업의 장을 아무나 데려다 앉히는 것은 한 마디로 아주 무식한 짓이다.

전쟁에서 승리하는 군대는 재물에 욕심이 없고, 오래 살 생각을 안 하고, 오직 승리하는 데만 신경을 쓴다는 가르침이 손자병법에 있다. 군사들이 재물에 관심을 두면 무슨 수를 써서라도 살아남으려고 애쓰기 때문에 전쟁에 이길 수 없다. 성공하는 기업은 돈 벌 생각을 먼저 하는 것이 아니라, 오직 본업을 어떻게 충실히, 잘 수행할 것인가에 집중하는 기업이다. 물론 그런 기업들은 돈도 잘 번다.

그리고, 경영학, 기업, 혹은 기업가들을 아래로 보는 사람들에게 한 마디.

우리 중에 자신의 역할을 제대로 수행하지 못한 데 죄책감을 느끼고 책임을 짓는 사람이 몇이나 있나? 조직이 어려워져 부하직원들 봉급을 못 주고 자신의 역할을 다 못한다고 자살을 하는 일은 유일하게 기업하는 사람들 사이에나 일어나는 일이다. 국회의원이 그런가? 아무 말이나 해 놓고 지키지 못해도 자살은커녕, 책임은커녕, 더 큰소리다. 그리고 보니, 얼마 전에 갖가지 주장으로 테이프가 있다는 등 세상을 시끄럽게 해놓고 아무 것도 내놓지 못한 사람들은 지금 뭘 하는지, 왜 가만히 놔두는지 모르겠다. 그리고, 나도 교수지만, 교수가 그런가? 도대체 우리 중에 누가 그런가?

18세기에 아담 스미스가 한 말을 기억하자. "유럽 모든 국가들 중에 네덜란드인들이 가장 상업적인데, 그들은 또한 가장 신뢰할 만한 사람들이다." 한번 사기 치고 치울 것이 아니고(그런 사람들은 기업가가 아니다) 영속적인 기업을 운영하려면 고객, 종업원, 투자자 등에게 신뢰를 얻지 못하고는 불가능하다는 것을 기업들은 잘 알고 있다.

다수의 기업들은 사업에 전념할 수 있는 환경을 만들어주면 알아서 본분을 다한다. 요즘 신문에 등장하는 "기아차 이례적 세무조사, 현대차 정경분리 선언 후 괘씸죄 의혹," "현대상선 4천억" 등과 같은 기사가 난무하는 나라에서 지금 정도 성과를 보이는 것만 해도 우리 기업들은 대단하다.

기업은 국가경제를 받치는 중요한 대들보다. 기업들은 존경 받을만한 모습을 보여주고, 일반사람들이든 정부든 기업을 우습게 생각하지 말라.

⟳ 가치와 돈

작성자 소민재
번호 626 조회수 12
작성일 2002-10-15 오후 10:39:15

교수님의 글을 읽고 의문이 생겼습니다. 과연 '가치와 돈'의 거리는 먼 것일까요? 원래 돈은 가치를 계량화하기 위해 만들어진 것이잖아요, 그죠?

"애초에 기업조직이 만들어졌을 때는 분명히 제품과 서비스로 고객의 필요를 채워주기 위해 생겼을 것이다. 그걸 잘 하는 기업은 당연히 성공하고 돈을 벌게 되어 있는 것이다. 그러나, 언젠가부터 일부 사람들이 '돈을 벌기 위해' 기업을 하기 시작했을 것이다. 그러면서, 헷갈리기 시작한 것이다."

이상은 위의 글에서 인용한 것인데 다음과 같은 세 가지 가정이 내포되어 있는 것 같습니다.
1. 가치와 돈은 다르다.
2. 가치가 먼저이고 돈은 나중이다.
3. 기업은 가치에 집중해야 한다.

만약 이상의 세 가지 가정이 너무 '과장된' 판단이 아니라면 제가 가진 질문은 유효한 것이 되겠습니다.

실제로 많은 창업가들이 돈을 벌기 위해 기업을 시작합니다. 그들은 돈을 벌기 위해 다른 사람들이 원하는 것(가치)을 찾습니다. 그리고 그 가치를 생산하여 목적(돈을 버는 것)을 달성합니다. 이런 경우 돈→가치의 선후관계와 기업의 동기가 바뀌지만 가치를 제공하는 것은 변하지 않습니다.

문제는 돈이 기업의 동기가 되는 것이 아니라 (물론 좀 폼은 안 나겠지만) 가치와 돈의 거리가 벌어질 때 발생하는 것이 아닐까요? 즉, 소비자가 가치를 올바로 판단하지 못하도록 하여 저급한 가치로 돈을 버는 행위가 문제가 아닐까요?

기업이 가치집중적이 되는 것도 좋겠지만 가치와 돈이라는 두 가지 목표 사이에서 균형을 잘 잡을 수 있다면 그것으로 족하지 않을까 합니다.

사람들에게 "정직하라"고 이야기하면 잘 안 듣지만 "정직하라 그리하면 돈을 벌 수 있다"라고 이야기하면 잘 들을 것 같습니다.

여기까지 쓰고 말렵니다. 다 쓰고 보니까 선생님의 글의 일부를 좀 지나치게 해석한 것은 아닌가 생각도 듭니다.

어찌 되었든 오늘도 한 페이지를 장식하네요.

모두들 행복하시와요.

민재 올림.

↻ The gap between value and money is…

작성자 박진석
번호 626 조회수 20
작성일 2002-10-16 오전 11:43:27

그걸 잘 하는 기업은 당연히 성공하고 돈을 벌게 되어 있는 것이다. 그러나, 언젠가부터 일부 사람들이 "돈을 벌기 위해" 기업을 하기 시작했을 것이다. 그러면서, 헷갈리기 시작한 것이다.

닭이 먼저냐, 달걀이 먼저냐…… 그건 그리 중요하지 않을 듯합니다…….

대전제는 기업은 'Rationality'를 지향해야 한다(그 옛날, 김인수 교수님의 조직수업에서 들었던 기억이 나는데…… 맞나???). 이는 교수님이 말씀하신 First Value, Second Money..(?)와 일맥상통하는 듯…….

어쨌든, 기업은 Value = Rationality를 지향해야 하죠……. 허나, 전략시간에 배웠던 Incremental practice(현실)에서는 100% 충족하기는 쉽지 않죠……. 특히 현실에서는 더욱더 그런 것 같습니다……. Pareto theorem이 적용되는 기업, 80:20…… 90:10…… 95:5…… 소수가 다수를 이끌어가고 책임지다보면… 다수 중에는 되먹지 못한 놈들이 나오게 되구요. 그 넘들이 '돈, 돈, 돈' 하다가 요꼴이 나는 게 아닐까…….

기업이 학교에서 배운 경영학, 100% 지켜가며 영업을 하면 이런 일이 안 생기겠지요? 이는 경영학도의 책임이지 않을까 싶습니다. 유혹을 뿌리치며, Value와 Money를 함께 추구하며 상생하는 기업환경을 만들어야지요.

100여년을 Big 5라는 고유명사를 만들며 'Integrity'를 Maximum value로 내세우며 회계업을 이끌어 왔던 아더앤더슨은 무너졌습니다……. 앤론사태가 터지기 전날에도 저는 우리 파트너들로부터 'Integrity'를 귀가 따갑도록 들어왔습니다… 한국의 파트너들이 'Integrity'를 지키지 못했던 것일까요? 미국 엔론을 감사했던 그 파트너들이 배신(?)을 했기 때문이겠죠……. 80의 Value를 창출하는 20의 조직원들은 우수합니다……. 그러나 20의 Value를 놓치게 만드는 80중 몇 명의 조직원들이 기업의 방향성을 흔들어 놓지요.

전직원들이 Value를 지향할 수 있게 하기는 무척 어렵습니다…….. 그러나 항상 노력은 해야겠지요…….

어쨌든, 망한 기업에서 몸을 담았던 2년을 회상해보면 교수님의 '기업론'은 다시금 경영학도로서 Value × Money = Management가 아닐까 생각해보게 합니다.(Value가 먼저, 돈은 두 번째, 요걸 둘 다 잘하면 '경영학'이 아닐까……)

.... [제목 없음]

작성자 박상준
번호 626 조회수 28
작성일 2002-10-16 오후 12:30:15

가치에 대해서 잠시 생각해 봅니다.
소니의 회장이 고객들은 자신들이 무엇을 원하는지 잘 모른다고 했답니다. 이 말도 일리가 있습니다. 김치 냉장고가 일반화되기 전에 김치냉장고를 따로 생각한 사람들은 별로 없었을 겁니다.
소니의 우수한 베타방식의 비디오테이프는 그것보다 떨어지는 필립스(맞나요? 아마 맞을 거예요. 틀렸다면 누가 좀 가르쳐 주시길)의 브이에이치에스 방식의 테이프보다 기술적인 면에서는 분명히 보다 큰 가치를 갖고 있다고 말할 수 있습니다.
애플의 구이방식의 운영체제는 아이비엠의 도스체제보다 기술적인 면에서는 분명히 보다 큰 가치를 갖고 있었습니다. 그러나 둘 다의 승자는 브이에이취에스와 도스였습니다.
이제 두 시장은 구이 방식을 본뜬 윈도우체제와 새로운 방식인 디비디로 바뀌어 가고 있습니다. 이제는 아무리 좋은 베타 방식의 비디오가 나와도 디비디를 이기지는 못합니다. 즉 한 시대가 갔다는 것입니다. 그런데, 이 시대 동안의 이 시장에서의 승자들은 필립스와 아이비엠이었습니다.
문제는 우수한 가치를 만들어내고도 고객들에게 제대로 접근하지 못했다는 데 있습니다. 우수한 함선을 가지고도 프랑스가 영국을 이기지 못했던 트라팔가 해전이 생각이 납니다.

애플의 기술자들과 소니의 기술자들은 아이비엠과 필립스의 기술자들보다 뛰어났지만 아이비엠과 필립스의 기술자들은 더 우수한 경영자 밑에서 일했다고 볼 수도 있겠습니다.

이런 점에서 왜 경영학에 전략이라는 단어가 붙는지 조금은 알 것 같습니다. 정말로 시장은 전쟁터와 많이 닮아 있는 것 같습니다.

지난 여름에 교회 수련회를 갔을 때에 전도사님께서 하신 말씀이 생각이 납니다. 신앙의 본질은 영적인 평안이 아니라 영적인 전쟁이라고 하시던데…… 경영이라는 것 역시 마찬가지란 생각이 듭니다. 다른 기업보다 더 나은 가치를 만들어내려고 애를 쓰고, 또 만들어 낸 그 가치를 남들보다 더 잘 전달해야 하고…… 사실 전 시장을 전쟁터로 비유하는 것에 약간의 반감이 계속 있었는데, 시간이 지나고 생각을 할수록 시장과 전쟁터는 정말 많이 닮아 있다는 생각이 듭니다.

그러니까 일선에 있는 분들은 전쟁터에 있는 것처럼 정신 바짝 차리고 아직 훈련소에 계신 분들은 더 열심히 공부들 해야만 한다는 생각이 듭니다.

저는 그냥 묻어갈 수 있도록…….

박진석(10/16,13:12): 경영을 해야 하는 사람이 왜 묻어 가나…… 같이 데리고 가야줘…….

김언수(10/16,20:49): 상준아, 소니의 베타멕스를 격파한 VHS 진영의 왕초는 일본의 '마쓰시다'. 그런데, 애플의 '구이' 방식이라는 게 뭐니? 나는 처음 듣는데…….

남대일(10/16,21:51): graphic user interface이던가요? 지금의 윈도가 이 방식이지요. 그 이전에는 도스용으로 까만 화면에 글자들이 뜨던 것이었지요. 286 컴퓨터를 생각하면 됩니다. 하지만 애플의 GUI 방식은 사실 윈도가 거의 본 따서 베꼈다고 보아도 좋지요. 그래서 욕도 많이 먹었구요. 지금의 윈도처럼 그래픽으로 끌어다 휴지통으로 버릴 수 있는 기능을 생각하시면 됩니다.

박상준(10/16,21:53): 고맙다 대일아 휴…….

김언수(10/16,22:13): 애플 방식이야 나도 익숙하지. 그걸 '구이'라고 하는지는 몰랐다. 그건 원래 제록스의 PARC 연구소에서 개발한 거다. 제록스는 신경을 안 썼는데 데모하는 걸 본 스티븐 잡스가 애플로 돌아와서 그런 모양과 필(feel)을 살리라고 주문했던 것이지. 대일아, 나 DOS 세대다. 기억하니? 나이가 40이 넘었다는 거⋯⋯ 상준아, 다국적 기업 다닌 사람이 웬만하면 영어 원문도 좀 넣어주지 그래?

남대일(10/17,11:11): 하하. 교수님 저도 286부터 배운 도스세대입니다. (그렇다고 동급 레벨이라는 건 아니구요⋯⋯.^^ 전 아직 만으로 20대입니다. 야잇!)

나도 한 마디⋯⋯

작성자 김언수
번호 626 조회수 3
작성일 2002-10-16 오후 10:10:25

일단, 진석이가 말한, "Value가 먼저, 돈은 두 번째, 요걸 둘 다 잘하면 '경영학'이 아닐까⋯⋯."에 대해서.

그렇지, 기업이 자선단체(charity)가 아닌 다음에야 당연히 돈도 걱정해야지. 내가 돈을 신경 쓰지 말라고 하지는 않았다는 점 다시 한번 확인하고 싶다.

민재가 말한 것 중, "가치와 돈의 거리가 벌어질 때 발생하는 것이 아닐까요" 하는 부분과 진석이가 말한 것 중 "유혹을 뿌리치며⋯⋯ Value와 Money를 함께 추구하며 상생하는 기업환경을 만들어야지요⋯⋯"하는 부분에 대하여.

즉, 가치와 돈의 관계 내지 우선순위에 대하여. 일단, 진석이의 우선순위에 동의한다.

그리고, 민재는 여전히 돈과 가치가 동시에 돌아가야 한다는 미련을 못

버린 것 같다. 충분히 이해한다.

그런데, 민재야, 이렇게 생각해 봐라. 이윤(돈)은 기업의 혈액이다, 그치? 돈이 없으면 기업이 살 수가 없지. 그리고, 우리 인간도 몸에 피가 없으면, 그리고 피가 돌지 않으면 당연히 죽지. 그러나, 그렇다고 우리가 피를 위해 사는 것은 아니지? 그렇지?

기업에 돈이 없으면 안 되지. 당연히 잘 관리해야지. 그러나, 역시 기업도 "돈 때문에" 존재하는 것은 아니지. 말이 되냐?

나는 여전히 믿는다. [믿고 싶은 건가?] 가치만 있으면 [그리고 그 가치를 제대로 전달만 할 수 있으면 – 조건이 너무 많나?] 돈은 확실히 따라 온다. '가치'가 없으면서 '돈'을 벌고 싶어할 때가 바로 문제가 되는 것이지.

"가치와 돈의 거리가 벌어질 때"는 제대로 된 가치를 내놓지 못할 때 일어나는 것이지. 그런데, 실력(가치)은 안 되면서 돈은 여전히 갖고 싶을 때, 진석이가 말한 유혹에 빠지게 되면서 문제가 생기는 것이지.

알지? "마음은 박남정인데(요새 애들은 누군지 모를까?) 몸은 김정구(더욱 모르겠지?)"면 괜히 과격한 춤추다가 몸 망가지는 거. [우리의 국민가수이시며 지금은 세상에 계시지 않는 분의 이름으로 농담을 한 점은 유족들에게 깊이 사과드립니다. 그러나, 이 말은 제가 만든 것이 아닙니다.]

그렇다면, 과연 '가치'란 무엇인가 하는 것이 의문점이 되겠다.

먼저 기억할 것은 가치를 결정짓는 사람이 고객이라는 것. 그러다 보니, 문제가 복잡해지는 것이다. 왜냐하면, 가치란 것은 "뭐라고 딱 꼬집어 얘기할 수" 없는 무형의 것이기 때문이다.

사람들한테 혹시 집에 불이 나면, 무슨 물건을 가장 먼저 건져내겠냐고 물어보면, 답이 항상 '가장 비싼 것'이 아니란다. 오히려 그런 경우는 드물고 보통 '가족 사진'이라든가 하는 돈과 별로 관계없는 것들을 언급하는 경우가 더 많단다.

가치란 것이 이렇게 정의하기는 힘들지만 그렇다고 그 구성 요소들을 완전히 까맣게 모르지는 않지.

어떨 경우는 제품의 look이나 feel(예를 들어, 컴퓨터 iMac의 칼라, 알마니 정장의 디자인)이 가치의 주요 요소가 되기도 한다. 때로는 노스텔쟈(nostalgia—향수)를 자아내게 한다든가 하는 감정적인 부분일 수도 있다. (영화 "친구"의 성공 배경에는 70년대 노스텔쟈를 자아내게 한 시대와 화면처리 등도 있다고 하잖냐.) 혹은, 지위와 위신을 세워주는 그 무언가가 될 수도 있고.

즉, 가치는 다양한 형태로 온다. 제품의 유용성, 품질, 제품과 연결된 어떤 이미지(이거는 광고나 홍보가 큰 역할을 하겠지), 혹은 얼마나 구하지 쉽거나 어려운지, 어디서 구할 수 있나 하는 요소 등 다양하다.

그리고, 모든 고객이 동일한 가치에 똑같이 반응하지 않는다는 것도 문제를 어렵게 만드는 요소다. 어떤 사람은 패스트푸드를 좋아하지만, 어떤 사람은 되게 싫어하지. 어떤 사람은 도시생활을 완전히 떠나 문명의 이기가 없는 시골생활을 돈주고 즐기지만, 어떤 사람은 그런 생활이 지옥이라 여기겠지.

그러다 보니, 바로 타겟 고객을 확실하게 잡는 focus가 중요한 것이지.

그렇다면, 과연 '가치'만 있으면 모든 것이 게임 끝이냐…….

상준이가 좋은 말을 했다. "문제는 우수한 가치를 만들어내고도 고객들에게 제대로 접근하지 못했다는 데 있습니다. 우수한 함선을 가지고도 프랑스가 영국을 이기지 못했던 트라팔가 해전이 생각이 납니다."

먼저, 트라팔가 해전은 조금 다른 얘기인 것 같다. 우수한 함선이 '가치'에 해당하는 것 같지는 않다. 프랑스는 우월한 물적 자원을 가지고 있었을 뿐, 오히려 탁월한 인적, 조직적 자원을 가지고 있었던 영국해군이 더 차별적인 우위가 있었던 것이지.

이런 비유가 가능한지는 모르겠지만, 전쟁을 하드웨어로 이기는 일종의 제조업이냐, 아니면 소프트웨어로 이기는 일종의 서비스업이냐 하는 관점에서 생각해 보면, 기본적으로 서비스업에 가깝다. 하드웨어가 너무 일방적으로 차이 나는 경우는 별로 없다고 하거든. 새로운 무기가 나오면 초기에 약간 우위를 가지다가 어떤 경로를 통해서든 상대방도 그걸 따라잡는 것이 보통이니까. 하드웨어에서 큰 차이가 나지 않는다면 결국 승부는 사람, 조직력 등등이지.

마치 백화점이 많은 물건(하드웨어)을 팔기는 하지만 서비스업이라고 불리는 이유는, 다른 백화점들도 같은 물건을 팔 수 있으니까. 또, 항공사업이 서비스업이라고 불리는 이유는 비행기는 모든 회사들이 같은 걸로 다 운영을 하니까. 호텔은 사람들이 하드웨어인 시설을 이용하지만 역시 서비스업이라고 부르지……

하드웨어와 소프트웨어의 관계는 나폴레옹이 단적으로 "moral(정신적인 부분) 1개는 physical(물질적인 부분) 3개에 해당"한다는 걸로 결판났다고 본다.

따라서, 트라팔가 해전 상황에서의 '가치'는 오히려 영국 쪽이 더 많이 가지고 있었다고 볼 수 있지 않을까?

그 다음, 가치의 전달에 대하여.

상준이 말대로, VCR 시장에서 마쓰시다가 승리한 것은 가치 자체보다 (상준이의 설명과는 약간 달리, 기술적인 차별화는 별로 없었다고 한다. 실제 미국 시장은 소니의 베타멕스가 선점을 했다고 한다.)는 그 가치를 어떻게 전달하느냐 에서 마쓰시다가 이긴 것으로 되어 있다.

PC도 같은 이야기.

즉, 소니는(애플도) 독점적인 기술고수를 선택했고, 간발의 차이로 조금 뒤쳐진 마쓰시다는(IBM도) 기술을 다른 경쟁전자회사들에게 라이센싱을 줘버렸다. 즉, market base를 먼저 확보해 버린 것이다. 사용하는 사람 입장에서는 이왕이면 되도록 많은 사람들이 쓰고, 많은 회사들이 만드는 제품을 쓰는 것이 안전하다는 생각을 하겠지. 그리고, 편리한 점도 많고.

그리고, 마쓰시다는 보완재, 즉 비디오 대여점에 VHS 포맷 테입에 영화를 담아 뿌렸다. 나도 1980년 중반 미국에 처음 갔을 때, 비디오 대여점에 가면 같은 영화의 경우 베타멕스 형식 테이프는 항상 없었고(모자랐고) VHS 포맷은 넉넉했던 것을 기억한다. 즉, 베타멕스 기계를 가진 사람은 대단히 불편해진 것이지.

또 하나의 일종의 비밀은 바로 VHS 포맷의 포르노 영화의 폭발적인 공급이라는 '전설'이 있다. AOL이 온라인 서비스의 강자로 떠오르는 데도 음란물, 음란내용, 음란사이트, 음란커뮤니티 등 주로 '음란 패밀리'를 모른 척 했던 것(모르지, 오히려 조장을 했는지)이 상당히 작용을 했다는 '전설' 역시 전해져 오고 있다.

너무 길어졌으므로 대강 결론을 내리자면,
일단은 가치를 만들어내는 것이 중요하고, 가치가 있더라도 그것을 제대로 전달을 할 능력이 있어야지. 그리고, 계속해서 홈런만 치는 기업이란 현실적으로 있을 수가 없고, 또한 기업은 한 번 하고 치우는 것이 아니므로, 실패도 물론 있을 수 있다. 다만, 한번의 실패로 기업이 완전히 몰락하여 사라지는 일은 없도록 체질을 다지고, 실패하더라도 그 파장을 최소화하는 일련의 관리를 하는 것이 전략을 필두로 한 경영학의 내용인 것이지.

소니는 VCR에서의 실패에 좌절하지 않고 역량을 잘 축적했다가, 그 역량을 이용, 나중에 캠코더로 멋진 컴백을 하지 않았나?

하여튼, 이렇게 활발하게들 논의를 하는 걸 보니 흐뭇하다. 이런 아름다운(?) 모습이 계속 됐으면······.

네.

작성자 소민재
번호 626 조회수 15
작성일 2002-10-16 오후 11:48:11

선생님께서 쓰신 글의 의미는 충분히 이해하겠습니다.

사실 돈 = 피의 개념은 저도 대학원 시절 쭉~ 고수해 왔던 것입니다.

요즘 학교 밖에서 생활하면서 특히 '돈'을 관리하면서 기존에 가지고 있던 관점에 대한 도전(?)을 해보는 중입니다. 그런 과도기에서 대학원에서 가졌던 생각들을 (많은 부분들은 선생님께 '큰' 영향을 받았지요.) 변화시키려 하다보니 이런 부분에서도 다른 견해를 피력해보게 되는 것 같습니다.

얼마 전에 경제학 쪽 책을 조금 봤었는데 그 독서도 가치와 돈의 관계를 밀접한 것으로 보는 지금의 제 생각에 영향을 많이 준 것 같습니다. 선생님께서도 말씀하신 것처럼 가치란 결국 시장에서 평가되고 돈으로 기업에 돌아가니까요. 그런 의미에서 저는 가치와 돈의 거리가 가까울 때 돈을 쫓던 가치를 쫓던 간에 큰 차이가 없을 것이고, 그런 상태의 시장상황을 지속시키는 것이 공적인 조직들의 역할이 아닌가 생각을 했던 것입니다.

아! 그리고 그냥 나는 생각인데 INSEAD의 한국인 교수 W. Chan Kim이 HBR에 Winning business idea when you see the one이라는 아티클을 썼는데 이 아티클에서 나름대로 상품의 가치를 분류하려고 노력했던 것 같습니다. 혹 관심 있는 후배님들은 읽어보시길 권합니다.

저도 여러 선배님들이 이런 저런 글들을 올리시고 교수님께서 정리도 해주시고 하니까 재미있네요.

역시 이런 게 커뮤니티의 맛이 아닐까 합니다.

또 소식 전하겠습니다.

아디오스!

박진석(10/17,8:28): Kunbalri ajoessi Manse~~~

김언수(10/17,11:54): "저는 가치와 돈의 거리가 가까울 때 돈을 쫓던 가치를 쫓던 큰 차이가 없을 것이고……" 그렇게 가까울 때 어떤 걸 우선순위에 놓느냐에 따라 단기적인 결과야 마찬가지겠지만 장기적으로는 차이가 날 것 같다. 그리고, 자신을 속이게 되는 경우도 있고. 나도 가끔 헷갈리면서 나 자신을 속이고 싶어질 때가 있거든…… 마음 저 깊은 곳에는 "돈이 생기겠군" 하면서도 겉으로는 "이런 가치 있는 일이니까" 하는 식으로. 문제는 내가 정말 가치를 위해서 뭔가를 할 때와 돈을 위해서 뭔가를 할 때 그 성과가 달라질 확률이 많다는 것. 우리는 안다. 우리가 뭘 원하는지. 자신을 속이지만 않으면 이런 혼란도 없을 텐데…….

⚘ 더티 플레이와 진정한 경쟁력

작성자 김언수
번호 628 조회수 26
작성일 2002-10-17 오후 12:32:40

하이 에브리바디. 목요일 낮 12시다. 오전에 학교 와서 문교수님 박사과정 지도학생 논문지도를 해 달래서 시간을 좀 보냈다.
　오늘 아침에 언뜻 TV에서 본 것이 생각을 하게 만들어서 잠깐.
　아침에 K모 방송(너무 많은 정보를 줬나? K라면 KTN도 있고, KMTV도 있음을 기억할 것)의 TV 프로그램에 누가 나왔냐 하면, 이번 아시안 게임 여자 핸드볼에서 우리가 금메달 땄잖아. 우리 대한민국 팀의 골키퍼인 "이남수" 선수가 나왔더라.
　나는 경기를 보지는 못하고 라디오 뉴스에서 이남수 선수가 얼굴에 공을 맞아가며 선방을 했다는 소식을 듣곤 했었다. 그런데, 그 선수 얼굴도 이쁘더만. 남자 대표팀이 결승경기 하는 거는 잠깐 봤는데, 골키퍼는 정말 상대방이 던지는 공에 눈을 안 감더라. 대단하더라구. 그런 것도 훈련으로 가능할까?
　어쨌든, 내가 하려는 얘기는 그게 아니라, 바로 여자팀이 북한팀과 경기를 할 때 얘기를 이남수 선수가 한 것에 대해서이다.

얘기를 들어보니 북한팀은 그야말로 이기는 것을 최대의 목표로 삼은 듯, 손자와 리델 하트의 간접적인 방법은 물론, 일종의 심리전까지도 구사한 것으로 보인다.

일단 간접적인 방법. 전쟁에서 간접적인 방법은 본격적으로 맞붙기 전에 이미 상대방이 전의를 상실하도록 갖가지 정치적인 공작, 보급로 차단 등을 구사하는 것도 포함되어 있지? 북한과의 경기 하루 전날 어떤 일이 있었나 하면, 선수촌 사우나에 이남수 선수가 들어가 있는데, 보통 5명 정도가 들어가는 사우나에 북한 선수가 왕창 들어가서 약 17명이 그 안을 꽉 채웠단다. 이남수 선수는 제일 구석에 있은 터라 밖으로 나가지 못하고 거의 질식할 상태까지 이르도록 갇혀(?) 있었대. 그러니, 완전히 진이 빠져서 그 다음날 경기, 특히 초반에 아주 고전했다고 그러더라.

그러니까, 직접 시합에서 힘겹게 싸워 이기기 전에 아예 상대방의 진을 빼놓자 하는 전형적인 간접 공격이지.

그리고, 경기당일 날은 북한 선수들이 슬쩍 스쳐지나가면서, "거, 얼굴 조심하라우" 이런 코멘트도 날렸다는군. 일종의 심리전이지? 그리고는, 물론 얼굴 쪽으로 공을 던졌겠지? 그리고, 중간중간 심판이 안 볼 때 이남수 선수 배도 한방씩 치는 식의 더티한 플레이를 했다는군.

그러나, 중요한 것은 우리 팀이 그럼에도 불구하고 이겼다는 것.

쉽지는 않지만, 진정한 실력과 경쟁력이란 상대방이 아무리 더티하게 나와도 이길 수 있는 그런 실력이 아닌가 싶다. 지고 나서 "쟤는 치사하게 반칙해떠여" 그래봤자. 승부를 뒤집기는 힘드니까. 동계 올림픽 쇼트랙에서 일어났던 김동성과 안톤 오노 사건도 대단히 분개할 만 하지만, 애초에 누가 봐도 할 말이 없게 이겨버렸으면 되는 것이었지.

특히 전쟁에서는 전쟁에서 지고 나라 망하고 난 다음에 "힝~, 쟤네들은 치사한 방법으로 전쟁을 이겨떠여, 혼내 주세요"한들 이미 게임 끝난 거 아니겠어?

따라서, 진정한 실력자는 여러 변명을 할 필요도 없고, 혹시 어찌어찌하여 지더라도 여러 말을 안 하는 것 같다. 다음에 다시 실력을 확인시킬 계획이 남아 있을 뿐.

그렇다면, 비즈니스에서도 마찬가지? 일단은 더티한 플레이를 하는 쪽이 되어서는 안 되겠고, 상대방이 아무리 지저분하게 나오더라도 감히 우리를 넘볼 수 없는 그런 쪽이 되어야겠지? 그 열쇠는 이제까지 우리가 논의한, 바로 바로, 가치!

마지막으로, 이남수 선수의 말 중에서 인상 깊었던 것 또 한 가지.

훈련을 받을 때 너무나 힘들고 고돼서 트랙을 돌다가는 "어디 쇠 조각이라도 밟아서 다리를 다치면 쉴 수 있을까" 하는 생각도 수없이 했고, 산길을 뛰는 훈련을 할 때는 "어디 절벽에라도 굴러 떨어지면 이 괴로움이 끝날 수 있지 않을까" 하는 유혹도 수없이 받았다고 한다.

그러나, 그걸 실천에 옮기지 않고 극복하는 쪽으로 마음을 잡았고, 아시안 게임 4회 연속(그럼, 자그마치 16년이다) 우승이라는 대업(앗! 입에도 올리기 싫은 사람의 이름하고 같네......)을 이루게 된 것이지.

내가 너희들한테도 (요새는 특히 지원이한테) 늘 말하지만 공부도 마찬가지다. 결국 자기와의 싸움이지. 힘들고 하기 싫을 때 누가 그 유혹에 지느냐 혹은 극복하느냐가 큰 차이를 만들어 내게 된다. 공부하면서 쓰러지는 사람이 사회생활에서는 갑자기 터프해질 수 있을까? 사회가 훨씬 삭막한데…….

나는 너희들이 이 세상 어디다 갔다 놔도 경쟁력을 발휘하며, 깨끗한 플레이로 사랑받고, 존경받는 사람들이 됐으면 좋겠다.

No pain, no gain! No cross, no glory!
고통 없이 승리 없다. 십자가 없이 영광 없다.

최정옥(10/17,13:5): 운동하는 버릇을 들여 볼려고 회사 지하에 있는 헬스에 다니기 시작했지만...... 이 것도 역시 자기와의 싸움이 될 거 같습니다. 항상 그랬듯

이 또 중도하차하게 될지...... 터프하게 해볼께요^^

김언수(10/17,14:17): 내가 쓰려다 그만 둔 말을 정옥이가 했다. 내가 평소에 운동을 반드시 할 것을 권하는 것은 운동이야말로 육체적인 건강은 물론 '자기와의 싸움' 이 몸에 배이게 해 주는 가장 좋은 방법이기 때문이다.

장지원(10/18,12:27): 제가 좀 물렁해 보이긴 하죠. ㅋㅋ 그래도 저 흐느적거리면서 할 건 다 할라고 하는데요. 저도 요새 궁시렁 안 하고 긍정적인 마음으로 살라구해요. 아자, 힘내야지…….

↩ 또 한 가지!

작성자 김언수
번호 629 조회수 14
작성일 2002-10-17 오후 1:05:26

너무 말을 많이 하는 것 같아서 조금 미안한데,
요거는 오늘 학교 오는 지하철에서 읽은 거다. 어제 상준이가 언급한 애플 얘기라서.

우리가 애플 컴퓨터의 디자인을 너무 귀여워하면서도 잘 쓰지는 않는 이유는? 주위에 쓰는 사람들이 별로 없다는 이유. 나 혼자 애플을 쓰고 다른 사람은 윈텔(마이크로소프트 Windows 운영시스템과 Intel 마이크로프로세서를 쓰는 IBM 호환 기종들) 시스템을 쓴다면, 혹시 파일을 이쪽에서 저쪽에서 옮겨야 한다거나 할 때 골치가 아프지.

이런 지경에 이르게 된 것은 애플이 IBM과 마이크로소프트를 아주 우습게 보는 전통에서 기인한다. 애플의 맥켄토시가 나왔을 때(아직도 당시 사람들은 그런 태도를 가지고 있는 듯 하다) '사용자 편의성'(user friendliness)을 기치로 "이제까지 이런 컴퓨터는 없었다. IBM 기종은 컴퓨터도 아니다. 운영 소프트웨어도 마이크로소프트 것은 소프트웨어도 아니다"하는 태도를 가지고 있었다.

아직도 그렇다는군. 얼마 전 마이크로소프트의 빌 게이츠 회장이 창업자 스티븐 잡스가 복귀한 애플에 대해 뭐라고 했냐하면, "애플의 경쟁력은 칼라다"라고 비꼰 적이 있다. 즉, 물건은 영 형편없는데 디자인과 칼라로 고객을 현혹시킨다는 투로.

그래도, 여전히 애플 쪽은 "어디서 개가 짖나"하는 식이었지.

그러나, 현실은 윈텔 시스템이 시장을 완전히 장악하면서 애플 쓰는 사람은 일종의 왕따가 되고, 특히 사무실에서도 다른 사람과 업무를 같이 하는 것이 불편해지면서 서서히 밀려나고 있었던 것이지.

최근(비즈니스 워크, 10월 7일자) 애플이 어떻게 정신을 차리느냐.

애플 맥켄토시의 운영 소프트웨어(operating software)는 'OS X'라는 것인데, 최신 버전으로 Jaguar(우리 발음으로 '재규어'라고 하는데 더 정확한 발음 '재구아~ㄹ' 끝에 약간 혀를 안으로 말아 넣어 주세요^^)를 소개했다.

이거는 뭐냐. 맥킨토시 간에는 물론 윈텔 시스템 기종과도 네트워크를 통해서 애플 컴퓨터 화면에 마치 우리도 가끔 그렇게 하듯이 윈텔 컴퓨터 안의 아이콘을 띄울 수 있고(예를 들면, 내 IBM 컴퓨터 안에 있는 사진 폴더를 다른 애플 컴퓨터에) 자유롭게 열고, 편집하고, 닫고 …… 등등을 할 수 있게 한다는 것이다.

이렇게 되면, 이제까지 가장 애플의 약점이던 호환성의 문제가 상당히 해결되겠지?

그리고, 빌 게이츠가 우습게 본 '칼라-색깔'의 경쟁력은 앞으로 더 중요해질 것이다. 컴퓨터이든 다른 전자제품이든 기능이나 품질 상의 차이가 점점 없어지면 결국 남는 것은 브랜드(신뢰할 만한 이름)와 "얼마나 이쁘게 생겼나 — 즉, 디자인 — 즉, 칼라"가 되겠지.

혹시 알아? 한 5년 뒤에는 우리 모두 애플을 쓰고 있게 될지…….

역시 비즈니스는 'To be continued……'이다.

이러므로 남자가 부모를 떠나······

작성자 김연수
번호 633 조회수 56
작성일 2002-10-21 오전 11:29:47

······ 그 아내와 연합하여 둘이 한 몸을 이룰지로다.
성경 창세기 2장에 나오는 유명한 구절.

지금 41년 만에 부모를 떠나 분가를 하기 위하여(미국에서 살았던 거는 제외하고) 얻은 아파트에 와 있다. 아파트라기보다는 쬐끄마한 오피스텔에 가깝지만.[나 셋방 살아······ -,-] 청소라도 하려고 온 건데 영 컨디션이 안 좋아서 내일로 미룰까 보다.

텅 빈 아파트이기는 하지만, 여기 초고속통신망이 깔려 있다 길래 노트북을 한번 연결해 봤더니 되네. 역시 세상은 많이 좋아졌다. 속도도 상당히 빠른 것 같다.

완전히 옮기는 것은 이번 주 금요일쯤 할까보다. 이번 주가 중간고사 기간이기는 하지만 보충수업이 거의 정상대로 있기 때문에 시간이 여의치 않다. 아주 필요한 것만 대강 갖추면 일단 될 것 같다.

완전히 옮기면 full report를 내 하지.

그리고 보니, 이제 성경구절에서 얘기하던 것 중에 "부모를 떠나······" 이 부분은 일단 해결했고, 이제는 "아내와 합하여······" 이 부분만 해결하면 되네?^_^

좀 오래 걸렸지?

박진석(10/21,11:50): 독립을 추카드립니다······ 근데, 법적 동거가 41년이나 되셨나요······? 저는 여전히 35년으로 기억하고 있었는데·······

장지원(10/21,13:52): 선생님, 진따 추카드려요. 근데요.. 이거 축하할 일이 맞긴 맞나요? 선생님 밥 하실 줄 아세요? 걱정 걱정.. 혼자 살아보니까 아침은 씨리얼, 점심은 초콜렛, 저녁은 빵. 저 그러다가 영양 불균형으로 굴러다녔잖아요. ㅠ.ㅠ

김언수(10/21,18:3): 지원아, 걱정해 줘서 고맙다. 이제 아내와 함께(자주) 있게 될 테니까. 그런데, 오래 되긴 했지만 왕년에 내가 또 집안 살림을 만만찮게 했었지. 어차피, 점심과 저녁은 학교에서 보통 먹으니까, 별 걱정 없을 것 같다. 아침은 각종 건강식으로 해결…… 과일, 우유, 치즈, 요거트, 그리고 생식. 와~, 배 디따 부르겠다.

한수진(10/22,12:13): 선생님! 집들이 하셔야지요. 제가 맥주 1박스 사가지구 가지요.

최정옥(10/22,12:44): 그럼 저는 중국술을 들고 갈까요?^^ * 아이구, 또 술이네요~~

박형근(10/22,13:7): 교수님, 독립만세!!! 교수님 사시는 집에 하나님의 축복이 가득하시길…….

남대일(10/22,14:59): 휴지랑 하이타이랑 성냥 사가지구 가지요!(참 전통적이다.^^)

김언수(10/22,15:10): 요새도 성냥 쓰는 사람 있나? 라이타로 대신 해도 되나?

12 화공법
火攻篇(Attack by Fire)

[Sun Zi Bing Fa #53]
2002/10/23, Seoul

수요일 오후. 사실은 그저께쯤 올릴까 하다가 경은이가 다치는 일도 있고 해서 잠시 기다렸다. 경은이도 아직 문제가 남아 있기는 하지만, 처음보다는 많이 호전이 된 것 같아서 글을 다시 올린다.

이제 얼마 남지 않았다. 28일 정도까지는 마무리를 지어볼까 했는데, 이번 주에 이사도 해야 하고 등등 잘 될까 모르겠다. 어쨌든……

오늘의 주제는 손자병법의 끝에서 두 번째 부분인, 제12편 화공편(火攻篇).

이제까지 진행상황으로 볼 때, 앞에서 나오는 각종 원칙들을 잘 이해하고 지킨 후, 상대방을 혼란스럽게 하고 결정적인 승패의 균형을 뒤집는, 일종의 '양념'으로 불을 써서 공격하는 방법을 소개하는 것이 아닌가 싶다.

전체적인 내용은:
[1] 불을 사용하여 상대방이 급작스러운 혼란에 빠지게 만들고,
[2] 한두 번 전투에 이긴 것으로 전쟁의 승리를 결정짓는 것이 아니고 작은 전투에서의 승리를 지속적으로 한데 모아서 승리를 굳히라는 것, 그리고 마지막으로
[3] 자제력을 발휘하라는 것이다.

[2]번과 [3]번은 불로 공격하는 것과는 직접적인 연결은 없다.

자, 그럼 시작해 볼까나…….

[상대방에게 혼란을 일으키고 상대방 진영 안을 휘저어라.]

凡火攻有五：一曰火人, 二曰火積, 三曰火輜, 四曰火庫, 五曰火隊.

불로 공격하는 데는 다섯 가지 방법이 있다.
첫째, 적의 군사들을 장막 안에 있는 채로 굽는(?) 방법이다. [well done, please! —— 너무 잔인한가?]
둘째, 보급물품과 창고를 태우는 방법이다.
셋째, 장비(무기)나 운송장비를 태우는 방법이다.
넷째, 무기고를 태우는 방법이다.
다섯째, 수송대열을 태우는 방법이다. [어떤 사람은 이것을 소이탄 내지 불화살을 써서 상대방을 태우는 방법이라고 해석하는 경우도 있다.]

적을 직접 태워 죽여 싸울 상대를 없애는 것은 다섯 가지 중에 하나이고, 나머지는 거의 보급품을 없앤다거나 창고, 무기고, 장비 등을 태워버려 상대방이 싸울 수단이 없게 만들어 버리는, 간접적이 방법이 더 많은 것을 알 수 있다.

行火必有因, 煙火必素具.

불을 사용하기 위해서는 어떤 수단 내지 매개물(medium)이 반드시 있어야 한다.[어떤 경우는 이 부분을 적 내부에 있는 배신자를 이용해야 한다거나, 적절한 날씨를 이용해야 한다는 식으로 해석하기도 함.] 불을 놓기 위해 필요한 재료나 장비는 항상 준비되어 있어야 한다.

發火有時, 起火有日. 時者, 天之燥也. 日者, 月在箕, 壁, 翼, 軫也. 凡此四宿者, 風起之日也.

불을 써서 공격하기에 적당한 계절과 때가 있는 법이고, 큰불을 시작하기에 적당한, 특별한 날들이 있다. 적절한 때라는 것은 날씨가 아주 건조한 때를 말하고[너무 당연? 어떤 바보가 비오는 날 불을 지를까?], 특별한 날이라는 것은 달이 다음의 네 가지 형태를 띨 때를 말하는데, 이럴 때는 하루 종일 강한 바람이 불 가능성이 높기 때문이다:

여기서 달의 네 가지 형태가 문제다. 뭘 말하는지 모르겠단 말이야. 누구 아는 사람 있을까?

箕(기, 영어로 Sieve 혹은 Sagittarius라고 쓰고, 궁수자리라는데......),
壁(벽, Wall 혹은 Alpharatz),
翼(익, Wing 혹은 I),
軫(진, Cross-Bar 혹은 Chen)

어쨌든, 위에서 말한 것들 때문에, 옛날에는 장군이 되는 조건 중의 하나로 하늘의 운행을 알아야 한다고 했나 보다. 물론, 미신은 멀리해야 한다고 했지.

삼국지의 스타 제갈공명도 바로 천지의 운행에 대한 빠삭한 노하우가 있었던 사람 아니겠냐? 삼국지의 적벽대전이지 아마? 촉나라와 오나라가 잠시 한패가 되어 위나라와 싸울 때.

내가 어릴 때 읽었던 삼국지 소설(사실은 만화^_^)의 기억을 더듬으면, 조조의 위나라가 제일 막강할 때, 유비와 손권이 동맹을 맺어 물위에서 위나라를 물리치는 스토리이다. 일단 제갈공명과 쌍벽을 이룬다는 지략가 방통을(어이없게 일찍 죽어버리지만) 위나라로 거짓 합류하게 만든다. [마지막 13편에 나올 일종의 '스파이.']

그 방통이 조조에게 좋은 아이디어라면서 알려주는 계책이 바로 '연환

계.' 즉, 배들을 쇠사슬로 서로 연결하고 판을 깔아서 운동장처럼 평평하게 만들면, 배 멀미도 없고 마치 육지에서 싸우듯이 싸울 수 있다고 꼬신 것이다. 듣고 보니 그럴 듯 하거든? 그래서, 조조가 그 제안을 받아들이지.

촉-오 동맹군은 이제 풀섶을 잔뜩 실은 선단에 불을 붙여 위나라 선단에 부딪힐 준비를 하게 된다. 즉, 화공법을 구사하려는 것이지.

그런데, 손자가 말했듯이 불을 사용하려면 뭐가 필요하다고? 일단은 medium. 그건 좋다 이거지. 마른 풀 등 인화물질을 가득 실은 배들을 준비했지. 그 다음은 뭐라고? 적당한 때와 적당한 날을 기다려야지? 그런데 당시는 건조한 계절이라 그것도 OK. 그런데, 마지막 남은 것이 적당한 날. 즉, 바람이 많이 부는, 그것도 우리 쪽으로 많이 불면 아주 곤란하겠지? 저~쪽으로 많이 부는 날을 알아야 하는데 그게 문제인 것이라.

오나라의 지휘관인 주유(주유소가 생각나네······)는 손자병법을 읽지 않았던지 영 감을 못 잡았나봐. 애초에 이 계획을 세운 것은 바로 제갈공명이었는데, 당시 오나라 쪽으로 일종의 파견을 가 있었던 것으로 기억한다.

주유가 "모든 준비는 다 좋은데, 원하는 때 바람이 안 불면 어떻게 하냐?"라고 했을 때, 그는 "저만 믿으소서. 적절한 때에 바람이 불지 않으면 내 목을 내놓겠나이다" 하면서 폼을 잡았지. 그러면서, [가만있어도 되는데] 괜히 제단을 마련하라, 목욕재계를 한다, 부산을 떨면서 긴머리 풀어 헤치고 하늘에 기도를 하는 척 쇼를 하지.

하늘은 구름 한 점 없고 바람은 불 생각을 안 하고, 주유는 초조해지면서 속으로는 생각을 했겠지. "그래, 혹시 바람이 안 불어서 이번 전투를 실행에 옮기지 못할지라도, 저 제갈공명이라는 녀석이라도 없앨 수 있으면 그것도 이득이지, 뭐. 어차피 촉나라도 우리가 집어삼켜야 할 테고, 그럴 때 공명 녀석은 분명히 눈에 가시같이 위험한 존재가 될 것이야······."

아, 그런데, 이게 웬일입니까.(수다맨 버전으로) 어디서 한 줄기 바람이 가늘게 부는가 싶더니 곧 이어 거센 바람이 마구 휘몰아치는 것이 아니겠습니까. 여전히 눈을 감고 폼을 잡고 있는 제갈공명의 머리는 한창 열나게 공연하는 록 뮤직(rock music)하는 애들 머리처럼 멋지게 휘날립니다. [이래서 머리를 풀어 헤쳤었구먼……]

이 바람을 이용해, 준비했던 선단에 불을 붙이고 돌진, 배들을 모두 묶어 놓아 오도 가도 못하게 된 위나라 군사들 대부분이 비참하게도 불에 바싹 후라이가 되는 장면을 연출하게 된다.

조조는 구사일생 피하지만 제갈공명이 미리 곳곳에 매복해 놓았던 군사들에게 기습을 당해 병사 대부분을 잃고 몇 명이서 비틀비틀 도망을 가는데, 마지막 길목을 "짠~" 지키고 있는 사람은 다름 아닌 관우! 적토마 위에 높게 올라타고, 청룡언월도를 비스듬하게 땅 쪽으로 향하게 하고, 고개는 약간 숙인 채 눈을 내려 깔고, 불어오는 바람에 긴 수염을 휘날리며, 대단히 "쿨"(cool)한 표정으로 기다리고 있었을 것이다. [상상들 가니?]

"이제는 꼼짝없이 죽었구나", 생각한 조조는 부하들이 보기에도 "야, 나 같으면 차라리 그냥 죽겠다"하는 생각이 들 정도로 비겁하게 목숨을 구걸하고, 점잖은 관우는 "이런 걸 죽여 봐야"하는 생각에 조조를 놔주는 치명적인 실수를 하게 된다.

장면은 바뀌어, 다시 오나라의 진지. 여전히 바람은 거세게 불고 저쪽 위나라 쪽에서는 수많은 병사들이 비명을 지르며 죽어 가는 지옥 같은 장면이 연출되고 있다. 이때 휘날리는 바람 속에서 주유는 혼잣말을 한다. "이 제갈공명이라는 사람은 정말 무서운 사람이구나. [바부, 너도 손자병법 읽었으면 할 수 있는데……] 살려 뒀다가는 훗날 정말 큰 화를 당하겠다."

그리고는, 부하에게 당장 제갈공명을 처치하라고 명령을 내린다. 그 부하가 공명을 죽이러 아까 그 재단 쌓아 놓은 곳에 말을 달려서 갔더니, 어라, 안 계시네? 사방을 둘러보니 저 아래 포구(강변)에 배가 한 척 와 있고 거기에 공명이 타고 있네! "아니, 저 녀석이" 싶은 마음에 급히 말을 달린다. 그런데, 그 배 안에서 또 폼 나게 몸을 일으키는 사람은 다름 아닌, 삼국지 전체에서 칼을 제일 잘 쓴다는 "조자룡"이네?

조자룡이 손권 부하에게 왈, "촉나라 유비께서 급히 공명을 부르시니, 그리고 이곳에서의 일도 잘 끝이 났으니, 내가 인사도 못 드리고 모시고 간다고 전해라." 상대방이 조자룡인데 어떡하겠어. "네~, 안녕히 가셔요" 그러고 말았지, 뭐.

그렇게 제갈공명은 튀어 버렸다.

사실인즉슨, 제갈공명이 이 모든 것을 미리 꿰뚫고 "모일모시 어디로 조자룡이가 와라"하고 미리 다 준비를 시켰다는 것이지.

얘기가 길어졌는데, 하여간 이 에피소드는 손자병법의 가르침을 잘 이해하고 실행한 케이스라 할 수 있다.

이어서, 본문 내용.

> 凡火攻, 必因五火之變而應之. 火發於內, 則早應之於外. 火發而其兵靜者, 待而勿攻. 極其火力, 可從而從之, 不可從而止. 火可發於外, 無待於內, 以時發之. 火發上風, 無攻下風. 晝風久, 夜風止.

이제, 불로 공격할 때는 다섯 가지 상황에 따라 대처해야 한다.

(1) 적진 내에서 불이 나기 시작하면, 바깥으로부터 즉시 행동을 취하라. 그러나 불이 나기 시작했는데도 적의 병사들이 차분하게 동요하지 않으면, 때를 기다리면서 공격하지 마라.
(2) 불길이 극도에 달했을 때, 공격하는 것이 실행 가능하다면 바로 따라 들어가 공격하고 그렇지 않다면 있는 그 자리에서 기다려라.
(3) 적의 캠프 바깥에서 불을 일으킬 수 있다면 적진 내부에서 불길이 시작될 때까지 기다릴 필요가 없다.
(4) 상승하는 바람에 불을 일으켰다면, 내려오는 바람이 불 때 공격하지 마라. [니가 일으킨 불에 니 자신이 바싹 — 엑스트라 크리스피 — 요리가 되는 수가 있다.]
(5) 낮 동안 계속 바람이 분다면, 밤에는 잔잔해질 확률이 많다.

凡軍必知有五火之變, 以數守之.

무릇 군대는 이러한 다섯 가지 불 공격과 관련한 상황에 대해서 알아야만 하며, 항상 정신을 바짝 차리고 경계해야 한다. [적당한 때를 기다려야 한다]

故以火佐攻者明, 以水佐攻者强. 水可以絶, 不可以奪.

불을 사용하여 공격을 용이하게 하는 자는 현명한 자이다; 물을 이용하여 공격을 용이하게 하는 자는 강하다. 물을 사용하여 적을 고립시킬 수는 있지만, 적의 물자나 장비를 파괴할 수는 없다는 점을 알아야 한다.

즉, 여기서는 적의 허를 찔러 혼란스럽고 당황스럽게 만드는 방법 중의 하나로 불을 쓰는 것을 든 것 같다. 한편을 아예 할애한 걸 보니 아주 중요하다고 생각했나 보다.

전쟁에서도 비즈니스에서도, 우리가 원하는 것은 상황을 우리에게 결정적으로 유리하도록 반전시키는 돌파구 즉, 브레이크쓰루(breakthrough)를 찾는 것 아니겠냐. 전쟁에서는 불이 그러한 용도로 사용될 수 있다는 것이다.

그런데, breakthrough를 얻으려면 두 가지 사건이 발생해야 한다고 한다.
1. 적이 균형을 잃는 것(dislocation): 왜냐하면 먼저 기회를 만들지 않고서는 적을 때릴 수 없기 때문에.
2. 적이 삐끗할 때 그 기회를 놓치지 않고 이용하는 것(exploitation): 적이 한 번 삐끗하더라도 다시 회복을 하기 전에 때려야 효과가 있는 법이다.

예전에 소개했던 미야모도 무사시가 이런 것에는 대가였고, 불을 사용하여 적을 혼란시키고 균형을 잃게 만들어(dislocation), 효과적으로 공격

(exploitation)할 수 있는 상황을 만들 수 있는 것이다.

이것을 비즈니스에 적용하면 그것이 경쟁자이든 고객이든, 예상하지 못한 혹은 아주 인상 깊은 전략이나 전술로 경쟁자는 허를 찌르고, 고객에게는 강한 인상을 남기는 것이 되겠다.

예를 들어, 올림픽 대회 동안 경기장 벽에 붙은 거대한 Swatch 시계 복제품(replica)으로 시선을 끄는 기발함도 생각해 볼 수 있다. 혹은, 새로운 소프트웨어를 통해 얻을 수 있는 잠재적인 이윤이 많다는 것을 강조하기 위해 1달러짜리 지폐로 백만 달러(즉, 1 달러짜리 1백만 장)을 박람회장에 쌓아 놓고 보여주는 시각적인 효과를 이용한 경우도 있다. 그 높이는 자그마치 6미터 정도!

Kotter의 최근에 나온 책 *Heart of Change*를 보면, 작업용 장갑을 구입하는 구매선과 비용이 얼마나 쓸데없이 다양하며 많은지를 단적으로 보여주기 위하여, 회의장에 수백 가지의 작업용 장갑을 잔뜩 쌓아 놓아 더 이상 말이 필요 없이 문제의 심각성을 보여준 관리자의 얘기가 나오는데, 역시 아주 충격적인 방법으로 메시지를 전달한다는 의미에서는 비슷하다.

FedEx가 토요일에도 우편물을 배달하는 새로운 서비스를 시작하면서, 그것을 알리기 위해 주요 고객들에게 3만개의 커피케익을 토요일 날 배달(물론 FedEx를 이용해서)하여 주의를 확실하게 끈 경우도 있다.

오늘은 이 정도만 할까?

오늘 강의 끝~.

김언수(10/23,22:35): 정옥아, 달의 네 가지 형태에 대해서 좀 도와줘.

송원규(10/24,9:34): 선생님 제가 도와드리죠……. 기, 벽, 익, 진은 중국 고대 천문학에서 한 달을 28일로 할 때 매일을 특별한 별자리와 매칭시켜 이름을 붙인 28수라는 체계에서 연원한다고 합니다. 내용이 많아 브리태니커에 있는 내용을 첨부합니다.

최정옥(10/25,17:5): 어제하고 오늘은 삼성인력개발원의 AHA삼성대회가 있어 이재야 끝나고 사무실에 들어왔어요. 또 늦었네요 ㅡ,ㅡ 다음의 질문을 기대하겠습니다. 그리고, 50회에서 말씀하신 "전제", "조귀"는 어떤 사람들인 지 아직 찾아내지 못 했어요. 더 찾아보고 결과를 말씀해 드리겠습니다.*

김언수(10/25,18:39): 고맙다, 정옥아!

♻ 28수

작성자 송원규
번호 637 조회수 36
작성일 2002-10-24 오전 9:40:07

二十八宿
천구의 적도 근처에 있는 별자리의 총칭.

고대 중국에서 하늘의 적도를 따라 그 부근에 있는 별들을 28개의 구역으로 구분하여 부른 이름이다. 각 구역에는 여러 개의 별자리들이 있는데, 그 중에서도 대표적인 것을 수(宿)로 정했다. '수'는 '머무른다'는 뜻인데 '집'이라는 뜻의 사(舍)를 붙여 '28사'라고도 한다. 각 수의 대표적인 별을

---

* 최정옥이 중국 친구들에게까지 알아봤으나 '전제'와 '조귀'가 누구인지는 결국 알아내지 못했음.

거성(距星)이라 하며 인접한 두 거성 사이의 거리를 수도(宿度)라 하는데 그 수도는 각 수마다 서로 다르다.

　이것은 인위적인 등분이 아니라 적도 근처의 별자리를 그대로 이용했기 때문이다. 그리고 수 안에 속한 다른 별들이나 다른 수의 거성까지의 거리는 입수도(入宿度)로 표시한다. 예를 들어 〈회남자 淮南子〉 천문훈(天文訓)에 보면 각 거성 사이의 적도입수도(赤道入宿度)를 '각 12도, 항 9도'라는 식으로 나열하고 있다. 이때 적도입수도의 총합은 주천도와 같은 365.25가 된다. 하늘의 별들은 이와 같이 28수를 기준으로 적경을 표시할 수 있으므로 28수법은 일종의 적도좌표계가 된다. 그런데 28이란 숫자에 대해서는 의견이 많다. 이 숫자는 12개월과도 다르고 24절기와도 상관이 없기 때문이다. 가장 유력한 설은 달이 하늘을 운행하는 길인 백도(白道)를 따라 일주하는 데 약 27.32일이 걸리는 것에서 나왔다는 주장이다. 즉 달이 하늘을 기준으로 한 바퀴 도는 데 약 28일 걸리며, 이때 달이 머무는 곳이 수가 된다…….

　28수 중 가장 작은 수는 2개의 별로 된 각·허·실·벽이고, 가장 큰 수는 22개의 별로 된 익이다. 중국의 28수와 서양의 별자리가 일치하는 것은 하나도 없다. 중국의 별자리 지식을 종합한 최초의 책은 〈사기 史記〉의 천관서(天官書)인데, 여기서는 북극에 가까운 성좌를 중관(中官)에 두고, 28수와 그 주변의 별자리를 동(蒼龍)·북(玄武)·서(咸池 또는 白虎), 남(朱鳥)의 4관으로 분배했다. 이후 진(晉)의 진탁(陳卓)에 의해서 적도 바깥의 별자리를 외관으로 하고, 중관과 외관 사이의 별을 28수에 분속시키는 방법이 적용되었다. 이리하여 28수는 적도 근처의 별자리를 나타내는 기준이 되었다. 28수는 주(周)나라 초기에 이미 형성된 것으로 추정된다. 특히 1978년 중국 후베이 성[湖北省] 수현(隨縣) 증후을(曾侯乙)의 무덤에서 출토된 칠기 상자 뚜껑에는 두(斗 : 북두칠성을 의미함)라는 글자가 있고, 주위에는 28수에 해당하는 수 이름이 쓰어 있으며 양 끝에는 용과 호랑이의 그림이 그려져 있었다. 또한 연대에 해당하는 문자도 쓰어 있는데 고고학적으로 분석한 결과 BC 433년에 해당한다. 이것으로 보아 28수는 늦어도 춘추시대 말기에는 형성되었음이 분명하다.

한대(漢代)에 이르면 하늘을 둘러싼 28수를 네 방향에 분속시켜 배치한 사신(四神)을 무덤의 벽화에 장식한 예가 많이 나타난다. 우리나라의 경우도 많은 고구려 벽화에서 28성수도를 볼 수 있다. 오늘날까지도 28수는 점성적인 의미가 첨부되어 행사 때 사용되기도 한다. 실례로 1897년(광무 1) 대한제국의 의장기로 푸른 바탕에 각 별의 모양을 금박한 삼각기를 사용한 것을 들 수 있다.

이십팔수

수명(宿名)[1]	소속성수(所屬星數)[2]	거성(距星)[3]	등급[4]
1. 각(角)	2	Vir(처녀)	1.2
2. 항(亢)	4	Vir(처녀)	4.3
3. 저(氐)	4	Lib(천칭)	2.9
4. 방(房)	4	πSco(전갈)	3.0
5. 심(心)	3	σSco(전갈)	3.1
6. 미(尾)	9	μSco(전갈)	3.1
7. 기(箕)	4	νSgr(궁수)	3.1
8. 두(斗)	6	ϕSgr(궁수)	3.3
9. 우(牛)	6	βCap(염소)	3.3
10. 여(女)	4	αAqr(물병)	3.8
11. 허(虛)	2	ϵAqr(물병)	3.1
12. 위(危)	3	βAqr(물병)	3.2
13. 실(室)	2	αPeg(페가수스)	2.6
14. 벽(壁)	2	νPeg(페가수스)	2.9
15. 규(奎)	16	ζAnd(안드로메다)	5.1

16. 누(婁)	3	βAri(양)	2.7
17. 위(胃)	3	35Ari(양)	4.6
18. 묘(昴)	7	17Tau(황소)	3.7
19. 필(畢)	8	εTau(황소)	3.6
20. 자(觜)	3	λOri(오리온)	3.7
21. 삼(參)	10	δOri(오리온)	2.5
22. 정(井)	8	μGem(쌍둥이)	3.2
23. 귀(鬼)	5	θCnc(게)	5.6
24. 유(柳)	8	δHya(바다뱀)	4.2
25. 성(星)	7	αHya(바다뱀)	2.2
26. 장(張)	6	υHya(바다뱀)	4.3
27. 익(翼)	22	αCrt(컵)	4.2
28. 진(軫)	4	νCrv(까마귀)	4.1

[1] 거성은 대개 별자리 속에 있는 첫 번째 별이거나 가장 밝은 별이다
[2] 소속 성수는 별자리에 포함된 별의 총수를 말한다
[3] 명나라 말, 청나라 초에 서양의 천문학자들이 중국의 천문지에 기재되어 있는 각 수도를 고려하여 28수를 동정한 것을 기준으로 했고, 그 후 천문학자들이 검토한 것을 기준으로 적어놓았다. 학자에 따라서는 동정한 별이 다를 수 있다.
[4] 별의 겉보기 등급을 표시한 것이다

김언수(10/24, 10:8): 와, 뭐가 이렇게 더 어렵냐. 그러니까, 쉽게 말해서 음력으로 한 달이 28일. 따라서, '기'는 매월 7일 부근, '벽'은 14일 부근, '익'과 '진'은 27, 28일 부근 뭐, 그렇게 생각하면 되는 건가? 우리가 하듯이 '반달,' '상현달,' '하현달,' '초승달,' '그믐달,' '보름달,' 뭐 이런 식으로 쉽게 할 수 없나? 아니면, '달무리가 지면 다음날 비가 온다' 뭐, 이런 것들도 있잖아.

[Sun Zi Bing Fa #54]
2002/10/26, Seoul

역삼동 손자병법.

토요일 저녁. 날씨가 많이 추워지고 있다. 아까 언뜻 지나다가 TV뉴스에서 어디에 눈이 왔느니 하는 걸 보니 많이 추워지려나 보다.

어제 예정대로 집을 옮겼다. 그러나, 아직 가장 기본적인 식기, 냉장고, 이불 등이 갖춰져 있지 않아 어젯밤은 본가에서 잤다. 조금씩 필요한 걸 갖출 동안 며칠은 그렇게 될 것 같다. 오늘은 아침에 학교에서 network analysis에 대해 서울대 사회학과 교수의 세미나가 있었는데, 수진이 밖에 안 왔대? 전략과 조직을 하는 사람이라면 반드시 알아야 할 방법론이던데……

어쨌든, 오전 내내 세미나하고, 오후에는 경영대학원 면접이 있었다. 끝나고 저녁 먹고 집으로 왔더니 거의 8시가 넘었다.

아직은 횅하니 거의 텅 빈 집이다. 오늘도 치울 거 대강 치우고 컴퓨터 앞에 앉았다. 아직 라디오나 TV가 없어서, 그러나 다행히 초고속통신망은 들어오기에 인터넷 라디오를 틀어 놓고 있으니 그렇게 적막하지는 않다.

오늘은 일단 12편 화공편을 마무리지었으면 한다.

본문으로 가기 전에, 지난번 구지편(11편)과 관계 있는 듯한 요즘 기사를 읽었기에 잠깐 소개.

다들 요즘 미국이 이라크와 전쟁을 못해서 안달인 것 알지? 지난 1991년 걸프전 때 이라크가 초전박살이 났었지? 베트남전에서 혼이 난 경험이 있는 미국이 걸프전 때는 지상군을 먼저 투입하지 않고 멀찌감치서 토마호크 미사일이니 하는 크루즈 미사일, 스마트 폭탄 등으로 일단 방공기지, 레이더 기지, 주요시설 등을 쑥대밭을 만들고 그 과정에서 이라크 군사들의 기를 완전히 죽여 놓는 바람에 쉽게 항복을 얻어냈지.

아래의 논의는 "결코 이라크가 좋은 쪽이라는 가정은 하지 않고 있음"을 기억하면서 읽을 것.

그래서, 이번에도 미국은 자신 있는지 계속 싸움을 걸고 있다. 나름대로 까다로운 무기사찰, 시설사찰 등의 조건을 내세워 이라크가 "그런 굴욕은 당할 수 없다, 전쟁이다!" 이러면 바로 때릴려고 하는 것 같은데, 그 사이 이라크는 손자병법을 수입해다 공부했는지 정면대결을 계속해서 피하고 있다.

무기사찰을 요구하면 "좋을 대로 하서" 하면서 미국의 허를 찌르고, 약이 오른 미국은 "아냐, 지난번 요구한 걸로는 약해, 더 쎈 걸로(이러면 퍽가닥하고 싸움 붙자 그러겠지……) 해야 돼"하면 이라크는 또 "그것도 마음대로……" 이런 식으로 나오면서 슬쩍 피하는 동시에 유엔을 통한 국제사회에 "미국애들, 쟤네 너무하지 않아요?"하는 식의 정치적 머뉴버도 하고 있다.

손자와 리델 하트의 '간접적인 접근방법'을 십분 발휘하고 있는 듯 하다.

또한, 결국 미국이 무슨 구실이든 전쟁을 일으킬 경우에도 이라크는 지난번처럼 쉽게 넘어가지 않을 태세다.

한마디로 이라크는 손자병법에서 나오는 아홉 가지 지형 중 상황을 '사지(死地)'로 만들어 병사들이 죽을 각오로 싸우도록 만들 계획을 세우고 있는 듯 하다. 다음은 관련 신문기사.

[조선일보, 2002/10/19, A10]
…… 이라크 정부의 고위관리는…… "폭격 위주로 진행됐던 1991년 걸프전 때와 달리 시가전이 필연적"이라는 설명이다. 그는 "이라크 정부는 이미 시가전에 대비한 모든 계획을 준비하고 있다"고 말했다. 아프가니스탄과 같은 산악 국가와 달리, 영토의 대부분이 사막으로 숨을래야 숨을 곳이 없는 이 나라는 바그다드 외곽에 주요 포스트를 마련 중이며, 전쟁 발발시 정예군대를 모두 민가에 포진시켜 "너 죽고 나 죽자"는 식으로 덤벼들 태세를 갖추고 있다.

이게 바로 지난 11편에서 본 손자병법의 가르침과 일맥상통하는 것 아니겠냐? 미국이 여기에 걸려들면 지난 베트남 전쟁 때처럼 지루하면서 많은 희생을 치뤄, 국내에서의 반대여론에 부딪히는 정치적인 부담을 안게 되겠지.

그렇다면 미국은 또 바보냐…… 다음 기사를 한번 보심이.

[조선일보, 2002/10/24, A11]
미군은 수천 명의 미군과 선량한 이라크 시민의 죽음을 가져 올 수 있는 도시의 거리 전투를 피하는 대신 바그다드 등 도시를 고립시켜 포위공격을 가하는 새로운 시가전 전술을 마련, 훈련에 박차를 가하고 있다…….
이라크 신시가전 전술의 기본전제는 물자, 인력, 정보가 해당 도시로 유입되거나 도시 내에서 유통되는 사태를 막아

적군을 실제적으로나 심리적으로 고립시킨다는 것이다.[얘네도 간접적인 방법을 쓰려고 하네?] 그 후 후세인의 핵심 군대들을 선택적으로 공격해 후세인이 통제권을 잃고 무너지게 만든다. 신 전술은 이를 위해 핵심 목표물들의 위치를 정확하게 파악하는 정보능력이 필수적이라고 강조하고 있다. [이거는 마지막 13편 간첩을 써서 정보를 얻는 것과 관련이 있겠지.]

미군은 이미 바그다드 등 주요 도시의 정치, 군사 지휘본부와 전기, 수도시설, 식량배급센터, 방송국 등 공격 목표와 이슬람 사원과 외교공관, 적십자 시설 등 비공격 장소를 완벽하게 파악해두고 있다. 또한 과거 후세인 왕궁과 행정부 건물을 건축했던 외국의 건설회사에 당시 설계도를 요구하고 있다. [이 소문이 퍼지면 그 건설회사들 앞으로는 비즈니스 하기 쉽지 않을 테니…… 참 입장 곤란하겠다, 그치?]

[결론적으로] 적군이 숨은 곳으로 의심되는 건물의 문을 박차고 들어가는 과거의 진부한 시가전 전술과 달리, 인명 피해를 최소화하기 위해 첨단장비를 동원하고 있다. 예를 들어, 포위공격은 전파방해와 함께 일몰 후에 개시해 야간 투시장비의 장점을 최대한 이용하도록 했다. [여기서부터는 Business Week 2002/10 기사 참고] 휴대하고 다니면서 필요하면 정찰을 할 수 있는, 렌즈가 달려 수색정보를 지휘부에 보낼 수 있는 소형비행기, 무인 탱크를 이용해 시가지 구석구석을 수색하여 정보를 지휘부에 보내주며 필요하면 미사일 등 무기도 원격발사할 수 있는 방법, 지하에 꼭꼭 숨겨 놓은 시설을 파괴할 수 있도록 땅위에 부딪히면서 터지는 것이 아니라 일정 깊이까지 파고 들어간 다음 터지는 폭탄, 그리고 병사들마다 각종 첨단장비로 무장하여 전투상황에서 적과

아군이 정확하게 어디에 어떻게 퍼져있는지를 서로 알 수 있게 하는 장비 등도 개발되어 사용을 기다리고 있다. [그런데, 솔직히 이런 첨단장비가 실제 전투에서 얼마나 우위를 발휘할 수 있을지는 잘 모르겠다. 특히 마지막 개인 장비는 사진을 보니까 너무 짐이 많아서 총 한 자루 달랑 들고 죽을 각오로 달려드는 애들한테 오히려 당할 것 같은 느낌도 들더라.]

어쨌든, 현대전에도 손자병법의 가르침들은 여전히 적용되고 있음을 알수 있게 한다.

자, 정말로 12편 화공편 나머지 부분으로.

[몇 번의 산발적인 승리로 만족하지 않고 계속해서 승리를 축적한다.]

> 夫戰勝攻取, 而不修其功者凶, 命曰 "費留". 故曰 : 明主慮之, 良將修之.

여러 전투에서 이기고 땅과 성을 빼앗고도 이러한 성과를 한데 모으거나 통합하지 못하고 지리멸렬하게 여기저기서 이기기만 한다면, 그것은 나쁜 징조이며 그를 일컬어 "자원과 시간의 낭비"라 부른다. 따라서, 현명한 군주는 전투에 임하기 전에 신중하게 계획을 하고, 훌륭한 장군은 그 계획들을 신중히 실행한다.

전략의 기본 정신이 "전투(battle)는 몇 번 질 수 있어도 전쟁(war)은 이긴다"는 것 아니겠냐. 즉, 여기저기서 몇 번의 전투를 이겼다고 전쟁을 이길 수 있는 것은 아니다. 하나하나 전투의 승리를 축적해서 궁극적인 전쟁의 승리까지 이끌어야지.

즉, 그냥 한 번 이기는 것이 목적이 아니라, 승리를 지속시키는 것이 목적이지. 어디서 한번 이겼다고 샴페인 터뜨리고 자축할 일이 아니라는 것이지.

대규모 조직변화를 일으킬 때도 똑같은 원칙이 적용된다. John Kotter의 *Leading Change*에서 제시한 성공적인 조직변화를 위한 8가지 단계를 보자.

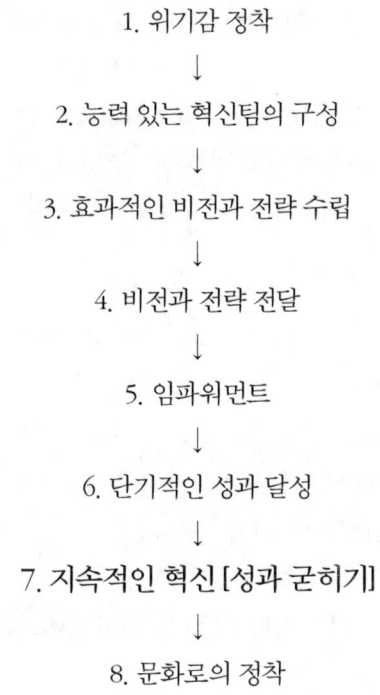

일곱 번째가 바로 손자병법에서 말하는 성과 굳히기와 같은 내용이다. 조직 변혁 과정에서 중간중간 눈에 보이는 성과가 나오는 것이 중요하고, 그것이 나올 때마다 공개적으로 축하도 하면서 분위기를 띄우는 것은 물론 중요하다. 그러나, 마치 우리 경제가 좀 잘 나가는 것 같아 보이니까 OECD

가입이네 뭐네 하면서 샴페인 터뜨리다가 IMF 구제금융 위기를 맞은 김영삼 정부에서의 아픈 경험은, 성과가 조금 보인다고 거기서 만족하다가는 금방 원래 혹은 그보다 더 못한 상태로 돌아가 버린다는 교훈을 우리에게 가르쳐 줬지. 현재 정부도 마찬가지 아니냐. IMF 졸업했다면서 실제로 '샴페인'을 따지 않았냐. 그런데, 지금은……?

미국에 *Leading Change*가 있다면, 한국에는 *Strategy On the Move* 즉, 「움직이는 전략」이 있지. [*Leading Change*와 달리 몇 권 팔리지는 않았지만.]

"움직이는 전략"에서 김언수-남대일-배보경-송원규-한수진은 '전략 프로세스 시스템'이라는 멋진 말을 만들어 냈는데, 그 내용인즉슨 성공적인 전략과 조직의 변화를 위해서는 몇 가지 단계를 제대로 관리해야 한다고 했다.

1. 준비 단계
2. 전략개발 단계
3. 조직설계 단계
4. 평가/통제/보상 시스템 설계 단계
5. 성과실현 및 정착 단계
    (1) 단기적 성과의 달성
    (2) 성과 다지기와 더 많은 변화의 도입
    (3) 조직문화로의 정착

크게는 위의 다섯 단계이지만 더 자세하게는 20여 개의 세부 단계로 나누어 더욱 현실성을 더했다는 것이 강점이라면 강점일까, 음하하하하!

하여튼 우리의 '전략 프로세스 시스템'에서도 마지막 부분에 '성과 다

지기'를 강조하고 있다. [사실은 Kotter의 아이디어에서 얻어온 거야^_^.]

영업사원들이 한 건을 올리면 그건 일종의 win이지(하나의 전투를 이긴 셈이다). 그런데, 한번 팔고 무슨 이유에서든 그 고객을 잃어버리면 전쟁에서는 지게 되는 것이다. 가장 첫번째 sale을 이루어내는 데 가장 많은 시간과 비용이 든다는 점을 감안하면 더욱 그렇다. 그런데, 많은 사람들이 물건을 팔기 위해 갖은 수단과 말을 동원하고는, 그 고객은 결국 잃고 마는 실수를 저지른다.

비즈니스에서 '승리'는 한번의 거래로 이루어지는 것이 아니다. 진정한 승리는 오랜 시간 동안 지속적인 거래를 통해 얻어지는 가치를 말한다. 고객 충성도(customer loyalty)는 고객을 즐겁고 기쁘게 하는 회사만이 얻을 수 있는 것이지. 제품이나 서비스가 뛰어나다는 것을 깨닫는 고객이 회사에 만들어 줄 수 있는 비즈니스란 실로 엄청날 수 있다. 반복 고객(repeat customer)이 신규 고객보다는 훨씬 돈도 많이 쓰고 훨씬 이익도 많이 만들어 주는 것은 익히 알려진 일이다. 또한, 한번 고객이 된 사람을 유지하는 데 드는 비용이 새로운 고객을 만드는 데 드는 비용보다 낮은 것도 잘 알려져 있다. 그런데, 왜 수많은 사람과 회사들이 고객을 "감동과 졸도"시키기는커녕 "we don't care"이라는 태도로 대할까? 정말 모를 일이다.

차별화를 할 수 없다는(정유회사들의 주장에 의하면) 주유소도 충성스런 고객은 한 곳만을 거의 평생 이용하는 경우도 있으며 그런 사람이 발생시키는 매출은 수천만원 혹은 그 이상의 액수가 될 수 있다. 자동차 영업소에 충성도를 가진 고객이 만드는 매출의 액수는 물론 그보다 더 크겠지…….

인간관계도 마찬가지다. 특히 우리나라처럼 좁은 나라에서는 말할 것도 없고 전 세계를 대상으로 하더라도, 한번 만난 사람은 언제, 어디서, 누구를 통하여 또 부딪힐지 모르는데, 마치 평생 안 볼 것 같이 마구 대하는 어리석은 사람들이 많다니까. 모두들 기억하도록! 이 세상 모든 일은 원샷(one shot)으로 끝나는 경우가 흔하지 않다는 것을.

자, 이제 12편의 마지막 부분.

[자제력을 발휘하라.]

> 非利不動, 非得不用, 非危不戰. 主不可以怒而興師, 將不可以慍而致戰. 合於利而動, 不合於利而止. 怒可以復喜, 慍可以復悅, 亡國不可以復存, 死者不可以復生.

국가에 이익이 되지 않는다면 움직이지 마라. 성공할 수 없다면 군대를 부리지 마라. 위험에 처하지 않았다면 싸우지 마라. 한 나라의 왕은 뚜껑이 열린다는 이유로 군대를 일으키면 안 되고, 장군은 화가 난다고 싸우면 안 된다. 그것은, 화가 났던 사람은 다시 행복해 질 수 있고, 불쾌했던 사람은 다시 기분이 좋아질 수도 있지만, 한번 망해버린 나라는 다시 복구할 수 없고, 죽은 사람은 다시 살릴 수 없기 때문이다.

> 故明君愼之, 良將警之. 此安國全軍之道也.

그러므로, 현명한 왕은 신중해야 하고, 뛰어난 장군은 무분별하고 조급한 행동을 경계해야 한다. 이것이 바로 국가를 안전하게 지키고 군대를 보존하는 길이다.

개인적으로 손자병법에서 제일 멋있고, 마음에 드는 부분이다. 빽하면 웃통 벗어 던지면서 "한번 붙어볼래"하는 사람들이 특히 잘 기억해야 할 것이다.

제11편 구지편에서도 그랬다. 장군이라는 사람은 조용하고 차분하여 그 생각의 깊이를 알 수 없어야 하고, 공정하여 확실한 통제를 할 수 있어야 한다고. 제갈공명도 불쾌하다는 이유로 전쟁을 일으켜서는 반드시 지게 된다고 경고한 바 있다. 즉, "성질이 급한 사람은 전략을 구사할 수 없다." 이런 사람들은 뭐든 일이 터지면 거기에 reaction을 하기 때문이다. 전략을 구사하기 위해서는 몇 걸음 다음을 넘겨다 볼 수 있는 여유와 능력이 필요하다.

바로 이런 점 때문에 우리나라가 국가적으로, 또 많은 한국 사람들이 전략을 제대로 구사하지 못한 것 아닌가 싶어. 너무 감정적이기 때문에.

인간관계에서도 입에서 나오는 대로, 기분대로 내뱉는 사람의 말이란 주어 담을 수 없기 때문에, 영원한 상처를 남기게 된다. 순간의 감정으로, 사람을 죽게 하거나 다치게 하고는, "어머, 죽어버렸네요, 미안해서 어쩌죠……." 하는 것이 무슨 소용이 있겠냐. "그때 내가 왜 그랬나," 가슴을 치고 후회해도 때는 늦은 건대…….

이와 관련하여, 쉐익스피어가 한 말을 한번 생각해 보까?

> 니 말 안에 들어 있는 분노는 이해하겠는데, 니 말은 이해하지 못하겠다. (I understand rage in your words, but not the words.)

화가 치받쳐서 하는 말은 그 감정적인 부분만이 상대방에게 전달되어 상대방의 감정을 자극할 뿐이지, 내가 하고자 하는 말은 전달되지 않는다. 즉, 서로가 감정적이 되어 극한 양상으로 치닫게 만들 뿐이다.

가끔, 아니 자주 우리에게 보여주는 국회의원들의 싸우는 모습들 봐. 전 국민이 지켜보는 것도, 쪽 팔리는 것도 모르고 갖은 소리를 다 하잖아. 그것도 배울 만큼 배웠고, 일국의 장관이네 국회의원이네 하는 사람들이. 누가 먼저 시작했던 그 당시는 열을 있는 대로 받아서 아무 것도 안 보이고 안 들리는 거지. 결국 모두 다 같은 수준임을 증명하는 것이고. 한 사람이라도 쿨하게 행동하면 "노(怒)를 쉬게" 할 수 있는 건데.

성경의 구약부분 잠언(Proverb)이라는 부분(12장 16절)에 이런 말이 있다.
"미련한 자는 분노를 당장에 나타내거니와 슬기로운 자는 수욕('수육' 아님. 수치와 모욕을 의미함)을 참느니라."

잠언 15장 1절에는 다음과 같은 말도 있다.
"유순한 대답은 분노를 쉬게 하여도 과격한 말은 노를 격동시키느니라."

더 이상 무슨 말이 필요하겠냐. 모두들 미련한 자가 되지 말고 슬기로운 자가 되도록. 조직 내 정치에서도 마찬가지다.

뛰어난 정치가는 협상을 하고, 모자라는 정치가는 싸운다.
(Good politicians negotiate. Bad politicians fight battles.)

예수님 오시기 한참 전에(그러니까 기원전 수백 년) 중국 땅의 제후들 중 한 명이 다음과 같은 말을 했단다.
한 번의 승리를 얻는 자는 황제가 되고;
두 번의 승리를 얻는 자는 왕(황제 밑에)이 되며;
세 번의 승리를 얻는 자는 Lord Protector(왕 밑에)이 되고;
네 번의 승리를 얻는 자는 힘이 소진되며;
다섯 번의 승리를 얻는 자는 완전히 신세 조진다[파멸에 이른다].

그러니까, 성질난다고 함부로 싸우지딜 마러딜…….

자, 이것으로 제12편 화공편도 마무리. 이제 마지막 한편 남았다. Twelve down, One to go!

오늘 강의 이것으로 끝~.

아구~! 10시 넘었다. 집에(?) 잠자러 가야지.

박진석(10/27,16:15): 교수님, 역삼동이면 울 회사 근천데…… 머, 역삼동이 넓으니…… 다른 쪽일 수도 있지만요…어쨌든, '40년 홍대생활'을 접으시고 '불타는 강남'으로 이주하심을 다시 한번 추카드립니다.
박찬욱(10/27,16:27): 저희 회사와 인접한 곳으로 오셨군요. 가까운 곳에서 한번 모실 수 있게 되어 정말 반갑습니다.
김언수(10/27,21:6): 어떤 '한번 모심'일지 기대가 되는걸……?
최보인(10/29,14:0): 일단 독립을 추카드립니다. 근데 제 친구는 한 달 반 만에 울며(?) 다시 들어갔다던 걸~ 나중에 솔직한 심정을 들려주세요.ㅋㅋ^^
김언수(10/29,15:52): 글쎄, 나야 울면서 다시 돌아갈 것 같지는 않은데(우리 어머니는 그걸 기대하는 눈치지만), 여기 며칠 왔다갔다 해보니 강남은 좀 별로인 것 같다. 일단 교통에 너무나 많은 시간과 에너지를 낭비하게 되니…… 물론 가장 문제는 먹는 걸 해결하는 것이 되겠지. 내 앞으로도 계속 보고서를 올리도록 하지.

13 간첩의 활용에 대하여

用間篇(Employment of Secret Agents)

[Sun Zi Bing Fa #55]
2002/10/27, Seoul

드디어 손자병법 강의 "오땡"이다. 일요일 저녁. 내일 월요일부터는 날씨가 더욱 추워진다는데 다들 따뜻하게 입고 다녀라.

손자병법의 마지막 제13편 용간편(用間篇). '용간'이라. 뭔가 어감부터가 좀 심상치 않지 않냐? 특히 '간'이라는 부분은 왠지 간사한 것 같으면서도 얄미운 것 같으면서도 뭐 그런 느낌 있잖냐. 앞에서도 언급했지만 간첩의 '간'은 한자로 사이라는 의미 아니겠냐? 즉, 적 내부의 사이를 벌려 놓는 그런 역할을 암시하는 듯.

간첩 내지 스파이의 임무는 첩보, 즉 정보를 가져다 주는 것이지. 이 13편 전체의 결론을 아주 간단하게 대표적으로 말한 사람이 있다. 중국 사람인가본데 영어로 이름을 Chia Lin이라고 쓴다. 그 사람이 뭐라고 했냐면,

"비밀요원(스파이가 되겠지) 없는 군대는 눈이나 귀가 없는 사람과 정확하게 똑같다."

유용한 정보를 제시간에 모으고 분석할 수 없는 비즈니스 조직이 전략이나 전술을 구사할 수 없는 것도 마찬가지겠지.

이번 편을 읽으면서 한 가지 주의할 것은, 전쟁에서나 비즈니스에나 무슨 '비밀스러운 정보'를 빼내야만 경쟁에서 이길 수 있는 것으로 너무 확대해석을 하지 않도록. 왜냐하면, 미국 중앙정보국(CIA)에서조차 대부분의 중요한 정보는 은밀하고 비밀스러운 소스가 아닌 공개적인 소스를 통해서 얻는다고 하니까. 즉, 괜히 다른 회사 기밀정보 빼내려고 불법을 저지르거

나 할 생각 말고 일단 주위에 널려 있는 합법적인 정보나 제대로 모으고 분석하라는 얘기다.

그리고, 정보는 무조건 양이 많다고 좋은 건 아니라는 사실은 모두들 잘 알 테고. 정보의 양이 많을수록 그것을 프로세스하는 데는 많은 시간이 걸리고, 영양가 있는(relevant) 정보와 그렇지 않은 정보를 구분하는 데 어려움을 겪을 위험성이 높아진다고 하지.

특히, 정보들이 '정보의 섬'(islands of information)으로 띄엄띄엄 있어서는 효과가 아주 떨어진다. 전체를 연결하고, 통합하고, 주어진 목적에 써먹을 수 있는 정보인지를 판단하는 것은 기계나 시스템이 할 수 있는 것이 아니고 바로 사람에게 달려 있다.

따라서, 요즘 같은 정보사회에서는 물론 예전보다 훨씬 많은 정보들을 빠른 시간에 모아들일 수는 있겠지만, 그게 오히려 부작용을 낼 수도 있다는 점을 기억할 것. 스피드와 유연성을 위한 분권화와 권한이양을 강조하는 현대 상황에서 정보통신 기술이 발달하면서 일부 사람들은 "이렇게 정보기술이 발달하면 다시 중앙집중적인 통제를 하면서도 스피드를 희생하지 않아도 되지 않겠냐"는 질문을 하게 된다. 그러나, 위에 있는 사람에게 정보가 너무 많이 몰려 과부하가 걸린다는 점을 기억해야 된다. 위에서 말한 대로 결국 정보의 분석과 적용은 사람에게 달려 있기 때문에.

특히 정보가 소수의 사람들에게 집중적으로 쏟아 부어질 때 그것을 과통제(over-control)하고 싶어지는 유혹에서 벗어나기가 힘들어진다고 한다. 그렇게 되면 자연적으로 의사결정이 조직 꼭대기에서 이루어지기 때문에 명령계통(chain of command)을 따라 오르락내리락 하느라고 경쟁우위를 오히려 무력화시킬 수도 있다. 정보통신의 대두와는 별개로 일단 지휘관의 의도가 명확하게 전달되고 이해되었다면 최대한 하부로 의사결정권을 내려주는 것이 좋을 듯하다. 생각해 봐라. 일단 전투가 시작되면 언제 보고하고 명령받고 하겠냐. "지금 이러이러한 기회가 생겨서 요렇게 조렇게 하면 적들을 압도할 수 있겠는데요. 할까요 말까요? 어떻게 할까요?" 이런 식의 시간낭비를 할 여유가 있을까? 기회는 생기는 대로 바로 이용을 할 수 있게 만들어 놔야지, 안 그래?

자~, 그럼 이제 제13편 용간편의 본문으로 들어가 볼까……

[첩보/정보 자원에 투자를 하라.]

凡興師十萬, 出征千里, 百姓之費, 公家之奉, 日費千金.

보통 십만(100,000)명의 군사를 일으켜 먼 거리로 원정을 보낼 때, 국가와 뒤에 남은 백성들이 짊어져야 할 비용과 부담은 매일 금 일천 개의 금액에 달하는 엄청난 비용이다.

內外騷動, 怠於道路, 不得操事者, 七十萬家.

본국와 외국에서 끊임없는 소요와 혼란이 지속될 것이며, 백성들은 물자수송의 부담으로 지치게 되며, 칠십만(700,000) 가구의 생계를 위한 일이 중단된다.

여기서 칠십만 가구라는 것은 물론 "굉장히 많은 가구와 사람들이 고생을 하게 된다"는 의미겠지만, 그냥 나온 숫자가 아니라고 한다. 즉, 옛날 중국에서는 한 동네를 이루는 unit가 보통 여덟(8) 가구였다고 한다. 그리고, 한 가족에서 자식을 군대에 보내고 나면 나머지 일곱(7) 가구가, 일할 장정이 없어진 이 한 집을 support했단다. 그러니까, 한 명이 군대를 가면 다른 일곱 집이 스스로를 위해 땅을 갈고 씨 뿌리고 하는 데서 아무래도 노력이 분산되게 되겠지. 그래서, 십만 명의 군대가 일어나면 칠십만 가구의 생업이 지장을 받는다고 하였단다.

> 相守數年, 以爭一日之勝, 而愛爵祿百金, 不知敵之情者, 不仁之至也.
> 非人之將也, 非主之佐也, 非勝之主也.

적과 수년 동안 대치하면서 결정적으로 이길 수 있는 한번의 찬스를 얻으려고 애쓰는 자가, 정보를 수집하는 과정에서 나눠주어야 할 지위나 영예, 그리고 몇백 냥의 금이 아까워서 인색하게 구느라, 적에 대한 정보를 까맣게 모른다면, 걔는 어질고 자비한 구석이라고는 눈을 씻고 찾을래야 찾을 수 없는 쪼잔함의 극치를 달리는 애다. 그런 애는 장군도 아니다. 그런 애는 주군(왕)을 보좌할 능력이나 자격도 없는 애다. 그런 애가 전쟁에서 이기면 내가 손가락에 장을 지지겠다. [물론 손자가 정확하게 이렇게 표현하지 않았다는 것은 잘 알지?]

여기까지의 내용을 간단하게 다시 설명하자면, 그렇게 돈도 많이 들고 온 나라를 힘들게 하는 전쟁을 시작했으면 당연히 이겨야 되는데, 정보를 수집하는 데 드는 비용이 아까워서 거기에 투자를 안 하는 장군은 장군의 자격이 없다는 것이다. 적의 상황에 대한 정보 없이 어떻게 전쟁에서 이기냐.

비즈니스에도 마찬가지의 가르침이 적용되겠다. 정보를 수집하는 데 드는 인력과 비용 등이 아까워서 투자를 하지 않는 회사나 최고경영자는 지극히 근시안적이며, "전략적"이라는 표현에 전혀 어울리지 않는 사람들이다.

그리고, 정보를 수집하는 것은 조직 내의 특정부서나 특정 인물들만이 하는 것으로 생각해서도 곤란하다. 가장 낮은 지위에 있는 사람들도, 아니 그런 사람들은 오히려 일선에 가장 가깝게 있기 때문에, 더 귀중한 정보를 가져올 수 있다. 물론, 그에 대한 보상을 충분히 해야 사람들이 움직이지.

정보수집의 제일 '첫 번째 룰'은 중국군(the People's Republic of China)의 수칙에 나와 있는 것과 동일하다고 한다:

> 모든 지휘관은 자신이 통제하는 범위와 영역 안에서 반드시 정찰대(reconnaissance)를 조직해서 내보내야 한다. 정찰을 하는 데는 상관으로부터의 명령을 기다리지 말아야 하며, 정찰업무를 수행해야 할지에 대해 상관의 결정을 구해서도 안된다.

이것을 비즈니스에 적용하면, 비즈니스에서도 규모가 큰 기업의 본사에서 정보를 수집, 분석하고는 "이렇게 하면 고객을 더 만족시킬 수 있겠다"는 아이디어를 아래쪽으로 하달할 때, 어떤 경우에는 일선에서 일하는 사람들의 사정에 맞지 않는 것도 있고, 무엇보다도 누가 시켜서 한다는 것은 항상 그렇게 유쾌하지 못한 경험 아니겠냐. 그래서 열의도 떨어지는 경우도 많다. 그러나, 일선에서 정보를 수집하게 하고, 그것을 바탕으로 자신들이 생각하기에 가장 좋은 아이디어를 실행에 옮길 수 있도록 해주면 효과가 있는 아이디어를 신이 나서 실행할 확률이 높아지지.

미국 뉴욕주(뉴욕시가 아니고)에 본사를 두고 있는 Wegmans Food Markets라는 슈퍼마켓 체인은 고급스러움과 차별화를 지향하는, 백화점으로 치면 갤러리아에 해당하는 곳이다. 이 회사는 스토어 단위의 책임자들이 정기적으로 8~10명의 고객으로 구성되는 포커스 그룹(focus group)을 대상으로 그들이 좋아하는 것과 싫어하는 것을 토의한다고 한다. 이렇게 일선현장에서, 실제 고객을 대상으로, 현장 책임자에 의해 리서치가 이루어지기 때문에 그렇게 해서 얻어지는 아이디어나 제안은 바로 실행에 옮겨진다고 한다. Wegmans의 가게 당 평균 매출액은 미국 소매업계의 평균치보다 4배 정도 더 많단다.

정보수집의 '두 번째 룰'은 "필요한 정보의 많은 부분은 이미 우리 수중에 있다"는 사실이다. 회사들이 무엇을 어떻게 해야 할지에 대해서 가장 먼저 하는 것이 바로 이웃 회사나 혹은 다른 나라의 잘 나가는 회사들이 뭘 하고 있는지를 알고 배우는, 벤치마킹(benchmarking)인 것이 그 예이다. 또한, 대부분의 회사들이 시장조사(market research) 기능을 보유하고 있는 것도 마찬가지 이유다. 물론, 앞에서도 언급했듯이 시장조사에 맹목적으로 의존해서는 위험하다는 사실은 알고 있어야지.

시장조사에서는 대상 고객들이 답을 억지로 만들어 내는 위험성도 있고, 질문을 만드는 회사가 자기네가 듣고 싶은 것을 갖다 줄 질문을 만드는 경우도 있다. 또한, 정보 수집은 한번에 끝나는 것이 아니고, 끝없이 지속되고 계속 피드백을 얻는 과정이다.

많은 경우에, 정보전에서 실패하는 것은 정보가 부족하거나 없어서라기보다는 아랫사람들이 정보를 가져오면 윗사람이 이미 결정해 놓은 코스를 벗어나지 못하는 경직성 때문에 새로운 정보를 심각하게 받아들이지 않거나, 이미 돌아가고 있는 일들과는 반대되는 정보가 들어오면 그 타당성 여부를 알아 보기를 거부하고, 따라서 이미 하던 일을 포기하지 못하는 데서 오는 것이다.

故明君賢將, 所以動而勝人, 成功出於衆者, 先知也.

머리가 깨인 군주와 현명한 장군이 움직일 때마다 적을 격파하고 그 성취함이 보통사람들의 성공을 뛰어넘는 것은 바로 "앞을 볼 수 있는 능력"(先知) 때문이다.

> 先知者, 不可取於鬼神, 不可象於事, 不可驗於度. 必取於人, 知敵之
> 情者也.

"앞을 볼 수 있는 능력"이란 무엇이냐. 그것은 귀신한테 빈다고 얻어지는 것도 아니고, 신에게 구한다고 얻어지는 것도 아니며, 과거의 사건들을 유추한다고 얻어지는 것도 아니고, 계산을 열심히 한다고 얻어지는 것도 아니다. 그것은 적의 사정을 잘 아는 '인간'에 의해서 얻어지는 것이다.

어쩌면 이렇게 요사이의 전략수립 상황과 딱 맞아 떨어지냐? 점을 칠 수도, 신에게 기도한다고 되는 것도 아니고, 과거의 사건들을 유추하는 것도 환경이 변하므로 위험하고, 숫자로 아무리 계산하고 예측하는 것도 안 되고…… 오직 정보력, 그것도 "정보와 계란은 the fresher, the better."

몇 년 전에 시끄러웠던 북한의 영변 핵실험, 금창리 핵시설, 그리고 지금 한창 시끄러운 북한 핵개발 문제, 예전의 이라크 핵개발 정보와 그 결과 이스라엘이 시설을 폭격한 사건 등은 모두 '인간정보'가 결정적인 역할을 했다고 한다. 아무리 최첨단 정찰위성도 먼저 인간정보에 의해 타겟 범위가 정해지지 않는 한 그런 결정적인 정보를 잡아내기는 힘들다고 한다.

이 마지막 부분은 전쟁 상황에서 가장 확실한 정보는 사람을 통해서 온다고 하고 있다. 그러니까, 앞에서 돈 쓰는 것과 지위와 명예를 나눠주는 것을 인색하게 하는 장군은 전쟁에서 이길 수 없다고 했지. 그런 보상이 없다면 뭐 먹을 게 있다고 정보를 물어다 주겠냐.

그래서 다음 부분의 내용은 그렇다면 정보를 가져오는 인간들(스파이)의 유형이 무엇 무엇이며 그 중에서도 어떤 유형의 스파이가 가장 중요한 것인지 등을 설명하고 있다.

오늘은 여기까지만. 슬슬 홍대쪽 집(어머, 집이 두 개나 있네……)으로 가봐야겠다. 오늘은 주전자하고 청소도구 사 들였다. 이렇게 찔끔찔끔 준비해서 조만간 완전히 옮길 것이다. 그 때는 조촐한 집들이 한번 하자구. 집이 좁아서 좀 그렇긴 하지만.

모두들 새로운 한 주 건강히, 그리고 열심히, 그리고 재미나게…….

오늘 강의 끝~.

[Sun Zi Bing Fa #56]
2002/10/28, Seoul

월요일 저녁. 11월말에나 적당할 추위가 한 달 정도 미리 왔다.

마지막 13편 용간법을 공부하고 있다.

비즈니스에서도 산업 스파이가 얼마나 기업경쟁에 큰 영향을 미치는지는 우리가 익히 잘 알고 있다. 얼마 전 삼성전자의 반도체 기술 유출 사건의 기억이 생생하다. 문제는 범인들이 국가 기관의 조직적인 수사에 의해 잡힌 것이 아니고, 범인들을 태워 줬던 한 택시기사의 제보에 의해 잡혔다는 것. [에휴~!]

미국은 1996년 제정한 Economic Espionage Act (EEA) — '산업스파이 법'이 되겠지 — 를 통해서 단속을 강화하고 있다. 외국 정부의 스폰서에 의해 어떤 개인이나 조직이 산업비밀을 훔치다가 걸리면 개인은 최고 15년의 징역형과 오십만 달러(약 6억원)의 벌금형에 처할 수 있고, 외국 회사의 경우

천만 달러(약 120억원)의 벌금을 때릴 수 있게 되어 있다. 그러나, 자국 국민에 대한 벌칙은 너무 경미하다는 비판을 받고 있다.

요즘 들어 부쩍 부각되는, [자신이 속한 기업에 대한 충성심의 붕괴]+[경쟁사 간의 잦은 인력 이동], 이 둘을 합하면? 온갖 종류의 정보가 여기저기로 흘러 다니게 되는 것이지. 문제는 산업스파이 노릇을 하다가 어쩌다 한번 걸리더라도 벌이 그렇게 무겁지 않은 동시에, 걸리지만 않고 한 건 하면 돌아오는 것이 엄청나다는 사실이 많은 사람들을 유혹한다는 데 있다.

회사의 경우도 다른 회사의 기밀에 해당하는 기술을 빼내서 제품을 출시하고 그것이 발각된 경우, 궁극적인 판정이 나기까지는 수년이 걸리며, 혹시 벌금판정을 받더라도 훔친 기술로 거둔 막대한 수익의 일부에 지나지 않는다는 데 문제가 있다. 이거는 또 그 훔친 기술을 응용하여 다른 제품들까지 만들어낸 경우(이것들은 기술을 훔치지 않았으면 애초에 존재할 수 없는 것들이지) 거둬들이는 수익은 포함되지도 않은 거다.

2001년 미국의 국가첩보센터(National Counterintelligence Center)가 미국 의회에 제출한 보고서에 의하면, 미국 회사들의 정보를 가장 활발하게 빼 내 가는 나라들로 지적된 것이 중국, 일본, 이스라엘, 프랑스, 그리고 대~한민국, 대만, 인도의 순서였다고 한다. 물론, 거꾸로 다른 나라의 산업정보를 빼내는 데는 미국이 아마 둘째가라면 서러울 거다. 그 얘기는 쏙 빼놓고 있지만. 동서냉전이 끝나고 그 역할이 별로 없어진 미국 정보기관들이 산업 정보 쪽으로 방향을 바꾼 것은 익히 알려진 사실.

그러고 보니, 우리나라 정보기관('국모정모모'라고 있다)은 하시는 일이……?

미국 연방수사국 FBI는 그 산하에 산업 스파이만을 다루는 2개의 기관을 신설하려고 하고 있고, 각종 정부기관들을 연결하는 Intellectual Property Rights Center(지적재산권 센터)를 만드는 데 예산을 지원하고 있다고 한다. 우리나라는? 아예 묻지를 않겠다.

요즘 미국 기업들 사이에는 '완벽하게 합법적인 방법'으로 경쟁자에 대한 정보를 수집하는 전문가(일명, information specialist)들을 채용하는 붐이 일어나고 있단다.

일단, 경쟁사의 쓰레기통을 뒤지는 것은 기본. 회사를 떠난 정보는 가져가도 전혀 불법적이지 않기 때문이다. 그리고, 의외로 쓰레기통에서 나오는 정보가 많다고 하는군. 여러분도 쓰레기통에 뭘 버리는지 조심할 것.

그리고, 기업들이 정부의 규제를 따르는 과정에서 제출하는 각종 문서들은 보통 공개정보(public information)의 영역인 것들이 많고, 그 안에 아주 풍부한 정보가 들어 있다는군. 즉, 법의 강제에 의해 공개하기로 되어 있는 정보들이 경쟁자의 손에 들어가 유용하게 쓰일 수 있는 것이지. 예를 들어, 세관자료들을 통해서 경쟁자가 어떤 장비나 물질을 얼마나 수입했는지, 대강 그 가치는 어느 정도 되는지 등을 알 수 있고, 기술자들은 그러한 정보를 분석하면 경쟁자들이 뭘 계획하고 있는지 알아낼 수 있는 경우가 많다고 한다. 예를 들어, 새로운 원재료를 엄청난 양으로 수입했다면 뭔가 새로운 걸 본격적으로 제조한다는 신호이고, 쥐꼼만 수입했으면 아직은 연구개발 단계에 있는 것으로 해석하는 것이다.

우리나라의 경우는 모르겠는데, 미국은 회사가 어떤 고가장비를 구매할 때(특히 돈 없는 중소기업이라면) 은행에서 대출을 받아서 파이낸싱을 하게 되면, 은행은 소속된 주(state)에다 Uniform Commercial Code (UCC)라는 양식을 제출하게 되어 있다. 이 양식은 구매대상 장비의 이름, 구매 일자, 구매 당사자의 이름 등을 쫙 적어 넣게 되어 있다. 그리고, 이런 것들은 전화 한 통이면 손에 넣을 수 있는 공개정보라는군. 간혹 UCC 양식에는 장비제조회사의 이름도 들어 있는데, 그 회사나 중간 유통업자에게 전화하면 그 장비에 대해 아주 자세한 정보를 얻을 수 있겠지.

경쟁사가 어떤 사람들을 채용하는지를 잘 모니터하는 것도 경쟁자의 의도를 짚을 수 있는 기초가 될 수 있다. 신문이나 다른 대중매체 기사들도 잘 검색할 필요가 있다. 새롭게 채용된 인물, 새로운 설비나 공장의 증설 등과 같은 이벤트 등은 보통 공개적으로 발표가 되잖아. 이런 것들이 그 회사가 어디로 가려하는지에 대한 실마리를 제공할 수 있다.

구매부서 직원들도 공급자나 거래선(vendor)을 항상 접촉하기 때문에, 그리고 그 사람들은 우리뿐만 아니라 경쟁사와도 거래할 확률이 높고, 그러다 보니 소문으로부터 시작하여 갖가지 떠돌아다니는 정보를 항상 접하게 되어 있다. 그러니, 하위직원이라고 우습게 볼 것이 아니라 정보원으로 잘 활용할 수 있다.

노동부나 환경부라든가 하는 정부기관이 우리의 눈과 귀가 되어 줄 수도 있다. 그런 기관들은 정기적으로 회사의 작업조건이라든가 환경문제와 관련한 규제 이행 여부를 체크하기 위해 현장을 방문하는 경우가 많잖나. 작업장에 대한 갖가지 자세한 정보 — 작업환경, 장비, 원재료, 직원의 수 — 들이 여기서 나올 수 있다. 이런 정보를 잘만 이용하면 어떤 경우는 "방안에 앉아서 경쟁자의 제조공정 전체를 그려낼 수도 있다"고 한다. 물론, 여기서 말하는 정보는 공무원을 구워삶아서 불법적으로 얻는 것이 아니라 문서화되고 공개되는 정보를 말한다.

때로는 우리 회사를 떠나서 경쟁회사로 자리를 옮기는 직원도 정보원(물론 자신은 모르지)이 될 수도 있다. 보통 이직하기 얼마간의 기간을 두고 회사에 통보하니까. "우리를 버리는 배신자"라는 식의 감정으로 대할 것이 아니라, 살살 달래가면서 다정하게(?) 이 얘기 저 얘기 시켜보면, 의외로 경쟁자에 대한 많은 정보를 얻을 수도 있다. 무슨 이유로 우리 직원을 경쟁자에게 뺏기는지를 이해하는 것은 물론 당연히 해야 할 일이고……

이거는 불법은 아니지만 이제 윤리의 벽을 넘을랑 말랑 하는 건데, 가짜로 채용공고를 내고 경쟁사에서 일하는 직원이 apply하면 아주 친절하게 인터뷰를 하면서 경쟁회사에 대한 각종 정보를 얻을 수도 있다. 사업기밀(trade secret)만 내놓게 하지 않으면 불법이랄 것이 전혀 없는 방법.

혹은 반대로 경쟁사에서 채용공고를 하면, 우리 쪽에서 가짜로 지원자를 보내는데 얘는 문서를 거꾸로 뒤집은 상태에서 줄줄 읽어내는 훈련을 받은 거라. 인터뷰하는 척하면서 상대방 책상 위에 놓여 있는 각종 문서들을 다 머리 속에 넣고 돌아오는 거지. 너무한가? 하여튼, 그래서 인터뷰는 별도의 방에서 하거나, 아니면 책상 위를 깨끗이 치우고 하라고 가르치지.

왜 이런 얘기들을 하느냐. 우리가 꼭 이런 식으로 정보를 모아야 하는지와는 별개로 우리의 경쟁자들은 이미 이렇게 하고 있을지도 모른다는 가정을 하는 것이, 그리고 그에 대비하는 것이 안전하겠지. 착하게 산다고 [여담이지만, 목욕탕 같은 데 가서 가끔 왕년에 좀 놀던 사람들 중에 문신 새긴 사람들을 가끔 만나게 되는데, 그들 중에 가장 겁나는 사람이 "착하게 살자"라고 새긴 사람이라나?] 눈 멀쩡히 뜨고 자신의 소중한 정보를 도둑당하는 것은 착한 것이 아니라 멍청한 거지.

이런 것들을 경쟁첩보(CI: Competitive Intelligence)라고 한다. 그리고, 미국에는 Society of Competitive Intelligence Professionals (SCIP)라는 단체도 있어서 갖가지 공격, 방어기술들을 가르치고 있단다. 1980년대 만들어졌는데 매년 멤버십이 40%씩 증가하고 있다니까, 현대 기업들의 정보전이 얼마나 치열한지 알 수 있다. 현재 7천명 정도의 개인 멤버가 등록되어 있단다. 기업멤버로는 유니레버, 모토롤라, BT, 비자(Visa), 제약회사 GSK, 정유회사 BP Amoco 등 쟁쟁한 기업들이 속해 있다고 한다.

우리도 이런 거나 만들어 볼까? 아니면, 한국지부를 만들던지.

이 CI는 앞으로는 실무는 물론 학술적으로도 연구해 볼 가치가 있는 영역이라고 생각한다. 생각해 봐라. 우리가 열심히 지식경영이다 뭐다 하면서 조직 내외에 정보를 확산시킬 방법을 고민할 때, 그걸 뒤집으면 누군가가 더 손쉽게 정보를 빼내갈 수 있다는 사실을 간과하는 것이 아닌가. Henley Management College라는 대학에서는 MBA과정에 CI 과목이 있단다. 재밌겠지?

오늘 시작이 좀 길었네. 손자병법 본문으로. 그 전에, 원나라의 유기는 다음과 같이 말했다:

"누구를 상대로 움직이든지, 군사를 동원하기 전에 적의 숫자가 많은지 적은지, 강한지 약한지, 생기와 활력이 있는지 조용한지를 알아보기 위하여 스파이를 먼저 사용해라. 그러면, 항상 성공할 것이고 절대 전투에서 지는 경우가 없을 것이다."

진짜 본문으로.

[액티브한 첩보시스템을 구축하라.]

> 故用間有五：有因間, 有內間, 有反間, 有死間, 有生間. 五間俱起, 莫知其道, 是謂神紀, 人君之寶也. 鄕間者, 因其鄕人而用之. 內間者, 因其官人而用之. 反間者, 因其敵間而用之. 死間者, 爲誑事於外, 令吾聞知之, 而傳于敵間也. 生間者, 反報也.

간첩을 쓸 때는 다섯 가지 유형이 있다.
(1) 因間('인간'인데, 왜 어떤 데서는 '향간'이라고 읽지? 원규야, Help!), native spy.
(2) 內間(내간), inside spy 혹은 internal spy.
(3) 反間(반간), doubled spy 혹은 converted spy 즉, 이중간첩.
(4) 死間(사간), expendable spy 혹은 doomed spy 즉, 미끼로 쓰이는 (따라서 죽어도 괜찮은) 간첩.
(5) 生間(생간), living spy 혹은 surviving spy.

이 다섯 가지 스파이들이 동시에 활동하며 아무도 그들이 어떤 방법으로 움직이는지를 알 수 없다면, 그들을 일컬어 "신기"하다 하며, 그들은 나라의 보물이다.

향간(인간)은 적국의 사람들을 우리가 고용한 경우를 말한다.
내간은 적국의 장교를 우리가 고용(포섭이겠지)한 경우를 말한다.
반간은 적국의 스파이를 우리가 다시 고용한 경우를 말한다. 그러니까, 이중간첩이지.
사간은 우리의 스파이이기는 한데 일부러 가짜 정보를 준 경우를 말한다. [얘네들이 제일 안 됐다······]
생간은 적국으로부터 정보를 가지고 살아 돌아오는 스파이를 말한다.

> 故三軍之事, 莫親於間, 賞莫厚於間, 事莫密於間.

모든 군대 중에서 스파이들처럼 지휘관과 가깝고 친밀한 사람은 없다. 모든 상 중에서 스파이에게 주는 것처럼 후한 상은 없다. 모든 일들 중에 스파이 운용처럼 비밀스러운 것은 없다.

> 非聖智不能用間, 非仁義不能使間, 非微妙不能得間之實. 微哉！微哉！無所不用間也.

슬기롭고 어질지 못한 자, 비인간적이고 공정하지 못한 자는 스파이를 부릴 수 없다. 섬세하고 세련되지 못한 자는 스파이로부터 진실을 얻어낼 수 없다. [스파이를 부린다는 것은] 참으로 섬세하고도 미묘한 일이로다! 참으로 섬세하고도 미묘한 일이로다! 스파이를 사용하지 못할 곳이란 한 군데도 없다.

앞에서는 전쟁을 이길 수 있는 결정적인 정보는 사람에게서 얻기 때문에 스파이를 잘 이용하는 것이 필수적이라는 말을 했다. 여기서는 스파이의 유형을 설명하고 그들을 부릴 때는 어떻게 하며, 또 어떤 사람은 스파이를 운용할 수 없다고 말한다.

스파이는 항상 장군 가까이에 두고, 보상은 아주 후하게 해주고, 그리고 비밀은 생명! 그러니까, 사람을 잘 다루지 못하거나, 인색하거나, 입이 가벼운 사람은 스파이를 사용할 수 없지.

또한, 어느 전쟁이나 어느 비즈니스에서나 스파이는(그 의미와 내용은 물론 다르겠지만) 항상 쓰이게 마련이고, 두 번이나 "미묘하다"라는 같은 말을 반복한 걸 보면 진짜로 섬세하고도 미묘한 일인 것은 분명한 듯하다. 아주 섬세한 기술을 요하는 부분이라는 것이지. 왜냐하면, 우리가 포섭했다고 생각하는 스파이는 언제나 적의 이중간첩이거나 그렇게 될 가능성이 있기 때문에, 어떤 정보가 진실인지 아닌지를 가려내는 능력이 필요한 것이다. 또한,

이중간첩까지는 아니더라도 돈이라든가 하는 자신의 이익만을 바라고 스파이 짓을 하는 녀석들은 큰소리만 뻥뻥 치면서 쓸모 없는 정보를 갖다 줄 가능성도 높기 때문에, 아주 깊은 통찰력과 분별력이 있어야 하는 것이다.

다섯 가지 스파이 중에 가장 불쌍한 애들이 네 번째 '사간'(쉽게 말해서 죽어도 좋은 애들) 아니겠냐. 일부러 가짜 정보를 쥐어주고 또 그 정보가 적에게 전달이 되어야 하니까 노출이 되도록 만든다. 이런 스파이들은 십중팔구 죽게 되어 있다.

너희들 중에는 아마 본 사람이 몇 있을지 궁금한데, 아주 옛날(내가 중학생일 땐가?) 영화 중에 "나타샤"인가 "금발의 나타샤"인가 하는 영화가 있었다. 2차 세계대전의 전세를 결정적으로 뒤집는, 연합군의 노르만디 상륙작전을 성공시키기 위해 주인공인 여자 나타샤와 다른 스파이들이 바로 이 '사간'으로 적진에 투입된다. 노르만디가 아닌 다른 곳으로 연합군이 상륙한다는 그릇된 정보를 들려서. 당연히 독일군에게 잡혀 갖은 고문을 당한다. 지금도 기억나는 장면은 나타샤와 남자 동료가 실컷 고문을 당한 뒤 손을(아니면, 목이었나?) 밧줄에 매어 달아놓고 발 밑에는 큰 얼음 위에 서 있게 만든 장면이다. 발이 미끌미끌하니까 아주 아슬아슬한데다 얼음이 녹으면 어차피 죽게 되는 그런 상황. 역시 위기상황에서는 여자들이 더 강한 것이고 애국심도 여자들이 더 강한 건지, 나타샤는 끝까지 말을 안 하고 버티는데 남자 녀석이 실토를 해 버린다. 갖은 고문 끝에 뱉어낸 말이라(본인은 그게 진짜 정보인지 알고 버틸 때까지 버틴 거니까 얼마나 실감나게 자백을 하겠냐) 독일군은 그 정보를 믿고 엉뚱한 곳을 지키다가 연합군에게 허를 찔리는 그런 내용이었던 걸로 기억된다. 남자 동료를 배신감에 가득한, 허탈한 눈빛으로 쳐다보는 나타샤. 결국 두 사람은 죽지만 어차피 이래도 저래도 죽을 수밖에 없는 '사간'의 운명이었음을 모른 체 세상을 떠나지. 물론 연합군의 승리에 결정적인 역할을 하고서……

이런 사간은 고대로부터 흔히 쓰이던 방법이다.

중국 고대에 있었던 예를 보자. 사형을 당하게 되었던 한 사람을 용서해 주는 대신 스파이 임무를 맡기게 된다. 중(스님)으로 변장을 시킨 후 문서를 초(왁스)로 싸서는 동그랗게 공처럼 만들어서 삼키게 했다. 동그랗고 매끈 매끈하니까 쏙 잘 넘어갔겠지? 그리고는 적국으로 투입을 했는데 그는 바로 생포된다. [아마도 일부러 잘 잡히도록 정보를 흘렸을 확률이 많다.] 이 가짜중은 워낙에 질이 안 좋던 녀석이라 위험에 처하니까 제 한 목숨 살리려고 묻지도 않은 걸 다 불어버리지. [이걸 애초부터 노린 걸 모르고…… 쯧쯧.] "제가요, 사실은 이러저러해서 똥그란 그 뭣이냐, 그걸 꿀꺽 삼켜서 아직 제 뱃속에 있걸랑요. 잠깐만요. 응아. 자, 보세요. 여기 있죠?" 그 공을 열어 봤더니(처리과정은 생략) 그 안에는 적국의 전략을 책임지는 장군에게 보내는 편지가 들어 있었다. 순간 열을 받은 적국의 왕은 그 장군을 죽여 버리고 스파이 중도 함께 처형했다. [이 나라 왕도 좀 모자라는가봐.] 이렇게 해서 적국에서 가장 껄끄럽던 자원(resource)을 간단하게 제거!

이런, 어떻게 보면 말도 안 되는 것 같은 사건들이 일어나는 것은, 보통 스타들은 그를 시기하는 적들이 많게 마련이고, 좀 능력이 떨어지는 왕이라든가 리더는 그 스타에 대해 항상 위협감을 느끼게 되어 있기 때문이다. 그러니까, 이런 사건에 정적들은 들고일어나고 왕도 "구실 없던 차에 잘 됐다" 싶어 제거해 버리는 것이지. 결국 전쟁에 지게 될 줄은 모르고. 근시안적인 바부들…….

그런데, '사간' 은 꼭 이런 식으로만 쓴 것은 아니고, 때로는 화친을 맺으려고 하는 것 같은 메시지를 전달하게 하여 상대방이 긴장을 풀게 한 뒤, 공격을 해 버리는 경우도 있었다.

다섯 가지 스파이 중 가장 중요한 것은 이중간첩인 '반간'인데 그건 다음 부분에 설명이 나오니까 그때로 미루고, 마지막 '생간'에 대해서 잠깐.

생간은 우리가 가끔 먹는 소라든가 돼지의 '간(liver) 쌩 것'을 말하는 것이 아니고, 적국과 우리 사이를 왔다 갔다 하면서 정보를 가져다 주는 친구들이다. 이런 친구들은 아주 지능이 뛰어나지만 겉으로 보기에는 멍청하게 보이는 사람들을 뽑아야 한다고 했다. 둔한 듯하지만 정신력이 강하고, 민첩하면서 힘도 세고, 단단하며, 용감한 사람들, 그리고 초라하고 천한 일에도 능숙하고, 배고픔, 추위, 지저분한 환경, 그리고 모욕도 잘 견뎌내는 사람들이라고 했다.

너무 겉보기에도 "앗, 저 녀석 눈빛이 심상치 않은 것이 수상한데"하는 느낌을 주게 생기면 안 되겠지. 되도록 사람들의 눈길을 끌지 않고 사람들이 전혀 관심을 기울이지 않게 할 수 있는, 그렇지만 아주 강인하고 똑똑한 사람들이어야지 노출되거나 잡히지 않고 여러 번을 살아서 왔다 갔다 할 수 있을 테니까. 요즘 한창 우리의 관심을 끌고 있는 '북파공작원'들도 이런 사람들이 아니었을까 싶다. 뉴스를 보니 지옥 같은 훈련을 견뎌야 했던 강인한 사람들이었던 것 같던데, 국가를 위해서(그 중에는 돈 많이 준다는 말에 자원한 사람도 있다지만, 어쨌든) 그렇게 죽을 고생을 한 사람들은 공개적으로 못한다면 비공개적으로라도 최소한 먹고 사는 것은 전혀 지장이 없도록 보상을 해줬어야 하는 것 아니었나 하는 생각이 든다.

자~, 오늘은 여기까지. 이제 한번 정도 더 하면 13편도 끝낼 수 있을 것 같다.

오늘 강의 끝.

최보인(10/29, 13:48): 스파이 하니까 생각나는 얘기가 있네요. 흔히 중요한 문서나 서류는 깊은 금고에 넣어 놓거나 슈레더에 넣어 갈기갈기 파기하죠. 싱가포르의 한 회사에도 이런 식으로 기획안 등의 중요한 서류의 드래프트나 복사본을 슈레더에 갈아서 처리해 왔는데 경쟁사에서 이런 중요한 정보를 다 알고 있더랍니다. 알고 보니 그 회사의 슈레더 기계에 경쟁사에서 스캐너를 장치해 놓았던 것^^ 진짜 중요한 정보만 골라 읽게 된 셈이죠.

김언수(10/29, 15:55): 거봐, 무서운 세상이라니까. 그나저나 머리 좋네. 사실 슈레더(shredder)도 처음에는 수직으로 길고 잘게 찢는 기계가 기본이었는데, 이제는 가로 세로 해서 아예 가루같이 만들어 버리는 기계들이 주종을 이룬다. 아마도 예전에 세로로만 찢는 기계에서 나오는 종이가루를 어떤 지독한 넘이 다시 붙였던 것이 아닌가 싶다. 그리고, 그 대응으로 요즘의 기계가 나오고. 영화 배트맨 2인가? 왜, 악당 펭귄 나오는 편. 거기서, 펭귄이 슈레더로 분쇄해 놓은 문서를 다 덧붙여서 상대방을 위협하는 장면이 나오지. "이런 문서의 복원은 테이프와 약간의 인내심만 있으면 된다"고 하면서. 역시 하이테크 시대에도 고전적인 방법이 가장 효력을 발휘하는 경우는 많은 것 같다. 예를 들어, 문서의 파기는 불에 태워버리는 것이 뭐니뭐니해도 가장 확실한 방법?

최보인(10/30, 10:22): 불에요? 참고하겠습니다.

↻ 因間 vs. 鄕間

작성자 송원규
번호 641 조회수 13
작성일 2002-10-30 오전 7:34:14

인간(因間) vs. 향간(鄕間)

因間과 鄕間의 사용이 헷갈리는 이유는 판본에 따라 사용하는 것이 틀리기 때문이다. 〈십일가주손자〉 등 중국계 판본에는 因間으로 쓰고 있고 〈고문손자〉라는 일본서에는 鄕間을 쓰고 있다. 그러나 전체적으로 문장의 구조상 향간이 더 정확하다는 의견이 있다.

鄕間者, 因其鄕人而用之, 內間者, 因其官人而用之. 간첩을 설명하는 후반부의 문장구조가 모두 因자로 시작하고 있어, 因자가 반복될 경우 의미가 모호해진다는 것이다. 따라서 현대에는 鄕間을 사용하는 추세라고 한다.

김언수(10/30,11:22): 고맙다, 원규야.

[Sun Zi Bing Fa #57]
2002/10/30, Seoul

10월을 하루 남긴 수요일 밤. 내일이 지나면 2002년도 이제 2개월을 남기게 된다. 시간 정말 빠르지? 작년 이맘때쯤은 안식년 시작한지 1개월이 막 지나는 때라 참 좋았는데…….

오늘은 상수동 집에 와 있다.

수요일은 일주일 중에 가장 힘든 날이다. 오전에 대학원 전략 수업이 있고 오후에는 학부 전략이 있다. 대학원 전략 수업 때 읽어야 할 것이 많잖아. 졸업생들 옛날 생각나지? 그러니까, 항상 화요일 밤은 늦게 자거나 아니면 밤새 자다 깨다 하면서 수업준비를 하게 된다. 요즘은 리델 하트의 전략을 공부하고 있다. 어제 밤에도 그거 읽느라 늦게 잤다. 오전 수업하고, 점심 간단하게 먹고(오늘 수진이 생일이라 같이 스파케티 먹었다), 출판사 사장님 와서 만나고, 오후 학부수업 들어 가려는데 지원이가 석사논문 때문에 붙잡고는 안 놔주고(지원이도 그러고 보면 상당히 터프해. 뭔가 크게 될 수 있을 것 같아.), 수업은 허겁지겁 들어갔다가, 끝나고는 집으로 와서 저녁 먹고, 교회 잠깐 다녀왔다. 수요예배 보는 동안 피곤해서 졸리더라구……. "집에 가자마자 자야지"하는 생각을 하고 왔지만, 일단 손자병법을 10월이 가기 전에 마무리 할 생각으로 컴퓨터 앞에 앉았다.

이제 남은 것은 13편 용간편의 마지막 조금.

間事未發, 而先聞者, 間與所告者兼死.

스파이 운영과 관련된 정보가 너무 일찍 노출이 된 경우는 그 해당 스파이와 그리고 첩보전에 대해 그와 대화한 모든 사람들은 죽여야 한다. [무섭다. 아마 이런 이유로 11편 구지편에서는 전략을 짤 때도 아래 사람들은 모르게 하라고 한 것 같다.]

凡軍之所欲擊, 城之所欲攻, 人之所欲殺, 必先知其守將, 左右, 謁者, 門者, 舍人之姓名, 令吾間必索知之.

보통 공격하고자 하는 군대가 있고, 공략하고자 하는 성이 있고, 암살하고자 하는 사람이 있는 경우, 수비대장이 누구인지, 참모들은 누구인지, 의전을 담당한 사람은 누구인지, 수문장이 누구인지, 그리고 경호원들은 누구인지를 반드시 알아야 한다. 우리 스파이에게 이러한 사항들을 아주 상세하게 알아 오도록 명령을 내려야 한다.

必索敵人之間來間我者, 因而利之, 導而舍之, 故反間可得而用也. 因是而知之, 故鄕間, 內間可得而使也. 因是而知之, 故死間爲誑事可使告敵. 因是而知之, 故生間可使如期.

우리한테로 보내진 적의 스파이를 찾아내서 우리를 위해 일하도록 포섭하는 것은 스파이전에서 아주 필수적이다. [이중 스파이 즉, 반간이 되는 것이지.] 잘 타이르고 설득하며, 잘 보살핀 후 본국으로 돌려보낸다. 이렇게 '반간'은 얻어지고 쓰여지는 것이다. 바로 이런 이중 스파이를 통해서 '향간'(적국 내부의 사람을 스파이로 포섭)과 '내간'(적국 장교를 스파이로 포섭)을 얻고 운용할 수 있는 것이다. 또한, 바로 이중 스파이들을 통해서 거짓 정보로 무장한 '사간'을 적에게 보내 잡히게 할 수 있는 것이다. 이런 이중 스파이들을 통해서 '생간'(적국을 왔다 갔다 하면서 정보를 가져다 주는 스파이)이 정해진 시간에 정보를 가져올 수 있는 것이다.

> 五間之事, 君必知之, 知之必在於反間, 故反間不可不厚也.

왕은(리더는) 이 다섯 가지 종류의 스파이의 활동에 대해 반드시 잘 알고 있어야 한다. 이런 정보는 바로 이중 스파이, 반간으로부터 오는 것이다. 그러니까, [이렇게 중요한] 반간은 최고의 관대함으로 후하게 대접해 주어야만 한다.

> 昔殷之興也, 伊摯在夏. 周之興也, 呂牙在殷.

옛날에, 은나라가 뜨게 된 것은 하나라를 섬기던 이지(伊摯) 덕분이고, 주나라가 흥하게 된 것은 은나라를 섬기던 여아(呂牙) 덕분이었지 않나. [이지는 하나라의 장관으로 있다가 은나라 쪽에 붙은 사람이고, 여아는 은나라의 장관으로 있다가 주나라 쪽에 붙은 인간이다. 즉, 자기 나라를 배신하고 적국을 위해 스파이 짓을 한 것이지.]

> 故惟明君賢將能以上智爲間者, 必成大功. 此兵之要, 三軍之所恃而動也.

고로, 머리가 깨인 왕과 현명한 장군만이 지혜로운 사람들을 스파이로 사용하여 위대한 승리를 확실하게 이룰 수 있다. 비밀스러운 첩보전은 전쟁의 승패에 아주 핵심적이고 필수적인 요소이다. 전체 군대가 모든 액션을 취하기 위해서는 그들(간첩)에게 의존하기 때문이다.

즉, 다섯 가지 스파이 중에 가장 중요한 것이 이중 스파이(반간)임을 알 수 있다. 믿을만한 이중 스파이가 있어야 적국 내부에 또 다른 스파이들을 포섭하고, 거짓 정보를 들려 보내는 사간도 적당한 때에 잡히게 할 수 있고, 생간들도 죽지 않고 살아서 돌아올 수 있게 되는 것이지.

이렇게 반간이 중요하다면, 처음 시작할 때 언급한 대로 푸짐한 보상을 주고 가장 가깝게 관계를 유지하는 대상이 간첩들 중에도 특히 이중간첩임을 알 수 있다. 그러니, 장군이나 리더가 인색하면 적의 스파이가 무슨 영광을 보겠다고 우리를 위해 일을 하겠냐.

비즈니스 상황에서도 이런 식으로 다양한 스파이들을 쓰는지는 잘 모르겠다. 뭐, 가능성이 있지. 그래서 그런지, 어떤 외국 회사는 회사 카페테리아에 "느슨한 입술이 배를 침몰시킨다"(Loose lips sink ships)는 메시지를 적은 큰 포스터를 달아 놨다고 한다. 즉, 입을 방정맞게 놀리지 말라는 것이지. 말이 많다보면 안 해도 될 말, 안 해야 될 말까지 하게 되고, 그 과정에서 회사의 중요한 기밀이나 정보가 새어나갈 가능성이 있기 때문이다.

이와 관련해서, 성경에도 가르침이 있다. 역시 '잠언'이라는 부분에서 (10장 19절):

"말이 많으면 허물을 면키 어려우나 그 입술을 제어하는 자는 지혜가 있느니라."

너무나 맞는 말 아니냐?

지난번에는 미국 국가첩보센터(National Counterintelligence Center)에서 보고한, 미국 회사 정보 빼가는 나라들 순위가 중국, 일본, 이스라엘, 프랑스,

한국, 대만, 인도의 순서라고 했었다. 그런데, 또 다른 기관인 American Society for Industrial Security에서 발표한 자료에 의하면, 산업 스파이 부문에서 가장 위협이 되는 나라로 역시 중국과 일본을 꼽았다고 한다. 그런데, 그 다음 순위는 프랑스, 영국, 캐나다로 나왔다고 한다.

비즈니스 상황에서는 경쟁사에 전화 한 통화만으로도 많은 것을 얻을 수 있는 경우가 많다고 한다. 예전에 e-business가 한창 뜨거울 때 한 가지 심각한 이슈로 떠오른 것이 보안(security)문제였는데, 중요한 패스워드라든가 하는 정보들이 어떤 과정을 거쳐서 가장 많이 유출된 줄 아니? 무슨 복잡한 기술과 소프트웨어를 사용한 것이 아니라, 그냥 회사로 전화해서 '나, 이 회사 직원 누구누구인데 패스워드를 막 까먹었다. 좀 알려 주라' 이런 식의 요청에 상식 밖으로 쉽게 정보를 내줬다고 한다.

따라서, 이런 보안문제는 물론 외부에서 회사의 정보와 관련하여 요청이 들어오는 경우 모두가 중앙집중화된 public officer 부서라든가 하는 전담부서로 연결시키는 것을 규칙화하는 것이 도움이 되겠다.

중요한 서류는 반드시 분쇄하는 규정도 엄격하게 만들어야 하고, [물론 분쇄기 안에 혹시 경쟁사의 스캐너가 달려 있는지 확인하는 거 잊지 말고 ^^] 혹시 비행기라든가 공공장소에서 노트북 컴퓨터로 업무관계 파일을 볼 때도 옆에 누가 있는지를 잘 알아볼 것. 요즘 회사들은 분명히 도청장치 검색 등도 루틴에 넣어 놨을 것 같다. 하여간 쉽지가 않아요.

자~, 이것으로 손자병법의 마지막 제13편 용간편이 마무리되었고, 따라서 손자병법도 완결되었다.

하루만 더 정리하는 강의를 하고 완전히 종결짓기로 하자.

오늘 강의 끝.

송원규(10/31, 9:3): 아! 드디어 끝내셨군요. 좋은 책으로 탄생하길 마음속 깊이 기대합니다.

김수희(10/31, 16:43): 정말 쉽지가 않을 것 같네요. 조금 치사하고 얍쌉(?)하단 생각도 들지만······. 그게 현실이겠죠? 저 놀면서 그동안 못 읽은 손자병법 이제서야 따라잡았는데······. 한번밖에 안 남았네요.

김언수(11/1, 11:46): 수희야, 요즘은 컨디션이 좀 어떠냐? 가끔 학교 놀러와. 한가할 때. 천천히. 그냥 놀러 오는 거야 별로 스트레스 안 받겠지? 그런데, 대학원 공부가 힘들기는 한가봐. 그 튼튼한 현진이도 지금 거의 쓰러졌다. 아니면, 나의 의심대로 우리 방에 수맥이······? 현진이가 내 자리에 계속 앉아 있었잖냐.

끝내면서

[Sun Zi Bing Fa #58 and the FINAL]
2002/10/31, Seoul

여러분 기뻐하십시오. 드뎌, 드뎌, 손자병법이 끝났슴다.

오늘은 10월의 마지막 날. 연구실이다.

올해 1월 10일부터 시작하여 10개월 만에 끝을 보게 되니 감개가 무량하다. 그동안 열심히 읽어주고 질문과 응답, 코멘트를 달아준 모두에게 고맙다는 말 전하고 싶다. 너희들이 아니었으면 혼자서 무슨 재미로 이걸 올렸겠냐. 지난 10개월 동안 공부한 손자병법 13편을 다시 뒤돌아보면 다음과 같다.

제1편: 시계편(始計篇) — 전략수립
제2편: 작전편(作戰篇) — 작전수행
제3편: 모공편(謀攻篇) — 책략을 사용한 공격
제4편: 군형편(軍形篇) — 전력의 배치
제5편: 병세편(兵勢篇) — 병력의 활용
제6편: 허실편(虛實篇) — 약점과 강점
제7편: 군쟁편(軍爭篇) — 기동력의 활용
제8편: 구변편(九變篇) — 9가지 전술과 그 변형
제9편: 행군편(行軍篇) — 행군, 병력의 이동
제10편: 지형편(地形篇) — 지형(외부환경)
제11편: 구지편(九地篇) — 9가지 지형
제12편: 화공편(火攻篇) — 화공법
제13편: 용간편(用間篇) — 간첩의 활용

어때, 기억이 새롭지?

애초에는 재미 삼아 책을 읽으면서 그냥 생각나는 것들을 간단하게 올리면서 너희들하고 연락이 계속 닿아 있게 하는 수단으로 시작했지만, 시간이 지나면서 손자병법은 그렇게 가벼운 내용이 아니라는 것을 깨닫게 되었고, 좀 더 이해를 하려고 들기 시작하니 다른 자료들도 참고를 삼지 않을 수 없게 되면서 일이 생각보다는 좀 커졌다.

오늘은 최종적인 마무리를 위해서 총정리를 하도록 하자. 손자병법은 알고 보니 언제, 누가 썼는지가 분명치 않다는구나. 그 내용도 "정확하게 이것이 원문이다"할만한 것도 없는 듯 하고. 오랜 세월이 지나는 동안 수많은 사람들이 연구를 하고 코멘트를 다는 과정에서 어떤 버전(version)은 독자의 코멘트까지 포함해서 다시 그것이 원문인 것처럼 전달이 되고 했다고 한다. 그래서, 내용 안에서 느꼈겠지만 용어의 혼란이나, 순서의 혼란, 그리고 내용의 있고 없고의 혼란까지도 발생한 것 같다.

그런데, 중국사람 중에 손자병법을 가장 착실하고 권위 있게 연구한 사람은 다름 아닌 "조조"라고 한다. 조조의 위나라가 삼국을 통일하게 된 것은 우연이 아닐지도 모르겠다.(통일은 '조' 씨가 아니라 '사마' 씨가 하기는 했지만.)

이 손자병법은 이미 1772년, 그러니까 지금으로부터 정확하게 300년 전에 프랑스 파리에서 번역되어 출판이 되었다고 한다. 중국 북경에 선교사로 갔던 사람이 가지고 왔단다. 그래서, 평소에 책 읽기를 좋아하던 나폴레옹이 반드시 읽었을 것이며, 그가 유럽을 정복하는 과정에서도 많은 원칙들을 적용하였을 것이라고 추측한다.

근대 군사전략의 큰 인물인 리델 하트도 1927년에 손자병법을 소개받았다고 스스로 말하고 있다. 그가 쓴 유명한 책 *Strategy*의 시작부분에 손자병법에서 나오는 문구들을 2페이지에 걸쳐 인용해 놓은 것이나, 책 내용에서도 손자병법적인 냄새가 물씬 풍기는 것 또한 우연은 아닌 것 같다. 리델 하트는 2차대전 중간에 중국 국민당(나중에 대만으로 쫓겨나는)의 장개석 총통 밑에 있던 군인을 만나게 되는데, 당시 중국 사관학교의 전쟁교본은 Fuller 장군(영국사람)이 쓴 책이었다고 한다. 리델 하트가 "손자병법은?"하고 물어 보니, 그 사람 대답이 "손자병법은 고전으로서 높이 평가는 받고 있지만, 대다수 젊은 장교들은 기계화된 현대전에는 적용하기 적당치 않은 진부한 책으로 여기고 있다"라고 했단다. 나중에 국민당이 중국 공산당에게 본토에서 쫓겨나 대만으로 가게 되어 오늘에 이른 것은 우연일까?

그런 뛰어난 가르침을 옆에 두고도 이용하지 않고, 등한시하고, 이해하지 못했다니…… 우리도 주위에 이런 것들이 얼마나 많을까. "우리의 것은 소~중한 것이야!"

우리의 이웃나라 일본은 어땠느냐. 이미 서기 500년경부터 중국에서 손자병법을 포함한 각종 서적들을 수입해서 공부를 한 것으로 되어 있다. 무술을 가르치는 사람들이나 장군들은 그 이후 중국의 병법을 열심히 공부했고, 당시 이런 서적들은 아주 귀한 것으로 아무나 보여주지 않고 일종의 비밀문서처럼 전수가 되었다고 한다. 따라서, 손자병법은 일본에 영향을 끼쳤으며, 일본인들은 일찍부터 전쟁의 노하우를 익힌 것이 분명하다. 그런데, 병법을 공부한 중요한 사람들을 설명하는 과정에서 미야모도 무사시에 대한 언급은 없다. 주로 쇼군(장군)들만을 언급하고 있고, 위에서도 말했듯이 아무나 보여주지 않았으므로 무사시는 어깨너머라도 보고 배웠거나 아니면, 모든 진리는 하나로 통하기 때문에, 무술에 도가 트다 보니 손자병법에서 말하는 것과 비슷한 내용들을 스스로 터득했을 수도 있겠다.

흥미로운 것은 이렇게 중국에서 일본으로 건너가는 서적들은 거의 우리나라를 거쳐서 간 것으로 되어 있는데, 왜 우리나라에는 병법이란 것이 발달을 안 했느냐는 것이지. 아니면, 예전에는 많이 공부하고 연구했는데 전수가 안 되었던지. 아니면, 문관 위주의 정치사회구조 때문에 이런 것들이 등한시되었을 확률도 높다. 글만 읽고 입만 살은 사람들이 사회를 지배하다보니…… 그러니 맨날 외부의 적에게 침략당하고, 그렇게 위기에 닥치면 위에 것들은 어차피 리더십 없는 사람들이었으니 도망가기 바쁘고, 우리의 순박한 백성들이 의병을 조직해서 들고일어나고. 어떻게 보면, 그러한 나쁜 유산은 아직까지도 지속되는 느낌이다. 위에서 망치면 밑에서 어떻게든 몸으로 때우며 복구하는 방식. IMF 사태와 그에 이은 금모으기 운동. 어디서 많이 보던 것 같지 않니? 슬픈 역사가 되풀이되지 않아야 할텐데…….

평소에도 그랬지만 손자병법을 읽으면서, 그리고 관련된 다른 글들을 읽으면서 특히 강하게 느꼈던 것은 '리더십의 중요성'이었다.

내가 생각하기에 대한민국은 범상치 않은 나라인 것 같다. 물론, 그것은 대한민국 사람들이 범상치 않은 사람들이라는 뜻이지. 이 자그마한 나라가 아시안 게임에서 100개에 가까운 금메달을 따면서 중국에 이어 2위를 한다는 것도 놀랍고(땅덩어리와 인구를 생각해 봐라. 우리가 얼마나 작은 나라인지), 경제규모도 세계 10위권에 근접한다는 사실도 놀랍고, 무엇보다도 국내에서 혹은 외국에서 만나게 되는 한국 사람들은 모두가 다 그렇게 똑똑하고 능력이 있고…… 좋게 말하면 감정이 풍부하고, 나쁘게 말하면 성질들 더럽고. 어디다 갖다 놔도 열심히 일하고 또 교육열은 왜 그렇게 높은지. 부작용도 만만찮지. 어쨌든, 우리나라 사람들은 이 쬐끄만 땅덩어리 안에 갇혀 있기에는 너무나 속에서 끓어 오르는 것이 많은 사람들인 것 같다. 문제는 이 작은 땅 안에서 터질 듯이 끓고 있는 그 무언가를 한 방향으로 분출시킬 수 있는 리더십, 그것이 문제인 것이지.

제발 나라 전체를 이끄는 대통령 이하 정부와 정치인들이 정신 좀 똑바로 박힌 사람들로 물갈이도 좀 되고, 그래서 우리가 열심히만 하면 이 나라가 앞으로, 밖으로 쑥쑥 나아갈 수 있도록 만들어 줬으면 좋겠다.

얼마 전에 LG경제연구원에서 나오는 『주간경제』에서 읽은 거대2002. 9. 25. No. 694, p. 19]. 취업사이트 스카우트(www.scout.co.kr)가 직장인 5,842명을 대상으로 '인사권이 주어졌을 때 가장 먼저 해고하고 싶은 사람은 누구인가'라는 질문에 응답자의 47%가 '직속상사'를 꼽았다. 해고하고 싶은 사람 2위는 38%를 차지한 '사장'이었으며 '동료(9%)'와 '후임자(5%)'가 뒤를 이었다. 참, 웃고 넘기기에는 너무나 심각한 통계가 아닐 수 없다.

우리는 이런 고약한 현실에서 살고 있다. 전략적인 안목을 가지고, 조직도 제대로 된 사람들을 들여오고, 능력 없이 얍삽한 술수로 세상을 살려는 사람들이 발붙이지 못하는 사회를 만들어, 엉뚱한 데 신경 쓰느니 실력을 닦는 데 시간을 쓰는 것이 더 확실하다는 시스템을 만들면, 그 때는 우리나라가 세상에서 정말 주목받는 멋진 나라가 되어 있을 것이다.

전쟁은 한번 터지면 정말 비참하다. 굳이 직접 겪어보지 않고도 우리는 영화나 TV, 책을 통해서도 얼마든지 느낄 수 있다. 그래서 손자도 물론 그랬지만 많은 사람들이 전쟁은 되도록 피해야 한다고 했다.

'전쟁의 달인' 제갈량도 마찬가지. 그가 다음과 같은 내용의 말을 했는데, 어떻게 보면 손자병법 전체의 내용을 잘 요약하는 것 같아서 소개한다.

『무기는 불길한 징조를 상징하는 도구이다. 도저히 피할 수 없는 상황이 아니면 사용하지 말아야 한다. 적절한 군사 행동의 원칙은 먼저 전략을 세우고, 그 다음에 실행에 나서는 것이다.

- 환경을 모니터하라.
- 백성들의 마음 상태를 관찰하라.
- 병기를 사용하는 방법을 훈련하라.
- 상벌의 원칙을 확고히 정하라.
- 적의 계략을 주의 깊게 살피라.
- 도로에 어떤 위험이 도사리고 있는지 체크하라.
- 안전하고 위험한 장소들을 구분하라.
- 우리와 적 쌍방간의 상황을 알아내라.
- 언제 전진하고 언제 후퇴할지를 알아내라.
- 기회가 오는 타이밍을 잘 따르라.
- 공격에 대비한 방어준비를 단단히 하라.
- 적을 칠 수 있는 공격력을 단련하라.
- 병사들 개개인의 능력을 개발하라.
- 결정적인 승리를 가져올 수 있는 전략을 그려내라.
- 삶과 죽음을 결정지을 중요한 이슈들을 가려내라.

반드시 이 모든 것들을 다 한 **이후에만**(only after) 군대를 내 보내고, 장군들을 임명하고, 적을 격파할 권한을 부여해야 한다. 이것이 군사작전의 전부다.』

여기서 한 가지 생각하게 만드는 것이, 이렇게 비참한 전쟁을 겪지 않고 살아가는 현재에 대한 감사하는 마음이다.

전쟁이라든가 하는, 내가 어쩔 수 없는 큰 일은 둘째 치고, 하루하루를 건강하게 살아갈 수 있다는 자체가 얼마나 큰 행복이며 감사할 일인가. 수희나 경은이의 경우를 보더라도 육체적인 아픔 때문에 공부를 못하고 있잖니. 만약 몸이 아파서 하고 싶은 공부를 마음껏 할 수 없는 상황이 되면, 마음과 몸이 건강할 때 왜 그리 공부하기를, 일 하기를 싫어했을까 하는 생각이 들게 마련이다.

　사실 우리는 언제 죽을지 모르는 목숨들인데, 영원히 살 것처럼 다른 사람을 해하고, 사랑을 표현하지 못하고 하루하루를 지내고 있는 경우가 많다. 내가 안식년을 마치고 한국으로 귀국하기 하루 전인 지난 8월 29일 뉴욕에서 있었던 일이다. 내가 떠난다고 컬럼비아 대학의 APEC Study Center 사람들이 또 다른 일본인 교수와 함께 우리를 uptown에 있는 레스토랑으로 점심초대를 했다. 나는 아래쪽에 살고 있으므로 지하철을 타고 약속 장소 근처의 역에서 내렸다. 역에서 나온 곳은 브로드웨이가 지나가는 큰 사거리였다. 그 날은 비가 촉촉이 내리고 있었다. 처음 가는 곳이어서 방향을 잡느라 두리번거리는데, 갑자기 "꽝"하는 소리와 함께 정신을 차려보니 어디서 왔는지 택시 한 대가 인도로 올라와서 바로 내 앞에 있던 우체통 두 개(원래는 단단히 땅에 고정되어 있었지)를 저 멀리 날려버리고 내 무릎 1m 정도 앞에 와 있고, 바로 내 앞에서 핸드폰 통화를 하고 있던 남자는 바닥에 누워 있는 것이었다. 나는 그 택시가 어디서 왔는지도 모르겠고, 보통 급정거할 때 나는 "끼이익"하는 소리도 못 들었고, 하여튼 그야말로 "눈 깜짝할 새" 모든 사건이 발생하고 종료되어 있더라. 그러니까, 평소 뛰어난 운동신경을 자랑하는 나지만 피하고 뭐고 할 여유도 없었던 것이지.

　금방 사람들이 벌떼처럼 모여들고 어떻게 알았는지 경찰차와 앰뷸런스도 어디선가 웽웽거리며 모여들고…… 나는 약속시간이 다 된지라 그 자리를 빠져 나왔었다. 약속장소로 가면서 깨달은 것은 "아, 나는 항상 죽음과 같이 다니는구나……."

　그 날의 기억이 점점 흐려지는 것과 함께, 그 때 마음먹었던 "마음 편하게, 너무 아옹다옹하지 않고 살며, 사람들한테 잘 해야지"하는 생각도 약간

씩 흐려지기는 하지만, 언뜻언뜻 그런 다짐을 다시 하게 된다.

내가 하고자 하는 얘기는 우리 주위에는 지금 당장이라도 둘러보면 감사할 일들이 많다는 것과, 혹시 전혀 감사하고 싶지 않은 괴로운 상황이라 할지라도 또 감사할 일들은 찾아낼 수 있다는 점이다.

한 때 언급했었던 로빈슨 크루소 표류기에서 가장 인상 깊었던 부분 중의 하나가 있다. 조난을 당하고 얼마 되지 않아 섬이 무인도라는 것을 알고 난 후, 그리고 난파선이 물에 완전히 씻겨 없어지기 전에 최대한의 각종 물품들을 육지로 실어 나른 후, 로빈슨 크루소는 자신의 처지에 대해 일종의 대차대조표를 만든다(실제 "debtor, creditor, 즉 채무자와 채권자가 그리하듯이"라는 표현을 쓰고 있다). 그 목적은 엄격하고 공정하게 긍정적인 면과 부정적인 면을 비교함으로써 자신의 상황이 그렇게 나쁘지만은 않다는 위안을 얻기 위한 것이었다고 말하고 있다. 차변-대변 대신 'Evil—Good'이라는 용어로 상황을 분석하고 있다. 실제 책 안에서도 두 개의 칼럼을 차—대변처럼 나란히 보여주고 있다. 그리고, 그 결론은 정말 절망적인 상황에서도 감사해야할 긍정적인 부분이 있다는 것을 깨닫는 것이다.

Evil	Good
나는 구조를 받을 희망이 없는, 이 무시무시하고 적막한 섬에 혼자 버려졌다.	그러나 나는 살아 있고, 배 안에 있던 다른 모든 사람들은 물에 빠져 죽었다.
나는 혼자서 이 세상과는 완전히 격리된 비참한 상태다.	그러나, 다른 선원들과는 달리 나 혼자만 죽음으로부터도 격리되었다. 또한, 죽음에서 나를

	구해준 '그분'은 이 상태에서도 나를 건져줄 수 있다.
나는 다른 인간들과 분리되었고, 외롭게 혼자 있으며, 인간 사회에서 쫓겨난 것과 마찬가지다.	그러나, 나는 배고파 굶어 죽을 염려는 없다.
나는 내 몸을 가릴 옷조차 변변하게 없다.	그러나, 나는 기후가 더운 곳에 와 있어서, 옷이 있었다 하더라도 어차피 입지도 못했을 것이다.
나는 다른 인간이나 (식인종이라든가) 맹수의 공격으로부터 스스로를 방어할 방법이 없다.	그러나, 나를 해칠 수 있는 그런 맹수는 전혀 없어 보이는 섬에 조난을 당했다. 맹수가 득실거리는 아프리카 해안에 조난을 당했으면 어땠겠는가?
나는 대화를 나누거나 나를 위로해줄 인간이 하나도 없다.	그러나, 하나님은 감사하게도 해안에 가까운 곳에서 배가 난파되게 하셨고, 그 덕분에 나는 내가 살아 있는 동안은 충분히 먹고 살만한 각종 물자를 섬으로 끌어올 수 있었다.

항상 가르침들은 우리 주변에 널려 있고, 또 오랜 세월 같은 내용을 계속해서 반복하지만, 우리는 배우고 익히고 사용하는 것을 잘 하지 못하는 것

같다. 그러니, 역사가 반복되지. 이제까지의 강의내용은, 그리고 특히 초반의 내용은 이제 기억조차 희미하겠지만, 항상 몇 가지 적은 수의 요점이나 내용은 항상 반복하면서 기억하고, 생활에 적용하는 것이 좋겠다.

조선 정조시대에 나온 무예도보통지에 이런 말이 나온다. "사자(우리나라에도 사자가 있었나?)는 달리기를 쉬지 않기 때문에(즉, 뜀뛰기 연습을 쉬지 않고 하기 때문에) 코끼리나(코끼리도 있었나?) 토끼를 잡는 데 실패하는 법이 없다. 일본 사람들은 한가한 시간에도 자신들의 기량을 높이기 위해 나무 칼로 짚단을 때리는 연습을 한다. 그 결과는 우수한, 거의 초인간적인 검술 실력이다…… [그러니] 일본이 조선을 침략했을 때 일본 군사들은 죽음을 두려워하지 않고 우리를 공격했고, 조선 군사들은 칼이나 창을 손에 쥔 채 제대로 빼보지도 못하고 죽음을 당했다. [아유, 불쌍하다.]…… 조선 사람들은 밥 먹을 때 숟가락을 주로 쓰고, 중국 사람들은 젓가락을 주로 쓴다. 중국 사람한테 숟가락을 쥐어 주거나, 조선 사람에게 젓가락을 쥐어 주면 양쪽 다 어색해 하는 것은 평소에 그러한 도구를 사용하는 버릇이 들지 않았기 때문이다. 만약 숟가락이나 젓가락이 그렇게 불편하게 문제를 일으킬 수 있다면, 창이나 칼은 오죽하겠는가……."

즉, 아는 것은 시작에 불과하다. 연습과 반복, 연습과 반복, 연습과 반복, 연습과 반복…… 이것만이 길이다.

이제 마지막으로 당부하고 싶은 말은 다음과 같다.

모두들 나름대로의 삶의 이유를 찾고, 최대한 현명한 방법으로 그러나 미련하리 만치 열심히 노력하여 실력을 쌓고, 성장과 성공의 과실은 남들과 나누어, 나로 인하여 이 세상이 조금이라도 밝아지게 한다. 항상 죽음과 짝하고 있다는 사실을 깨닫고 감사하는 삶을 산다. 살아 있는 동안은 건강하게 살도록 육체의 관리에 힘쓴다. 또한, 그와 함께 강철같이 강인한 정신력을 기른다. 남을 돕지는 못할망정 절대로 해하지는 않는다.

손자병법은 우리에게 평화를 원하면 전쟁을 이해해야 한다는 점을 가르쳐 준다. 평화를 사랑한다는 미명하에 유약한 나라가 아니라, 강하지만 친절하고 나이스한, 그러나 누군가가 우리를 불의하게 건드리면 완전히 '개박살'(저속한 표현 미안! 그러나, 그 정도로 확실하게 강해야 한다는 의미에서 일부러 이런 강한 표현을 썼다. 이거보다 좀 더 강한 표현 없을까?) 낼 수 있는 능력과 악명(?)을 가진, 그래서 이 세계에서 그 누구도 우리를 업신여기지 못하는, 존경받는 나라가 될 때까지…… "비둘기처럼 온화하고, 뱀처럼 지혜로운" 나라, 그런 사람들로 가득찬 나라가 되기를 기원하면서…….

"항상 '오늘의 나'와 '일년 전 오늘의 나'를 비교하여 오늘의 내가 조금이라도 더 나은 상태에 있어야 한다"고 스스로를 채찍질했던 벤자민 프랭클린의 생활신조대로, 여러분도 매일매일 조금씩 발전하는 생활을 하고(동양에는 더 오래 전부터 日新又日新이라는 같은 의미의 말이 있었지), 거기에 이 강의가 조금이라도 도움이 될 수 있다면, 더 이상 바랄 것이 없겠다.

모두들 내가 항상 말하듯이,
Work hard,
Have fun,
Be the best you can be!

오늘 저녁에는 집에 가는 길에 포장마차에서 쏘주 한잔 걸쳐야겠다. 같이 갈 사람?

이것으로, 모든 강의 **끄읕~**!

박진석(10/31,20:30): 교수님, 역삼동에 맛있는 데 있나요? 아님 신촌 아줌마집을 말씀하시는지…… 역삼동에는 리츠칼튼 뒤의 꼼장어집 밖에 몰라서…… 脫稿를 추카드리고요.. 오늘 책셋이에는 동참하지 못하지만, 나중에 출판기념회(?)는 같이 하도록 하겠씀다.

김언수(11/1,11:41): 진석아, 요즘 계속 감기몸살 기운이 있어서 어제도 자축은 결국 못했다. 니말대로 책 나오면 한번 해야겠다. 어제는 신촌 아줌마집을 생각하고 있기는 했지……. 지금 학교 와 있는데 여전히 컨디션이 안 좋구나. 새로 이 시간 집 바로 앞에도 포장마차가 있더라. 아직 가보지는 못했다.

박상준(11/1, 12:07): 선생님 감사합니다. 저같이 평소에 공부를 게을리 하는 사람에게도 생각을 할 수 있는 기회를 많이 주셨습니다. 저도 생각이 나는 것들을 좀 창피하기도 했지만 여기에 안 쓰면 잊어버릴 것 같아서 그냥 몇 편 올려보기도 했었죠. 물론 너무 말도 안 되는 글을 올려놔서 많은 사람들에게 혼란만 준 것 같지만, 그래도 제게는 도움이 되었습니다. 헤헤.

전쟁이 얼마나 무서운 것인지는 최근의 체첸과 러시아의 사태에서도 쉽게 알 수 있습니다. 무슨 신문인지 정확히 기억은 나진 않지만, 러시아 군인들이 무차별적인 폭력과 강간, 착취를 행하고 있답니다. 가끔씩 터지는 일부 주한미군들의 행동도 자주방위를 이룩하지 못한 우리나라의 안타까운 현실을 보여주는 것 같습니다.

이 손자병법을 많은 사람들이 다함께 나눌 수 있으면 참 좋겠다는 생각이 들었는데, 책으로 출간된다니 저도 기분이 좋습니다. 기업에 있는 분들에게 꼭 필요한 책이겠지만, 대통령이나 정치인들이 많이 읽고 우리나라 정치구조가 조금이라도 개선되었으면 좋겠습니다.

이제 손자병법을 끝내셨으니 빨리 다른 책이나 또는 직접 창작의 작업을 이 게시판을 통해서 하셨으면 좋겠습니다.(졸업생들 및 재학생들의 한결같은 마음입니다. 그치?) 멀리 있어 저녁 모임에 못 가는 것이 무척 아쉽지만 마음만은 함께 하겠습니다. (제가 서울에 있으면 정말 크게 한번 쏠 텐데……) 그럼 선생님의 그간의 노고에 대한 감사를 다시 드리며 언제나 말만 앞서는 제자 상준이는 이만 물러나겠습니다.

김언수(11/1,12:48): "자주방위를 이룩하지 못한 우리나라의 안타까운 현실" 그 말에 정말 동감한다, 상준아. 그동안 열심히 읽고 글 올려줘서 고맙다. 니가 올린 글들은 하나같이 내용이 '예술'이었다. 너한테 한번 '쏘임'을 당하러(?) 내 일간 내려가도록 하지.

남대일(11/1,13:2): 수고하셨어요, 교수님. 이제는 좀 쉬엄쉬엄 일하시길. 그래야 올 겨울에도 눈 덮인 설원으로 스키를 타러 갈 수가 있겠죠? 아흐~.

심동철(11/1,13:48): 교수님 수고하셨습니다. 책이 부디 100만 권을 돌파하여 아마존에서도 판매하는 책이 되기를 빌겠습니다.

김언수(11/1,14:39): 대일이 말대로 쉬엄쉬엄 해야지 싶은데(사실 안식년 동안 그걸 굳게 마음먹었었거든) 이상하게 뭔가 점점 빨라지네...... 그런데, 상준이는 '빨리' 다른 책 또 시작하라는데? 그리고, 동철아, 아마존에서 팔릴려면 영어로 번역이 되어야 하는데, 영어 쓰는 니가......? 미국보다는 일단 동남아 쪽이 어떨까.

심동철(11/2,15:11): 교수님 제가 그럴 수만 있다면 좋겠지만...... 저 영어 별로 안 씁니당...... 그냥 벙어리걸랑여 ^^.......

김언수(11/5,16:18): 나 유학시절 옛날 생각난다. 나도 영어 때문에 매 수업시간마다 입을 쥐뜯고 싶었다니까. 아예 창 밖으로 뛰어내리고 싶었던 적도 많았고. 학부 때 영어 수업을 통해서 잘 알지만, 동철이 너는 그 때 나보다는 훨씬 영어 잘 하는데...... 자신감을 가져라.

박형근(11/7,10:41): 교수님, 정말 수고 많이 하셨습니다. 교수님께서 꾸준히 연재하시는 손자병법을 읽으면서 삶의 교훈과 지혜를 많이 배우게 되었습니다. 이제는 그 교훈들을 삶에 적용해서리...... 일신우일신 하는 삶이 되도록 노력하겠슴다. 감사합니다.

〈제2권 끝〉

| 참고문헌 |

김언수. 1998. 『TOP을 위한 전략경영』, 서울: 박영사.
김언수. 2002. 『TOP을 위한 전략경영 2.2』, 서울: 박영사.
김언수, 남대일, 배보경, 송원규, 한수진. 2001. 『움직이는 전략, Strategy On the Move』. 서울: 세영사.
박상준, 박경수. 1999. 『로빈슨 크루소 따라잡기』, 서울: 뜨인돌.
큰성경. 1990. Bible House, Korea.
PASCAL 세계대백과사전. 1999. 동서문화.
Clark, E. F. 2002. *The Secrets of Inchon: The Untold Story of the Most Daring Covert Mission of the Korean War*, New York: G. P. Putnam's Sons.
Collins, J. C. & Porras, J. I. 1997. *Built to Last: Successful Habits of Visionary Companies*, New York: HarperBusiness.
Defoe, D. 1979. *The Adventures of Robinson Crusoe*. Franklin Center, PA: The Franklin Library.
Griffith, S. B. 1963. *Sun Tzu The Art of War*, London: Oxford University Press.
Grattan, R. F. 2002. *The Strategy Process: A Military-Business Comparison*, New York: Palgrave Macmillan.
Hamel, G., & Prahalad, C.K. 1994. *Competing for the Future*. Boston, MA: Harvard Business School Press.
Hart, B. H. L. 1967, *Strategy*, Second Edition, New York: A Meridian Book.
Kotter, J. P. 1996. *Leading Change*. Boston, MA: Harvard Business School Press.
Kotter, J. P. & Cohen, D. S. 2002. *The Heart of Change*. Boston, MA: Harvard Business School Press.
Magretta, J. 2002. *What Management Is: How It Works and Why It's Everyone's Business*, New York: The Free Press.
Maxwell, J. C. 1999. *The 21 Indispensable Qualities of a Leader*, Nashville, TN:

Thomas Nelson Publishers.

Miles, R.E., & Snow, C.C. 1978. *Organizational Strategy, Structure, and Process*. New York: McGraw - Hill.

Michaelson, G. A. 2001. *Sun Tzu The Art of War for Managers: 50 Strategic Rules*. Holbrook, MA: Adams Media Corporation.

Morihei, Ueshiba. 1992. *The Art of Peace*, translated by John Stevens, Boston & London: Shambhala.

Murray, E. J. & Richardson, P. R. 2002. *Fast Forward: Organizational Change in 100 Days*, Oxford: Oxford University Press.

Musashi, M. 1974. *A Book of Five Rings: The Classic Guide to Strategy*, translated by Victor Harris, Woodstock, NY: The Overlook Press.

Musashi, M. 1994. *The Book of Five Rings*, translated by Thomas Cleary, Boston, MA: Shambhala.

Nathan, J. 1999. *SONY: The Private Life*, Boston, MA: Houghton Mifflin Company.

Ochiai, H. (translation and commentary) 2001. *A Way to Victory: The Annotated Book of Five Rings*. Woodstock, NY: The Overlook Press.

Pottruck, D. S. & Pearce, T. 2000. *Clicks and Mortar: Passion-driven Growth in an Internet-driven World*, San Francisco: Jossey-Bass.

Rumelt, R. P., Schendel, D. E., & Teece, D. J. 1994. Fundamental Issues in Strategy. In Rumelt, R. P., Schendel, D. E., & Teece, D. J. (eds.), *Fundamental Issues in Strategy: A Research Agenda*. Boston: Harvard Business School Press: 9-47.

The Holy Bible, New International Version. East Brunswick, NJ: International Bible Society.

Watson, R. A. & Brown, B. 2001. *The Most Effective Organization in the U.S.:*

Leadership Secrets of The Salvation Army, New York: Random House.

Yi, D. & Park, J. *Myue Dobo Tongi: The Comprehensive Illustrated Manual of Martial Arts of Ancient Korea*, Translated by Kim, S. H. Hartford, CT: Trutle Press.

Zhuge, L. & Liu, J. 1989. *Mastering The Art of War*. Translated and edited by Thomas Cleary. Boston & London: Shambhala.

저자 김언수

- 고려대학교 경영대학 졸업
- 미국 일리노이대학 경영학 석사(MBA),
- 미국 일리노이대학 경영학 박사(경영전략 전공)
- 미국 이스턴 일리노이대학, 캘리포니아 주립대학 교수
- 1995년 ~ 현재 고려대학교 경영대학 교수

- 한국전략경영학회 이사, 경영학연구, 인사조직연구, 전략경영연구 등의
  편집간사, 편집위원, 심사위원 역임
- 2001년 행시 출제위원 역임
- 2001년 가을부터 1년간 뉴욕 컬럼비아대학 APEC Study Center 객원연구원

- 저서
  TOP을 위한 전략경영(1999년, 박영사)
  TOP을 위한 전략경영 2.2(2002년, 박영사)
  움직이는 전략(공저)(2001년, 세영사)
  동서양의 전쟁사, 병법, 무술, 기업경영에서 배우는, 戰略 I (2002년, 시그마인사이트컴)

동서양의 전쟁사, 병법, 무술, 기업경영에서 배우는, **戰略** II
— 손자병법을 중심으로

초판 1쇄 발행/2003년 2월 25일
초판 2쇄 발행/2004년 2월 25일

발행자/김혜련
발행처/(주)시그마인사이트컴
　　　　서울특별시 마포구 대흥동 276-1번지 경총회관 3층 (우)121-726
　　　　전화/(02)707-3330, 팩스/(02)707-3185
　　　　http://www.sigmainsight.com
등록/1998년 2월 21일(제 10-1549호)

값 10,000원

※ 기업 · 개인 직접 주문 : 시그마인사이트컴(전화 707-3330)으로 주문하십시오.
※ 독자 여러분의 의견을 기다립니다.(e-Mail : book@sigmainsight.com)

ISBN 89-88092-24-4　04320
ISBN 89-88092-21-X (전2권)